HELMUT KONRAD WEINBUCH

Entkolonisierung und föderales Prinzip
im Spiegel der Französischen Gemeinschaft

Schriften zum Völkerrecht

Band 6

Entkolonisierung und föderales Prinzip im Spiegel der Französischen Gemeinschaft

Von

Dr. Helmut Konrad Weinbuch

DUNCKER & HUMBLOT / BERLIN

Alle Rechte vorbehalten
© 1968 Duncker & Humblot, Berlin 41
Gedruckt 1968 bei Buchdruckerei Bruno Luck, Berlin 65
Printed in Germany

Vorwort

Wissenschaftliche Arbeit und Opferwille haben an dieser Abhandlung, wie bescheiden auch immer sie sich ausnehmen mag, in für mich sehr fühlbarer Art ihr nächstverwandtes Verhältnis erwiesen. Ich habe an ihr aber auch die alte und schöne Erfahrung bestätigt gefunden, daß es zuweilen gerade die Sorgenkinder sind, die näher ans Herz zu wachsen vermögen.

Um so dringender und herzlicher ist nun mein Bedürfnis, denen zu danken, die mir in besonderer Weise zur Seite gestanden haben:

meinem verehrten Lehrer, Herrn Prof. Dr. Friedrich J. Berber, für lange und reiche Jahre fachlicher Führung und persönlicher Förderung;

Herrn Prof. Dr. René Capitant, Paris, für sein liebenswürdiges, stets gesprächsbereites Verständnis und für zahlreiche gewichtige Anregungen;

meiner Mutter, die trotz schwerer körperlicher Behinderung die Korrekturen gelesen und am Register mitgearbeitet hat;

Herrn Oberst Georges Fonquernie, Paris, dessen organisatorische und menschliche Hilfe mir unschätzbar wertvoll war.

Mein Dank gilt auch der französischen Regierung und der Stiftung Volkswagenwerk, durch deren großzügige Stipendien mir die Fertigstellung der Arbeit möglich wurde.

Die Schrift hat der Juristischen Fakultät der Universität München als Dissertation vorgelegen.

München, im Spätherbst 1967

Helmut Konrad Weinbuch

Inhaltsverzeichnis

Vorbemerkung

Gegenstand und Methode   15

Erster Teil

Grundlegung   19

Erstes Kapitel

Die Entkolonisierung und ihre Methoden   19

§ 1. Umriß der Entkolonisierung: Ursprung und Ziel 19
    1. Geistiger Standort 19
    2. Rechtlicher Begriff 21
§ 2. Methoden der Entkolonisierung 23

Zweites Kapitel

Die Assimilationstheorie als Modell der Entkolonisierung   26

§ 1. Der Begriff 26
    1. Assimilation als koloniale Tradition Frankreichs 26
    2. Der entkolonisatorische Assimilationsbegriff 26
§ 2. Geistesgeschichtliche Verwurzelung der Theorie 27
§ 3. Assimilation und „Integration" 29
    1. Begriffliche Abgrenzung 29
    2. Selbständiger Sinngehalt der „Integration" 30
§ 4. Assimilation und „Assoziierung" 31
    1. Begriff und Inhalt 31
    2. Bedeutung 32
§ 5. Assimilation und Entkolonisierung 33
    1. Vielfalt der assimilatorischen Mittel 33
    2. Gründe des Scheiterns 34

Drittes Kapitel

Wesen des förderalen Prinzips   37

§ 1. Exposition 37
§ 2. Die geistige Mitte des föderalen Prinzips 39

1. Weltanschauliche Natur 39
2. Geistesgeschichtliche Grundlagen 41
3. Vom Individuum zur Gemeinschaft: Das philosophische Prinzip als Prinzip der Staatsorganisation 43

§ 3. Föderalismus und Subsidiarität 45
1. Begriff des Subsidiaritätsprinzips 45
2. Subsidiarität in der modernen Gesellschaftsentwicklung 47
3. Innere Beziehung der Subsidiarität zum föderalen Prinzip 48

§ 4. Verfassungspolitische Auswirkungen des Subsidiaritätsprinzips 49
1. Das „Gesetz der Autonomie" 49
2. Das „Gesetz der Mitwirkung" 50

§ 5. Verhältnis des föderalen Prinzips zum Problem der Gleichheit 51
1. Entsprechung von Struktur und Funktion 51
2. Das Problem der Hegemonie 52

Viertes Kapitel

**Föderalismus und Entkolonisierung:
Reduktion des gesellschaftlichen Gestaltungsprinzips
zur Emanzipationstechnik** 56

§ 1. Verfassungspolitische Bedeutung der geographischen Situation 57

§ 2. Sozialer Gleichklang als Voraussetzung föderaler Gemeinschaftsbildung 58
1. Rasse als Faktor des Sozialverhaltens 59
2. Integrierende Faktoren: Bildungspolitik und Wirtschaft 60

§ 3. Das Erfordernis politischer Homogenität 63
1. Grundsätzliches Fehlen einer Homogenität der politischen Grundvorstellungen 63
2. Künstlicher Charakter der Verfassungshomogenität 64
3. Probleme einer demokratischen Homogenität 66

§ 4. Die Grundlagen der afrikanischen Gesellschaft und das philosophische Autonomieprinzip 68

Zweiter Teil

Föderale Strukturen als Rahmen der Entkolonisierung 71

Erster Abschnitt

Die Epoche bis zur Erlangung innerer Autonomie 71

Inhaltsverzeichnis 9

Erstes Kapitel

Ausgangslage 74

1. Beginn eines Bewußtseins vom Problem 74
2. Erste Schritte der Neuorientierung 75

Zweites Kapitel

Die Konferenz von Brazzaville 78

§ 1. Das Problem der „Föderalisierung" 78
    1. Grundsätzliches staatsrechtliches Verhältnis Mutterland—Kolonie 78
    2. Der „föderale" Aspekt der Konferenz 79
§ 2. Der Begriff der „politischen Personalität" im Verständnis der Konferenz 81
§ 3. Stellung der Konferenz im Gesamtrahmen der Entkolonisierung 83
    1. Assimilatorische Grundhaltung 83
    2. Bewertung der Konferenz 84
    3. Künftige Alternativen 85

Drittes Kapitel

Die Französische Union 86

§ 1. Das Prinzip der Autonomie: Die Union in juristischem Sinn 87
    1. Zwangsläufigkeit der föderalen Grundanlage 87
    2. Bedeutung der freien Willensentschließung: Die Haltung der Protektorate 88
§ 2. Der föderale Gehalt der Union 90
    1. Die Präambel als Magna Charta der französischen Entkolonisierung 90
    2. Die Regelung der Mitbestimmung in den Organen der Union 91
    3. Wandlung der Unions-Konzeption 93
§ 3. Integration und Repräsentation: Die Union im weiteren Sinn 95
    1. Staatsrechtliche Integration der Territorien 95
    2. Die Repräsentationsfrage 96
    3. Von individueller Emanzipation zum kollektiven Antagonismus .. 98
§ 4. Gesamtbild: Die Union als Instrument der Entkolonisierung 99

Viertes Kapitel

Die Reformen von 1956 und 1957 101

§ 1. Entwicklung des politischen Denkens bis 1956 101
§ 2. Das Rahmengesetz von 1956 und seine Realisierung 102

1. Bedeutung des Wahlrechts für die Entkolonisierung 103
2. Aufspaltung der Kompetenzen 105
3. Ausbau der Institutionen 106

§ 3. Abbau der „Föderationen" 108

Zweiter Abschnitt

Das Stadium der Autonomie: Die Französische Gemeinschaft   111

Erstes Kapitel

Das Autonomieprinzip: Kompetenzverteilung   113

§ 1. Grundsatzregelung der Verfassung 113
1. Zuständigkeitsvermutung zugunsten der Mitgliedstaaten 113
2. Kompetenzen der Gemeinschaft 113
3. Gesamtbedeutung: Durchbruch des Subsidiaritätsprinzips 114

§ 2. Übertragung von Kompetenzen und „Öffnung" der Gemeinschaft 115

Zweites Kapitel

Mitwirkung an der Ausübung der Zentralgewalt: Der Präsident   118

§ 1. Die Legitimation 119
§ 2. Repräsentation und politische Führung 120
§ 3. Legislative und exekutive Schlüsselstellung 121
1. Der Präsident als höchstes Exekutivorgan 121
2. Gesetzgebende Gewalt 122

§ 4. Organisatorische Leitfunktionen 123
1. Stellung gegenüber den Verfassungsorganen 123
2. Stellung im Vollzugsapparat 124

Drittes Kapitel

Mitwirkung an der Ausübung der Zentralgewalt: Der Exekutivrat   125

§ 1. Die Zusammensetzung und ihre Auswirkungen 125
§ 2. Kompetenzen des Rates 127
§ 3. Institutionelle Erweiterungen 128
1. Beiziehung von Ministern 128
2. Die Sonderausschüsse 129
3. Die Fachkonferenzen 129

§ 4. Die Sitzungspraxis 130

Viertes Kapitel

Mitwirkung an der Ausübung der Zentralgewalt: Verwaltungsorgane 132

§ 1. Die beauftragten Minister 132
    1. Die verfassungsrechtliche Regelung 132
    2. „Angepaßte" Verfassungswirklichkeit 133
    3. Zentralverwaltung und Mitwirkung 134
    4. Koordinierung der Verwaltung und Rechtsvereinheitlichung 134
    5. Die Ministerberater 136

§ 2. Der Generalsekretär der Gemeinschaft 136
    1. Entwicklung zum beherrschenden Verbindungsorgan 136
    2. Die Bedeutung des Konsensprinzips 137
    3. Reform des Generalsekretariats 139

§ 3. Institutionelle Verflechtungserscheinungen zwischen Republik und Gemeinschaft 139
    1. Der Generalsekretär 140
    2. „Engerer Ausschuß" und Spezialverwaltungen 141
    3. Zusammensetzung diplomatischer Delegationen 142
    4. Das Staatssekretariat für die Beziehungen der Republik mit den Staaten der Gemeinschaft 143
    5. Administrative Verflechtung zwischen dem gemeinsamen und dem autonomen Bereich 144

§ 4. Institutionen mit rechtlicher Doppelnatur 145
    1. Wirtschafts- und Sozialrat 146
    2. Staatsrat und Kassationshof 147

Fünftes Kapitel

Mitwirkung an der Ausübung der Zentralgewalt: Der Senat 149

§ 1. Die Bedeutung des Repräsentationsproblems im Gesamtrahmen der Entkolonisierung 149

§ 2. Senat und Repräsentationsprinzip 152
    1. Charakter einer repräsentativen, egalitären Versammlung 152
    2. Ausübung verfassungsgebender Gewalt 154
    3. Die Delegationskompetenz 154

§ 3. Die Konsultativ-Funktion des Senats 155
    1. Sachliche Zuständigkeiten 156
    2. Organisationsrechtliche Abhängigkeit 156
    3. Abbau des Parlamentarismus 157

Sechstes Kapitel

Das föderale Prinzip zwischen Entkolonisierung und internationaler Integration: Die Französische Gemeinschaft als Modell   159

§ 1. Standort der Französischen Gemeinschaft im Entkolonisierungsablauf   159

§ 2. Die „erneuerte" Gemeinschaft: Erlangung der internationalen Souveränität 162

§ 3. Das föderale Prinzip als gestaltendes Element der internationalen Integration 164

Literaturverzeichnis 168

Register 174

Abkürzungsverzeichnis

AFDI	=	Annuaire de Droit International
AN	=	Assemblée Nationale
ANDoc	=	Dokumente der Assemblée Nationale
CCC	=	Comité Consultatif Constitutionnel
CE	=	Conseil Exécutif de la Communauté
DIP	=	Droit International Public
EA	=	Europa Archiv
frz.	=	französisch
JO	=	Journal officiel de la République française
JOComm.	=	Journal officiel de la Communauté
Leg.	=	Legislaturperiode
OrgG	=	Organ-Gesetz (für frz. loi organique)
Rec.	=	Recueil
RfSP	=	Revue française de Science Politique
RJPOM	=	Revue juridique et politique d'Outre-Mer
RJPUF	=	Revue juridique et politique de l'Union française
Travaux	=	Travaux préparatoires de la Constitution — Avis et débats du CCC
VfZ	=	Vierteljahreshefte für Zeitgeschichte
VO	=	Verordnung (meist für frz. ordonnance)
VVDStRL	=	Veröffentlichungen der Vereinigung der deutschen Staatsrechtslehrer
ZaöRVR	=	Zeitschrift für ausländisches öffentliches Recht und Völkerrecht

Vorbemerkung

Gegenstand und Methode

I.

Die vorliegende Untersuchung stellt sich die Aufgabe, die Rolle föderaler staatlicher Strukturen im Prozeß der Emanzipierung der kolonialen Völker näher zu beleuchten. Dazu hat einmal die Faszination veranlaßt, die von der Entkolonisierung als einem Geschehen ausgeht, welches nach seinen äußeren Dimensionen wie nach seinen Wirkungen auf internationaler Ebene zu den umwälzenden und geschichtsmächtigen Ereignissen unserer Epoche zählt. Andererseits hat an den Fragenkreis der Entkolonisierung das tiefe Interesse herangeführt, welchem die in der Entkolonisierung stattfindende Ausweitung des Aktionsfeldes des föderalen Prinzips begegnet. Dabei müßte die Untersuchung der Beziehung beider Erscheinungen zueinander unfruchtbar bleiben, wenn sie in den üblichen Formen rechtlicher Strukturanalyse vorgenommen würde. Es erscheint in der Tat wenig sinnvoll, dem Rechtscharakter von Institutionen, welche als flüchtiges Ergebnis des Augenblicks aus einer in vollem Fluß der Entwicklung stehenden Umbruchsituation hervorgehen, besondere Bedeutung zuzumessen und ihn entsprechend ausführlich zu würdigen. Diese Art der Darstellung entkolonisatorischer Organisationsformen müßte sich in einer vorwiegend registrierenden, statischen Aufzählung ihrer konstituierenden Elemente erschöpfen und würde eine eindringendere Betrachtungsweise nicht verbürgen können. Ihre Rechtfertigung kann die Beschäftigung mit dem im wesentlichen abgeschlossenen Vorgang der Entkolonisierung vielmehr nur daher gewinnen, daß sie die großen geistigen Beziehungslinien beider Phänomene aufzudecken und gerade die vom traditionellen Strukturenschema abweichenden, in der Berührung mit Reaktionsabläufen im Vorfeld der internationalen Integration entstehenden atypischen Ausformungen des föderalen Prinzips zu erklären sucht. Das Anliegen der Arbeit fügt sich demnach ebensowohl in den Rahmen der Phänomenologie des Föderalismus ein wie es sich als Beitrag zur Wesensbestimmung derjenigen Prinzipien verstehen muß, welche für eine in Ansätzen bereits in Gang befindliche, künftig jedoch verstärkt sich vollziehende Umgestaltung der internationalen Gesellschaft von Bedeutung sein werden. Entgegen einem durch starke Akzente aus Staatsrecht und Staatstheorie gesetzten Anschein steht die Arbeit daher grundsätzlich auf dem Boden des Völkerrechts; auch die Entkolonisierung selbst ist in vielen Hinsichten, wenn auch nicht wesensnotwendig, so doch von den tatsächlichen Gegebenheiten her völkerrechtlich bestimmbar.

Bei einer derartigen Aufgabenstellung kann das verbindende geistige Scharnier der Arbeit nur in einer Neubesinnung auf den inneren Wesenskern des föderalen Prinzips zu finden sein, abseits von dessen formalen Ausprägungen. Das Bewußtsein der Gefahren dieses wenig üblichen gedanklichen Weges kann nicht übersehen lassen, daß das überlieferte, vorwiegend strukturgebunden-positivistische Denken über das föderale Prinzip gerade dann versagen muß, wenn dieses sich mit neuartigen, in unkonformer Gesetzlichkeit ablaufenden gesellschaftlichen Entwicklungen auseinandersetzt. Nur ein Zurückgehen auf die wesentlichen staatstheoretischen Grundlagen des Prinzips, ein Herausschälen der im Grunde sehr alten Idee aus den jüngeren Institutionen, wird zum Verständnis der rechtlichen Formen und Möglichkeiten solcher Anpassungsvorgänge führen. Das schöne, von Burdeau für die Erklärung des Verhältnisses des Staates zu der ihn tragenden sozialen Idee gefundene Bild der „vom Sommer mit üppiger Fülle überschütteten Landschaft, die jedoch im Winter die Klarheit ihrer Gliederung und ihre herbe Größe zeigt"[1], dieses Bild kann in gleicher Weise auch das Verhältnis des föderalen Prinzips zu seinen klassischen institutionellen Inkarnierungen umschreiben. Von dem so gewonnenen Standort aus sollte es möglich sein, Aufschluß zu gewinnen über die Brauchbarkeit föderaler Strukturen unter geistigen, soziologischen und wirtschaftlichen Bedingungen, welche nicht denen des europäischen kulturellen Mutterbodens entsprechen; Aufschluß weiter über die Rolle föderaler Strukturen als rein verfassungstechnisch verstandener Rahmen der kolonialen Emanzipation; schließlich Aufschluß auch über die Berührungspunkte des Komplexes Entkolonisierung—Föderalismus mit der Entwicklung der internationalen Integration.

Dieser inneren Struktur wird der äußere Bau der Arbeit zu entsprechen haben. In einem ersten Hauptteil wird die ideelle und juristische Plattform errichtet durch Vorwegnahme der theoretisch greifbaren und daher nicht auf induktivem Wege erst zu erarbeitenden Prämissen. In diesem Zusammenhang wird das Wesen der beiden Pole darzustellen sein, in deren Spannungsfeld die Gedankenführung sich bewegt: Entkolonisierung und Föderalismus; dazu auch das Wesen der Assimilationstheorie, und zwar weniger um einer kaum abgrenzbaren zeitlichen Vorläuferschaft zum kolonialen Föderalismus, als um der methodischen und geistigen Aufschlüsse willen, welche sich aus der Gegenüberstellung gegen-

---
[1] Traité I S. 25.

sätzlicher Prinzipien ergeben können. Ein zweiter Hauptteil wird sodann der Funktionalisierung und Transformierung des föderalen Prinzips in seiner Aufgabe als Emanzipationsrahmen gewidmet sein. Die Institutionen der französischen Kolonialpolitik seit 1944, insbesondere die französische Gemeinschaft, stellen das hierfür erforderliche konkrete Demonstrationsobjekt dar.

II.

Aus arbeitsökonomischen wie aus systematischen Gründen hatten Eingrenzungen des weit gespannten Vorwurfes zu erfolgen. Überwiegend systematische Gründe — sie werden an geeigneter Stelle näher erläutert werden — waren bestimmend für eine Beschränkung auf die französische entkolonisatorische Entwicklung und dabei wiederum für die Bildung eines besonderen Schwerpunktes bei der Französischen Gemeinschaft der Jahre 1958 mit 1960 sowie den auf sie zuführenden hauptsächlichen Entwicklungslinien. Die ehemaligen Protektorate und assoziierten Territorien sowie die algerischen Departements werden wegen ihrer in entscheidenden Rücksichten besonders gelagerten Problematik im wesentlichen außerhalb des gesteckten Rahmens bleiben; ihre Einbeziehung hätte die Darstellung verzweigen und komplizieren müssen und hätte die Verfolgung des klaren Ideenganges erschwert, auf den es dieser Arbeit grundlegend ankommt.

Ausschließlich arbeitsökonomische Gesichtspunkte sind verantwortlich für weitere Einschränkungen der ursprünglichen Konzeption. Äußere Umstände, welche der Arbeit wenig förderlich waren, haben vor allem den Verzicht auf eine systemtechnische juristische Analyse der Entkolonisierung erzwungen. Sie wäre um so reizvoller gewesen, als es bisher offenkundig nur zwei ernst zu nehmende Arbeiten gibt, welche diesem Thema näherzurücken suchen[2]. Ein anderer Verzicht betrifft die Beziehung des untersuchten Gegenstandes zur internationalen Integration, d. h. zu einem völkerrechtspolitischen Bereich, für welchen aus dem Entkolonisierungsprozeß Folgerungen zu ziehen sein müßten. Diese Beziehung, obgleich der eigentliche gedankliche Hintergrund, kann nur noch angedeutet werden, so daß die Arbeit insoweit nur als Vorstudie gelten darf.

III.

In methodischer Hinsicht machte der ausgedehnte und in die verschiedensten Gebiete verästelte Gegenstand die Rolle der Hilfsdisziplinen zum

---

[2] *Labouret*, Colonisation, colonialisme, décolonisation. Paris 1952. *Quermonne*, Esquisse d'une théorie juridique et politique de la décolonisation. RJPUF 1958 S. 429 ff.

Problem. Die Konzeption der Arbeit beruht zwar auf der Überzeugung von der essentiellen Natur des Verhältnisses sozialwissenschaftlich erfaßbarer Tatbestände zum Recht; essentiell dabei in dem Sinne, daß solche Tatbestände von grundlegender Bedeutung für Entstehen und Umformung des Rechtes sind und daher stets aufs engste sich mit ihm durchdringen[3]. Die vorliegende Arbeit gibt Zeugnis davon, daß sie, insbesondere in Fragen der kolonialen Verfassungsentwicklung, für eine über die rein positivistische Betrachtungsweise hinausführende Erkenntnisbemühung nicht entbehrt werden können. Das Bewußtsein der dienenden Funktion der Hilfsdisziplinen sowie auch das Bewußtsein der mit ihrer Heranziehung verbundenen Risiken[4] wird dabei jedoch deutliche Zurückhaltung auferlegen und die Darstellung stets in den Bahnen des spezifisch juristischen Denkens halten.

Außerhalb dieses methodologischen Gesichtspunktes hat die Komplexität des Themas jedoch auch zu äußeren Schwierigkeiten geführt. Schon die mit der Entkolonisierung in Zusammenhang stehende Terminologie und Begriffsbildung ist durch merkbare Unsicherheit gekennzeichnet und wird an jeweils erforderlicher Stelle der Festigung bedürfen. Der Mangel an geistiger Bewältigung des Vorganges wird jedoch besonders spürbar im Hinblick auf die vorhandene Literatur. Die Art des Gegenstandes ebenso wie die französische geistige Tradition einer engen Verflechtung des wissenschaftlichen mit dem politischen und literarischen Schaffensbereich hat eine kaum übersehbare Flut meist geistvoll und anregungsreich abgefaßter Schriften hervorgebracht, welche als in literarischem Sinne essayistisch qualifiziert werden müssen. Ihnen stehen jedoch nur wenige wissenschaftlich verwertbare Arbeiten gegenüber. Eine strenge Auslese mußte einesteils vernünftig erscheinen, andernteils aber den wissenschaftlichen Apparat in teilweise sehr engen Grenzen halten. Diese Verfahrensweise kann nach hier vertretener Ansicht um so mehr verantwortet werden, als die Materie ohnehin weniger einer erdrückenden Fülle stofflicher Belege bedarf als vor allem der gedanklichen Durchdringung.

Übersetzungen fremdsprachlicher Literaturstellen sind, soweit nicht anders angegeben, solche des Verfassers.

---

[3] Eine besonders intensive Variante dieser Beziehung weist das Völkerrecht auf, dem sie geradezu „politischen Charakter" verleiht, *Berber* I S. 24 ff. Vgl. dazu auch *Bilfinger*, Betrachtungen über politisches Recht, in ZaöRVR I Teil I S. 57 ff.; *Wengler*, Der Begriff des Politischen im internationalen Recht, 1956 (Recht und Staat Nr. 189/190).

[4] Vgl. *Burdeau*, aaO., S. 20 ff., der andererseits aber ausgesprochene Frontstellung gegen Kelsen und seine Schule bezieht. *Kelsen*, Der soziologische und der juristische Staatsbegriff, 2. Aufl. 1928; *ders.*, Hauptprobleme der Staatsrechtslehre, 2. Aufl. 1923, Neudruck 1960.

Erster Teil

Grundlegung

Erstes Kapitel

Die Entkolonisierung und ihre Methoden

§ 1. Umriß der Entkolonisierung: Ursprung und Ziel

1. *Geistiger Standort*

In den Jahrhunderten seit dem Beginn der großen Entdeckungsfahrten waren die Beziehungen des europäischen Kultur- und Rechtskreises zu außereuropäischen Zonen durch zunehmenden, von der Entwicklung einer überlegenen Technik ermöglichten Erfolg jenes Urstrebens nach Unterwerfung und Beherrschung gekennzeichnet, welches jeder geistig nicht sublimierten Sozialbeziehung eigentümlich ist. Ihre konkreteste und intensivste Form hat dieses Dominationsstreben in der imperialistischen Kolonialpolitik der europäischen Mächte gefunden. Der daraus resultierende Kolonialismus[1] verband die Ausdehnung der Souveränität der Kolonialmacht auf das „erworbene" Gebiet mit einem der politischen Domination entsprechenden Status struktureller[2] rechtlicher Ungleichheit. In diesem Status befand sich sowohl die autochthone Gesellschaft als Ganzes im Verhältnis zum staatsrechtlichen und soziologischen Inbegriff des „Mutterlandes" (Metropole) wie auch der einzelne Angehörige des beherrschten Volkes in seiner individuellen Rechtssphäre gegenüber Angehörigen des kolonisierenden Volkes[3].

---

[1] Der Begriff wird hier allein in objektiv-tatbestandlichem Sinn verwendet; seine psychologischen und propagandistischen Komponenten bleiben außer Betracht. Eine deutliche Grenze muß auch gezogen werden zum Vorgang der Kolonisation, der als Teilerscheinung des Kolonialismus ein bevölkerungspolitisches Moment enthält: „Die Kolonisation ist eine staatliche Unternehmung, welche in einer teilweisen Auswanderung eines kolonisierenden Volkes und in der juristischen Herrschaft dieses Volkes über die kolonisierten Gebiete oder Bevölkerungen besteht." *Luchaire,* Droit d'Outre-Mer, 1959, S. 13.
[2] *Quermonne* aaO., S. 433.
[3] Zum Begriff der Kolonie vgl. *Berber* I S. 161 f.; *Scelle,* Précis I S. 146 ff., dessen völkerrechtlicher Koloniebegriff bereits wichtige Grundlagen der Entkolonisierung vorwegnimmt.

Entkolonisierung[4] ist, im großen Geschichtsablauf gesehen, die Fortentwicklung der kolonialen Situation; nicht also eine gegenläufige Entwicklung und sicher nur mit Einschränkungen eine „Antwort" der unterworfenen Völker auf die „Herausforderung" des Kolonialismus[5]. Der Vorgang trägt nichts in einem dialektischen Sinne Revolutionäres an sich, sondern vollzieht die Anpassung einer zeitbedingten Situation an die durch den Fortschritt der internationalen gesellschaftlichen Entwicklung entstandenen Verhältnisse[6]. Welche tieferen Ursachen, auslösenden Momente und gestaltenden Kräfte in diesem Revisionsprozeß wirksam wurden, muß hier ebenso unerörtert bleiben[7] wie der äußere, politische Ablauf der Entkolonisierung. Was aber ihre treibende Idee angeht, so ist ihr Ziel, die Freiheit von fremder Beherrschung, nur ganz vordergründig ein machtpolitisches. Der Freiheitsdrang der Völker ist, ebenso wie ihr Dominationsstreben gegenüber anderen Völkern, eines der Hauptphänomene der Geschichte. Er kann zusammenfallen mit den individuellen Freiheitsbedürfnissen der einzelnen Glieder eines Sozialkörpers, ist aber nicht notwendig mit ihnen identisch; ein der persönlichen Freiheitsidee nach geistiger Anlage und Geschichte an sich nicht aufgeschlossenes Volk kann dennoch um seine völkische und nationale Integrität ringen. Die Forderung nach Freiheit hat in solchem Fall nicht jene individuelle Wurzel, aus der sicherlich immer die stärksten geschichtlichen Triebkräfte erwachsen; sie ist vielmehr gruppenorientiert und sucht das mit echter Freiheitssehnsucht stets verbundene Streben nach Selbstverwirklichung in der Personalisierung und machtmäßigen Erhöhung der Großgemeinschaft zu erfüllen. Freiheitsstreben solcher Ausrichtung ist gleichbedeutend mit Nationalismus im eigentlichen, tieferen Sinn dieses Begriffes, der die Identifizierung des Selbst und seines Lebensanspruches mit dem Schicksal der Großgemeinschaft voraussetzt. Der Drang zur Selbstverwirklichung erweist sich hierin als eine Grundkraft von geschichtsbewegender Bedeutsamkeit. In welcher Richtung sie wirksam wird, hängt davon ab, ob die geistige Tradition hinlenken kann

---

[4] Ein einheitlicher Sprachgebrauch für den Vorgang der kolonialen Emanzipierung hat sich bisher wegen der schwierigen Erfaßbarkeit aller in ihm wirksamen Faktoren nicht herausgebildet. Aus der Vielfalt der gebrauchten Bezeichnungen erscheint die hier gewählte noch als die relativ annehmbarste. Das davon abgeleitete Adjektiv „entkolonisatorisch" läßt zwar ein erhebliches Maß an Wünschen offen, ist jedoch nicht zu umgehen.

[5] *Toynbee*, A Study of History, Bd. I S. 299 ff.

[6] Der nämliche Gedanke führt *Berber* dazu, in der Entkolonisierung einen wichtigen Anwendungsfall des „peaceful change" zu sehen, III S. 126.

[7] Auch die von den Vereinten Nationen ausgehenden starken entkolonisatorischen Impulse, welche einen Höhepunkt in der Resolution der Generalversammlung vom 14. 12. 1960 als einer „Charte générale" der Entkolonisierung (*Coret*, La déclaration de L'Assemblée Générale de l'ONU sur l'octroi de l'indépendance aux pays et aux peuples coloniaux. RJPOM 1961, S. 598) fanden, werden deshalb in die Darstellung nicht mit einbezogen.

zur Verwirklichung des Selbst in seiner essentiellen Singulargeschöpflichkeit und Eigenverantwortung, das aber will heißen: in der personalen Autonomie; oder ob dieses Ziel nur im identifizierenden Aufgehen in übergeordneten Gruppenbildungen gesucht und gefunden werden kann. Beide geistigen Haltungen dürfen nicht Gegenstand unterschiedlicher ethischer Bewertung sein; handelt es sich doch um jeweils grundlegende ontologische Dispositionen, welche nicht oder nur in nicht meßbaren Zeiträumen wandlungsfähig sind. Sie stehen zueinander nicht im Verhältnis der Abstufung eines höheren und eines niederen Standes derselben geistesgeschichtlichen Entwicklungsrichtung, sondern sind sich ein jeweils anderen Bewegungsgesetzen gehorchendes aliud. Insbesondere für die Entwicklung zur Personalautonomie ist weiterhin charakteristisch, daß sie von der Fähigkeit der einzelnen abhängt, sich die dahin zielende Geistestradition zu eigen zu machen. Es wird aus diesem Grunde auch bei vorhandener autonomistischer Anlage niemals eine kontinuierliche Entwicklung in diesem Sinne geben können, denn die geistige Kraft zur Entwicklung der vorgenannten Fähigkeit ist ein Faktor von starker, in den Zeit- und Lebensumständen wurzelnder Veränderlichkeit[8].

2. Rechtlicher Begriff

Da geistige Anlage und Tradition der Kolonialvölker überwiegend so geartet sind, daß sie ein nur schwach entwickeltes Bedürfnis nach individueller Freiheit besitzen[9], sind diese Zusammenhänge für die Entkolonisierung von überragender Bedeutung. Sie schließen zum einen aus, daß die Entkolonisierung lediglich ein Machtproblem einiger weniger sein könnte, eine Auflehnung relativ gebildeter, ihrer selbst bewußter und nach Macht strebender Gruppen gegen die Inhaber dieser Macht, ganz unabhängig von deren Hautfarbe und Nationalität. Das Machtproblem sollte zwar niemals bei Vorgängen unterschätzt werden, in welchen ihrer politischen Natur wegen unterschwellige Motive der verschiedensten Arten zusammenzufließen pflegen. Es kann dennoch nicht als derart ausschlaggebende Komponente der Entkolonisierung gelten, daß etwa deren Legitimität als einer echten Aufbruchsbewegung der Völker in Frage gestellt wäre[10].

---

[8] Sowohl die Neuheit wie die Wechselhaftigkeit der Geschichte des Nationalismus im abendländischen Geistesraum hat in der Tatsache einer unterschiedlichen Intensität des Empfindens für philosophische Sinngebung eine ihrer wesentlichen Ursachen.
[9] Wo es stärker ausgeprägt ist, hat der Kolonialismus von vornherein nicht oder nur unter Schwierigkeiten und mit Einschränkungen Fuß fassen können (Amharen, Berber, Sahara-Nomaden).
[10] Es gibt im Gegenteil Anzeichen dafür, daß die verantwortlichen autochthonen Führer häufig wider bessere Einsicht von ihrer Gefolgschaft zu ver-

Ein entscheidend wichtiger Aspekt der kollektiven Ausrichtung der Freiheitsforderung ist demgegenüber deren Auswirkung auf den juristischen Formalbereich der Entkolonisierung. Deren rechtlicher Gehalt besteht in der Herstellung einer Beziehung der Gleichheit. In der Theorie kann Gleichheit sich auf beiden in Betracht kommenden Ebenen verwirklichen lassen, auf der individuell-sozialen wie auf der kollektiv-zwischengemeinschaftlichen Ebene. Quermonne kann Entkolonisierung daher abstrakt ganz zu Recht definieren als eine

„Umwandlung der individuellen und zwischengemeinschaftlichen Beziehungen zwischen den vormaligen Kolonialherren und den ehemals Kolonisierten, welche auf dem Boden völliger Gleichheit zur Herstellung oder Wiederherstellung des gemeinen Rechtes führt"[11].

Nun steht Gleichheit aber ihrerseits in einem notwendigen inneren Wechselverhältnis zur Freiheit; „égalité" ist die politisch-rechtliche Ausdrucksform des sozialen und geistigen Tatbestandes der „liberté". Gleichheit kann niemals ein absoluter „Wert an sich", sondern stets nur die äußere formale Konsequenz und Erscheinungsweise eines zugrunde liegenden materiellen geistigen Zustandes sein. Die Formen der Gleichheit werden demnach aus diesem inneren Abhängigkeitsverhältnis heraus gestaltet. Auf die Situation der Entkolonisierung übertragen, muß dieser Gedanke bedeuten: Ebenso wie die Freiheit ist auch die Gleichheit durch die Richtung determiniert, in welcher die Individualität sich jeweils zu verwirklichen sucht. Da diese Richtung soeben als eine überwiegend kollektive erkannt wurde[12], muß die politische Realität der Entkolonisierung von jener abstrakten Definition nicht unerheblich abweichen. Die Entwicklung kollektiver Gleichheitsformen ist daher als innere Gesetzlichkeit bereits in den Anfängen der Entkolonisierung vorgebildet; nur kollektiv ausgerichtete Organisationsformen konnten Aussicht haben, den institutionellen Rahmen für die Entkolonisierung zu bilden. Deren Geschichte ist folgerichtig diejenige des Vordringens, unter steter Auseinandersetzung mit dem individuellen Gleichheitsprinzip, von Strukturen, welche eine vom Mutterland verschiedene Staatlichkeit der kolonialen Verwaltungsbezirke[13] ermöglichen sollten.

---

stärkter politischer Aktivität gezwungen wurden. Vgl. etwa die Vorgänge auf dem PRA-Kongreß in Cotonou vom 25.—27. 7. 1958; dazu *Hamon*, Introduction à l'étude des partis politiques de l'Afrique française. RJPOM 1959 S. 149 ff. Entschließung der Konferenz abgedr. bei *Ziebura*, Die V. Republik, 1960, S. 256.

[11] aaO., S. 437.

[12] Dieses Moment wird später noch einer Vertiefung bedürfen; vgl. unten Kap. 4 § 4.

[13] Das *natürliche* Bezugselement kollektiver Gleichheit, die biologische Großgruppe in der Form des Stammes oder Volkes, tritt demgegenüber in den Hintergrund. Dieser an sich unerwartete Sachverhalt beherrscht im ganzen die afrikanischen politischen Verhältnisse. In ihm spiegelt sich nicht nur die

Für die nachfolgende Darstellung wird es von Bedeutung sein, daß die Entkolonisierung damit von Anbeginn zu den traditionellen Prinzipien Frankreichs für die Lösung der kolonialen Aufgabe in entscheidenden Gegensatz trat.

§ 2. Methoden der Entkolonisierung

Für die Verwirklichung des entkolonisatorischen Zieles einer Beseitigung diskriminierender Auswirkungen der kolonialen Beziehung bieten sich zunächst zwei Wege an — zwei in ihrer Klarheit und denkgesetzlichen Selbstverständlichkeit bestechende Lösungsmodelle, welche jedoch verschiedene geistige Standorte einnehmen und verschiedene politische Grundentscheidungen voraussetzen. Eines dieser Lösungsmodelle ist die sofortige Unabhängigkeit durch Beseitigung aller institutionellen Bindungen zwischen Mutterland und Kolonie. Am Beginn dieses Modells steht zumindest bei einem der Partner — Mutterland oder Kolonie — ein Denken, das, welche Sachmotive auch immer existieren mögen, innerer Distanz entspringt und wesensgemäß desintegrationistisch und national-egoistisch ausgerichtet ist. Übergangslos aus einem mehr oder minder variierten soziologischen Urzustand in moderne Staatlichkeit führend, wurde dieser Weg mit äußerst unterschiedlichem Erfolg beschritten[14]. Er ist gesäumt von beachtlichen Risiken für den neu entstandenen Staat und zugleich für die internationale Ordnung; der all-

---

stark verfestigende und normierende Wirkung einer etablierten modernen Administration. Er scheint darüber hinaus eine gewisse subjektive Wandlungsfähigkeit und Auswechselbarkeit des Bezugsobjektes der Gleichheit anzudeuten und damit, in Zurückverfolgung der gedanklichen Ableitungsreihe, eine Auswechselbarkeit des außerpersönlichen Identifizierungsobjekts. Aus dem Boden solcher Überlegungen, die sich freilich auf Beobachtungen zu stützen hätten, welche über die afrikanischen Verhältnisse hinausreichen, könnte durchaus die Erkenntnis erwachsen, daß die ethische Position des sog. Selbstbestimmungsrechtes der Völker einer neuen kritischen Überprüfung bedarf.

[14] Über die hauptsächlichen Gründe solcher Unterschiedlichkeit informiert ein Vergleich der Entwicklung in Guinea und im ehemals belgischen Kongogebiet. Danach handelt es sich in erster Linie um ein Problem der Erziehungspolitik, insbesondere der rechtzeitigen Heranbildung einer elitären Schicht von Fachleuten aller Arten, um autochthone Kräfte in den Aufbau einer modernen staatlichen Organisation einschalten zu können. Im Falle Guineas hat diese Politik den raschen und reibungslosen Übergang der Verantwortung von der Kolonialmacht auf Vertreter der einheimischen Bevölkerung ermöglicht; vgl. *Fischer*, L'indépendence de la Guinée et les accords franco-guinéens, AFDI 1958, S. 716. Im Zusammenhang mit den soziologisch-politischen Voraussetzungen einer Entlassung in die Unabhängigkeit bzw. der Selbstregierung sind auch die Arbeiten des Völkerbunds und der Vereinten Nationen zu diesem Thema beachtenswert; vgl. Empfehlungen der Ständigen Mandatskommission des Völkerbunds, Société des Nations — Journal officiel, XIIème année p. 2057; Bericht des Ad hoc Committee on Factors (Non-Self-Governing Territories), General Assembly Official Records, 8th Session Doc. A/2178.

gemeinere Gesichtspunkt der Entkolonisierung als einer machtpolitischen und kulturellen Entflechtung der betroffenen geographischen Räume aus umfassenderen organisatorischen Zusammenhängen muß gerade bei diesem Weg erhebliches Gewicht gewinnen. Die weltpolitische Konstellation, auf welche der Entkolonisierungsprozeß stieß, mag ihn mit Notwendigkeit auf den Weg der Unabhängigkeit gezwungen haben. Für die überwiegende Mehrzahl der Entkolonisierungsfälle handelt es sich jedoch um ein destruktives Prinzip, weil es Entkolonisierung nur äußerlich-formal begreift und deren eigentliche, das koloniale Werk fortsetzende Aufgabe der geistigen und materiellen Höherentwicklung[15], des Hinfindens zu eigener Kulturgestalt nicht nur nicht fördert, sondern erschwert. Trotz einer von reichem geschichtlichem Anschauungsmaterial unterstützten Verlockung müssen jedoch diese Fragen, wie überhaupt das gesamte phänomenologisch wenig ergiebige Thema der Unabhängigkeit, aus einer mit *Transformations*strukturen befaßten Untersuchung ausgeschlossen bleiben.

Ein zweites Modell will die Entkolonisierung ebenfalls in der Ablösung der kolonialen Beziehung durch eine solche absoluter oder modifizierter Gleichheit, jedoch unter Aufrechterhaltung und Verfestigung eines einheitlichen staatsrechtlichen Rahmens verwirklichen. Es entstammt, obgleich immer auch machtkalkulatorische Egoismen umgreifend, im Grunde doch einem auf Bindung, Verantwortlichkeit und Integration abgestellten Denken. Schon deshalb kann diese traditionell als Assimilation bezeichnete Methode höheren rechtsethischen Rang beanspruchen als das entgegengesetzte dissoziative und selbstfixierte Denken. Sie verkörpert, nicht zuletzt auch wegen ihrer bestimmenden entwicklungspolitischen Note, im Unterschied zur Unabhängigkeit ein konstruktives Prinzip der gesellschaftlichen Gestaltung. Andererseits birgt sie die Gefahr allzu starker kultureller Überlagerung und die stete Versuchung in sich, Gleichstellung unter Aufsaugung des andersartigen Volkstums erreichen zu wollen.

Zwischen die beiden Lösungsmodelle Unabhängigkeit und Assimilation schiebt sich deshalb als mittelnde Methode diejenige der politischen Autonomie ein. Der Idee nach identisch mit dem föderalen Prinzip, vereinigt sie in sich den Weg zu politischer Eigenpersönlichkeit und kultureller Selbstverwirklichung mit der als zivilisatorische Sendung empfundenen Rolle des Mutterlandes sowie mit einem über diese unmittelbare Beziehung hinausweisenden Sinn für positive Bindung. In seiner zeitlich beschränkten entkolonisatorischen Form kann deshalb das

---

[15] Vgl. die verschiedentlich in der Literatur auftauchenden Ansätze für die Bestimmung eines „konstruktiven" Begriffsinhaltes der Entkolonisierung, v. a. bei *Labouret* aaO., S. 20; *Mus*, Le destin de l'Union française, 1955, S. 221.

föderale Prinzip das schlechthin schöpferische Prinzip der Entkolonisierung genannt werden. Die Untersuchung seiner institutionellen Erscheinungsformen ist Gegenstand dieser Arbeit. Dabei müssen in den nachfolgenden Abschnitten zunächst seine geistigen Grundlinien und, zum besseren Verständnis der Rolle föderaler Ideen sowie zur Verdeutlichung der kolonialen Problematik, auch diejenigen der Assimilation nachgezogen werden.

Zweites Kapitel

Die Assimilationstheorie als Modell der Entkolonisierung

§ 1. Der Begriff

1. Assimilation als koloniale Tradition Frankreichs

Seit dem Ende des Stadiums der merkantilistischen Nutzung seiner Kolonien und dem Einsetzen eines theoretischen kolonialen Denkens hat Frankreich ein Richtmaß seines kolonialen Handelns gekannt: die seiner Verantwortung anheimgegebenen Völker in enger und „unauflöslicher" Einheit mit dem Mutterland allmählich auf dessen zivilisatorische Entwicklungsstufe emporzuführen. Als selbstverständlich galt dabei, daß der Einschmelzungsprozeß in seinen späteren, freilich sehr fernen Stadien unter Abbau der rechtlichen, politischen und wirtschaftlichen Unterschiede zwischen Mutterland und Kolonie vor sich gehen würde. Daß diese Doktrin der Assimilation die französische Kolonialpolitik bereits sehr früh auf Ziele verpflichtete, welche die geistigen und materiellen Komponenten der Entkolonisierung im Kern vorwegnahmen, will wenig in das vorherrschende, polemisch verzerrte Bild des „Kolonialismus und Imperialismus" passen. Diese Unvereinbarkeit ist grundsätzlicher Natur insofern, als Voraussetzung für eine objektive Würdigung der Assimilations-Doktrin das Verständnis ihrer wesentlich personalistischen und humanitären Basis ist. Die für das frz. assimilatorische Denken kennzeichnende Vorstellung vom „Eingeborenen" als einem die eigene Verantwortlichkeit herausfordernden Menschen, den es zur Erreichung seines höheren Selbst zu führen gelte — eine geistige Inkarnation der revolutionären „fraternité" —, dürfte aber für die Mehrzahl der tonangebenden Ideologien unserer Tage schwerlich nachvollziehbar sein.

2. Der entkolonisatorische Assimilationsbegriff

Es hat für Frankreichs Nachkriegspolitik nahegelegen, die Bewältigung des drängender sich stellenden Problems der Entkolonisierung in der Kontinuität der traditionellen assimilatorischen Methode zu suchen. Sie führt bei konsequenter Verwirklichung im Endstadium zur Herstellung völliger rechtlicher und tatsächlicher Gleichheit zwischen

Mutterland und Kolonie sowie in den Beziehungen der verschiedenen ethnischen und soziologischen Gruppen untereinander. Die Entkolonisierung und ihre Forderung nach politischer Gleichheit im weitesten Sinne ist damit realisiert. Zugleich vollzieht sich als weiteres Anliegen einer konstruktiv verstandenen Entkolonisierung die zivilisatorische Emanzipation der kolonialen Gesellschaft, welche indes erheblich langfristiger angelegt ist als die rein juristische Entwicklung. Beide Kriterien finden sich in einem Definitionsversuch Quermonnes wieder; die Politik der Assimilation erscheint danach als

„Vereinigung der vormals kolonisierten Länder und Völker mit ihrem ehemaligen Mutterland zu einer einzigen unauflöslichen politischen Gemeinschaft, um in diesem Rahmen die Gleichheit an Rechten und Pflichten sowie auf lange Sicht eine Angleichung des Lebensniveaus zu verwirklichen"[1].

Im assimilierten Status nimmt der Autochthone, unter Respektierung seines traditionellen Personalstatuts, vollen Anteil am Rechtssystem des Mutterlandes; er genießt dieselben politischen Rechte wie die Bevölkerung des Mutterlandes und ist in dessen Institutionen vertreten. Staatsrechtlich ist die ehemalige Kolonie ein untrennbarer Bestandteil des Mutterlandes und wird nach dessen organisatorischen und methodischen Prinzipien verwaltet.

Assimilation als Methode der Entkolonisierung stellt demnach allein auf die individuelle Emanzipierung ab, wohingegen eine die Kolonie als gesellschaftlichen Gruppeninbegriff voraussetzende Entwicklung in diesem Rahmen nicht denkbar ist.

§ 2. Geistesgeschichtliche Verwurzelung der Theorie

Offenkundig entspricht die Assimilationstheorie in idealer Weise den frz. Vorstellungen vom Wesen der durch die Existenz der Kolonien gestellten Aufgabe. Der geistesgeschichtliche Zusammenhang führt zurück bis auf die systematische und gerade im Falle der gallischen Provinz von nachhaltigem Erfolg gekrönte Assimilationspolitik des Römischen Reiches. Dem Einfluß des römischen Rechts ist es maßgeblich zuzuschreiben, daß, seit es zur Ausbildung eines spezifischen politischen Temperaments der romanischen Völker kam, das assimilatorische Ideal eine bestimmende Komponente dieses Temperamentes bildet[2]. Die methodischen Prinzipien eines Descartes, das Humanitätsideal der Aufklä-

---
[1] aaO., S. 446.
[2] Die nämliche Erscheinung findet sich in noch weit deutlicherer Ausprägung in der hierin allein vergleichbaren portugiesischen Kolonialpolitik.

rung, die Gleichheitsforderung der Großen Revolution, welche als die Wurzeln des die frz. Staatstradition beherrschenden unitarisch-vereinfachenden Denkens gelten[3], sind ebenfalls als philosophische bzw. ideologische Umsetzungen dieses romanischen Charakters anzusehen, der allerdings das ihm entsprechende politische System in konsequenter Ausformung erst in der Zeit nach 1789 geschaffen hat[4]; cartesianischer Rationalismus und republikanisch-jakobinische Tradition, vernunftbestimmter Erziehungsglaube und ein egalitäres Menschheitsideal verbanden sich zu einer nunmehr festgefügten Staatsdoktrin[5].

Zu deren vornehmlichstem Inhalt gehört ein dem Mythos der pax Romana kaum nachstehender kultureller Sendungsglaube[6]:

„Die Liebe zur Eroberung ist nur ein Vorwand unserer Kriege; wir selbst täuschen uns manchmal darin. Der glühendste Beweggrund ist vielmehr der Bekehrungseifer. Der Franzose will dem Besiegten vor allem seine Persönlichkeit auferlegen, und zwar nicht so sehr als eben die seinige, sondern als Typus des Guten und Schönen schlechthin; das ist sein tiefster Glaube. Er ist überzeugt, er könne der Welt nichts Vorteilhafteres angedeihen lassen als ihr seine Ideen, seine Sitten, seine Gewohnheiten zu vermitteln. Dazu wird er die anderen Völker mit dem Schwert in der Hand bekehren. Nach dem Kampf aber wird er, halb aus Überheblichkeit, halb aus echtem Gefühl der Verantwortlichkeit, ihnen auseinandersetzen, wie vorteilhaft es für sie sei, Franzosen zu werden[7]."

Es ist nur folgerichtig, daß sich diese kulturelle Konversion in dem gleichen institutionellen Rahmen vollzieht, der das Franzosentum seit 1792 repräsentiert. Die „République une et indivisible" der Verfassung von 1793[8] und eine assimilatorische Grundhaltung bilden fortan ein not-

---

[3] Vgl. *Grenier*, L'Union française sera fédérale ou ne sera pas, 1956, S. 52.

[4] In dieser Systematisierung und Ideologisierung dürfte der wesentliche Unterschied zum Pragmatismus der merkantilistischen Assimilationspolitik zu sehen sein; vgl. die Instruktionen Colberts an die überseeischen Gouverneure, zitiert bei *Deschamps*, Les Méthodes et les Doctrines coloniales de la France, 1953 S. 37 ff.; *Labouret* aaO., S. 85 ff.

[5] Zu den philosophischen Grundlagen der Assimilations-Doktrin vgl. auch *Betts*, Assimilation and Association in French Colonial Theory 1890—1914, S. 13 ff.

[6] *Labouret* aaO., S. 85 ff.: „kultureller Imperialismus".

[7] *Michelet*, Introduction à l'Histoire Universelle, 1831; zit. nach *Labouret* aaO., S. 85 ff. Vgl. dazu auch die von *Betts*, aaO., S. 18, mitgeteilte sehr bezeichnende Äußerung *Renans*.

[8] Art. 1 Acte Constitutionnel du 24 juin 1793. *Duguit-Monnier*, Constitutions S. 65. Vgl. auch Erklärung der Convention Nationale vom 25. 9. 1792, *Duguit-Monnier* S. 33.

wendiges und geistig komplementäres Gespann[9]. Beides sollte kennzeichnend sein für die Einstellung gegenüber nicht-französischen ethnischen Gruppierungen, ob auf dem Kontinent oder in den Kolonien.

Die Politik der Assimilation ist jedoch nicht immer so in sich geschlossen und konsequent betrieben worden, wie das die logische Grundlinie der Doktrin erfordert hätte. Die Konfrontierung mit der täglichen Verwaltungspraxis unter den klimatischen, wirtschaftlichen und soziologischen Gegebenheiten tropischer Zonen[10]; die innere Auseinandersetzung mit Dogmatikern aller Schattierungen; der zunehmende Druck der Weltmeinung hatten fortwährende Mutationen und Anpassungen des Assimilationsprinzips im taktischen Bereich zur Folge. Diese Bestrebungen manifestieren sich im wesentlichen in den Begriffen der Integration und der Assoziierung; beide enthalten Ansatzpunkte für weiterführende Entwicklungen.

§ 3. Assimilation und „Integration"

1. Begriffliche Abgrenzung

Rein begrifflich umschreiben Assimilation und Integration nur verschiedene Aspekte ein und desselben Sachverhalts. Wenngleich als koloniale Assimilation üblicherweise der gesamte Komplex der Eingliederung eines ethnisch und zivilisatorisch unterschiedlich strukturierten Gebietes in den Staats- und Sozialkörper des Mutterlandes bezeichnet wird, so ist das eigentliche Wesen der Assimilation die stetig fortschreitende Angleichung — ein Dynamismus, dessen nur lebendige Organismen fähig sind. Assimilation im begrifflichen Sinn kann daher nur einen ethnologischen und soziologischen, nicht aber einen staatsrechtlichen Bedeutungsgehalt haben; ihre Objekte sind Einzelmenschen und ihre Gruppierungen. Staatsgebiet und staatliche Einrichtungen hingegen sind ihrer Natur nach statischen Charakters und besitzen nicht die Fähigkeit der selbsttätigen kontinuierlichen Anpassung. Sie können in das Staatsgebiet und die Institutionen des Mutterlandes nur uno actu eingegliedert werden. Integration bedeutet also nichts anderes als die staats- und verfassungsrechtliche Seite der Assimilation.

Gonidec kann nur dieses Verhältnis der beiden Begriffe zueinander vorschweben, wenn er von „integraler" Assimilation spricht und damit

---

[9] Vgl. Art. 6 Constitution du 5 fructidor an III: „Les Colonies françaises sont parties intégrantes de la République, et sont soumises à la même loi constitutionelle."
[10] Nach *Deschamps* aaO., S. 214 erwies sich insbesondere die Verwaltungstätigkeit in Indochina als eine wirksame Schule des kolonialen Pragmatismus.

die Gesamtheit der mit der Assimilationspolitik im herkömmlichen Sinn verbundenen Aspekte meint[11].

2. Selbständiger Sinngehalt der „Integration"

Gegenüber dieser auf dem Wortsinn aufbauenden Logik hat der Begriff der Integration allmählich einen abweichenden Sinngehalt angenommen. Er wurde kennzeichnend für Bestrebungen, welche auf eine Einschränkung und Auflockerung der Assimilations-Doktrin abzielten[12], um sie den Gegebenheiten einer sich langsam wandelnden kolonialen Situation besser anzupassen. Eine in diesem Sinn verstandene „Integrations-Doktrin"[13] fordert eine Politik der Beibehaltung der einheitlichen Souveränität und gemeinsamer Institutionen unter gleichzeitiger Einschränkung der Assimilationsbemühungen auf den Gebieten der Kultur und des Personalstatuts. Im Hinblick auf das Vordringen einer realistischeren Betrachtungsweise ist es aufschlußreich, daß die wirtschaftlichen Notwendigkeiten sich dabei verstärkt zur Geltung bringen; in dieser Bedeutung kann Integration manchen Kreisen geradezu als „Wundermittel" für die Lösung der kolonialen Probleme gelten und als

„Verbund auf Autarkie abzielender Marktorganisationen und von Subventionen aus Haushaltsmitteln"

in einen ausgesprochenen Wirtschaftsintegrationismus einmünden[14], dem allerdings die Absicht der kolonialen Behauptung keineswegs fremd ist. In Gebieten mit starkem frz. Bevölkerungsanteil nährt dieser Aspekt der Integration zudem auch Hintergedanken gruppenegoistischer Natur; eine enge Wirtschaftsverflechtung mit dem Mutterland soll während einer Übergangsphase das europäische Bevölkerungselement mit den wirtschaftlichen Machtmitteln ausstatten, welche für eine spätere Über-

---

[11] Droit d'Outre-Mer I S. 330. Der Ton liegt bei G. auf der Integration, vgl. die Begriffsprägung „doctrines intégrationnistes". Die Beibehaltung des eingeführten Assimilationsbegriffes ist jedoch vorzuziehen — schon weil seine kulturellen und soziologischen Komponenten das eigentliche Anliegen des französischen kolonialen Denkens besser charakterisieren. Eine ähnliche Interdependenz der Begriffe findet sich bei *Ehrard*, Communauté ou sécession, 1959, für den Assimilation die „offenste und weitestgehende Form der Integration" ist, S. 107.

[12] Entscheidende Anregungen bezog diese Richtung aus dem Denken einer älteren anti-assimilatorischen Schule, welches in *de Saussure*, Psychologie de la Colonisation française, 1899, und *Harmand*, Domination et Colonisation, 1910, Artikulierungen von Rang gefunden hat.

[13] Der Begriff geht zurück auf *Bée*, Essai de doctrine impériale, 1946; *ders.*, La doctrine de l'intégration, Rec. Penant 1946 Doctr. S. 27 ff.

[14] *Ehrard*, Le destin du colonialisme, 1957, S. 105.

führung der Kolonie in eine von diesem minoritären Element getragene Souveränität erforderlich sind[15]. So birgt die Integrations-Doktrin gerade durch ihre moderne großräumige Wirtschaftskonzeption die Gefahr in sich, daß sie die koloniale Ungleichheit und Domination nicht abbaut, sondern verstärkt. In dieser Version nimmt sie gegenüber der unverfälschten Assimilationspolitik, von der sie ihren Ausgang genommen hat, eindeutig rückschrittliche Züge an.

§ 4. Assimilation und „Assoziierung"

1. Begriff und Inhalt

In noch höherem Maße als die Integration bietet die Politik der Assoziierung das Beispiel eines dem Bereich des Begrifflichen verhafteten und durch mangelhaft definierten sachlichen Inhalt zur Verwirrung beitragenden Schlagwortes[16]. Der Wortsinn deutet auf ein der Gleichheitsbeziehung zumindest nahegerücktes politisches Verhältnis zwischen Mutterland und Kolonie hin, jedenfalls aber auf eine in entscheidenden Ansätzen ausgebildete Personalität der Kolonie. Darüber hinaus ist der Wortgebrauch geprägt von dem durch die frz. Verfassung von 1946 in die politische Praxis eingeführten, den Protektoraten mit internationaler Rechtspersönlichkeit vorbehaltenen Status der „Assoziierten Staaten"[17]. Mit solchen Vorstellungen hat jedoch die als „association" in die Kolonialgeschichte eingegangene Doktrin, welche für die koloniale Praxis bis hin zur Konferenz von Brazzaville bedeutsam war, nichts als den Namen gemein. A. Sarraut als einer ihrer hauptsächlichen Protagonisten unterliegt zwar unzweifelhaft dem Einfluß der britischen Politik der indirekten Verwaltung[18]: die traditionellen Führungsschichten („Eliten") der Kolonialvölker seien als Träger einer mittelnden Funktion in den Verwaltungsapparat einzubauen, was eine Politik maßvoller administrativer Dezentralisierung erfordere. Gleichzeitig aber wird klar, daß die „Idee, den Eingeborenen zur Mitarbeit an unserem Werk heranzuziehen (associer)"[19], lediglich der „mise en valeur" im Sinne Sarrauts[20], der wirtschaftlichen Nutzbarmachung der Kolonien zu dienen hat. Sicherlich soll sie die materielle Besserstellung der eingebo-

---

[15] Hintergedanken solcher Art sind, in der Zuspitzung auf algerische Verhältnisse, besonders spürbar in der Haltung J. Soustelles, des früheren Generalgouverneurs von Algerien; vgl. *Gonidec* I S. 342 ff.
[16] *Betts* aaO., S. 106.
[17] Art. 60, 61 Verfassung 1946.
[18] Sog. „lugardisme", anknüpfend an Lord Lugard als bekanntesten Praktiker dieser britischen Politik.
[19] *Borella* S. 28.
[20] Vgl. *Sarraut*, La mise en valeur des colonies françaises, 1923.

renen Bevölkerung und den zivilisatorischen Aufschwung ermöglichen, den Frankreich als verpflichtenden Bestandteil seiner kolonialen Sendung sieht. Unverändert bleiben hingegen Inhalt und Ziel des eigentlich zu unternehmenden „Werkes", das in der Eingliederung der kolonialen in die mutterländische Gesellschaft gipfeln würde und damit in allen Stücken dem Ziel der Assimilation entspricht. Die Politik der Assoziierung wechselt nur die Mittel, um das nämliche Ziel zu erreichen; sie trägt vorwiegend methodischen Charakter und ist damit eine ausgesprochene Übergangslösung auf dem im übrigen beibehaltenen Weg zur Assimilation. In dieser Flexibilität kommt sie den Bedürfnissen der kolonialen Administration entgegen, welche mit den Schwierigkeiten einer reinen Assimilationstechnik zu ringen hat; sie ermöglicht im Rahmen einer Verwaltungsdezentralisierung die Einrichtung beratender lokaler Gremien und, in verstärktem Maße, den individuellen Zugang zum frz. Bürgerrecht[21].

2. Bedeutung

Die frz. Schwerfälligkeit, grundsätzliche Probleme unter Zuhilfenahme von Kompromissen zu lösen und ein als richtig erkanntes Ideal auf taktisch bedingten Umwegen anzustreben, mag am Scheitern der Assoziierungspolitik entscheidenden Anteil haben. Es ist in dieser Hinsicht bezeichnend, daß die publizistische Kritik an dem „unwahrhaftigen und gefährlichen Charakter" der Assoziierung vornehmlich von Befürwortern einer strikten Assimilation ausgeht, in deren Augen sie zur Schicksalsfrage der Nation werden kann:

> „Die sogenannte Assoziierungspolitik wird, wenn sie nicht durch eine andere, bessere und weniger schädliche ersetzt wird, Frankreich sein Kolonialreich kosten[22]."

Insbesondere Deschamps sieht durch den taktischen Gehalt dieser Politik die bisherige positive Entwicklung der evoluierten Autochthonen in Richtung einer Angleichung an die mutterländische Gesellschaft in Gefahr:

---

[21] Die relative Spärlichkeit der von der Assoziierungspolitik hervorgebrachten Ansätze zu administrativer Auflockerung verführt *Borella*, aaO., S. 28, zu der sarkastischen Bemerkung, Kolonialismus sei gleichbedeutend mit dem Willen, liberale Theorien zu entwickeln, ohne jedoch deren Verwirklichung ins Auge zu fassen. In der Tat haben „Reformen" dieser Art bereits zum festen administrativen Repertoire einiger Gouverneure der kolonialen Heroen-Zeit Frankreichs, wie Gallieni und Lyautey, gehört.

[22] *Régismanset* zit. nach *Deschamps* aaO., S. 169.

„Wenn sie dorthin nicht kommen, so deshalb, weil die Doktrin der Assoziierung sie davon abhält[23]."

Vorkämpfer eines kolonialen Traditionalismus, der die Möglichkeit einer Vereinbarung von Gleichheit und gemeinsamem Schicksal nur in der Assimilation gegeben sieht, erklärt Deschamps die Assoziierung als Ausfluß einer über die Gegenwart nicht hinaussehenden Haltung der Sorglosigkeit. Sie ist für ihn die Erscheinungsform eines doktrinären Kolonialismus, ein „verbrämtes System unbegrenzter Domination"[24], dem es gerade am Streben nach Beendigung der Fremdherrschaft als dem wichtigsten Merkmal der Entkolonisierung gebricht. Trotz derart massiver Kritik bleibt jedoch festzuhalten, daß die Politik der Assoziierung in der Praxis zu wichtigen Ansätzen für eine Fortentwicklung des Problems der Kolonialverfassung führte — Ansätze, welche sich näherungsweise durch die Begriffe Eboué und Brazzaville symbolisieren lassen[25].

§ 5. Assimilation und Entkolonisierung

1. Vielfalt der assimilatorischen Mittel

Unter dem großen Dach der Assimilationstheorie drängt sich demnach einiges Gewirr von Ideen und Methoden. Alles andere denn monolithisch gebaut, reicht die Skala ihrer politischen Mittel von der striktesten Direktverwaltung bis an die Grenze des Autonomismus[26]. Sie kennt die Möglichkeit einer gewissen verwaltungstechnischen, niemals allerdings politischen Dezentralisierung ebenso wie die seit langem im frz. Kolonialrecht verankerte Spezialität der Gesetzgebung[27]; sie kann

---

[23] aaO., S. 175.
[24] aaO., S. 213.
[25] Vgl. Teil II, Kap. 1 und 2.
[26] *Deschamps* unterscheidet dementsprechend drei Spielarten der Assimilation, welche sich aus den verschiedenen Gebietsverfassungen innerhalb der Republik herauskristallisieren: assimilation intégrale in den überseeischen Departements — assimilation mitigée in den überseeischen Territorien — assimilation-autonomie in Algerien; aaO., S. 206 f.
[27] „Spécialité législative" bedeutet, daß das Normenrecht des Mutterlandes nicht automatisch, sondern nur auf Grund eines besonderen, ausdrücklichen Rechtssetzungsaktes in den überseeischen Gebieten wirksam werden kann. Die Spezialität der Gesetzgebung ist für die Übersee-Departments dem Prinzip nach durch die Verfassungen von 1946 und 1958 beseitigt, für die Übersee-Territorien jedoch beibehalten worden. Zu Geschichte und inhaltlicher Reichweite des Prinzips vgl. *Luchaire* aaO., S. 187 ff.; *Borella* S. 195 ff. — Dem Grundsatz der legislativen Spezialität entsprechend, gelangt ein Prinzip der „spécialité des traités" immer dann zur Anwendung, wenn ein Vertrag seinen geographischen Anwendungsbereich nicht bereits selbst bestimmt, vgl. *Lampué*, L'application des traités dans les territoires et départements d'outre mer; AFDI 1960 S. 907 ff.

3 Weinbuch

biegsam sein hinsichtlich des juristischen Personenstatuts und hat Raum für die Pflege kultureller Traditionen der Autochthonen. Bei dem allen handelt es sich jedoch, unabhängig von der Bezeichnung, nur um Nuancen — je nach dem Umfang der zugestandenen Partikularismen und dem Akzent, den sie tragen.

Diese Nuancen gruppieren sich um die gemeinsamen, stets unveränderlichen Grundanliegen, um den harten Kern dieser Doktrin: Hier der zivilisatorische Auftrag, die Konzeption der Kolonien als „créations d'humanité" und „conquêtes morales", erfüllt in der Verbreitung frz. Kultur und Zivilisation; dort die „eine, unteilbare Republik" und das unerbittliche Veto gegenüber jedem über sie hinauszielenden reformerischen Willen, gegenüber jeder Art von Autonomie oder auch nur politisch vertiefter Dezentralisierung als erstem Schritt hierzu. Entkolonisierung wird als das Wesen dieser Doktrin verstanden, in der sie einen theoretisch geeigneten Rahmen gefunden hat. Sie wird damit zu einer Zeit, zu welcher die allgemeine koloniale Emanzipationsbewegung sich noch in keiner Weise abzuzeichnen beginnt, zu einem mit Sendungsglauben und Opfergeist getragenen Ideal der Nation. Die geschichtliche Größe der Assimilationsidee wie auch ihre zum Versagen führenden Schwächen liegen daher dicht beieinander.

2. *Gründe des Scheiterns*

So sehr nämlich die Assimilation sich aus zivilisatorischen Argumenten[28] rechtfertigen mag, so stellen sich ihrer Verwirklichung doch Hindernisse entgegen, welche sie unter modernen politischen Verhältnissen als zur Lösung der kolonialen Frage ungeeignet erscheinen lassen. Diese Hindernisse sind zwar außerrechtlicher Natur; sie dürfen jedoch als Faktoren, welche die Richtung der neueren Entwicklung maßgeblich bestimmt haben, hier nicht außer Ansatz bleiben. Sie ergeben sich aus dem Wesen der Assimilation selbst oder aus den politischen Umweltbedingungen ihres Operationsfeldes.

Besonders der letztgenannte Gesichtspunkt hat nach dem historischen Einschnitt von 1940 in bedeutendem Maße zum Scheitern der Assimilationspolitik beigetragen. Soweit die innere Entwicklung der über-

---

[28] Sie sind im Grunde nicht sehr verschieden von den frühen religiösen Rechtfertigungsgründen *Vittorias* für den Kolonialismus — abgesehen von einem laizistischen Umschlag, der aber ebenfalls schon durch *Suarez* vorweggenommen wurde: in den Mittelpunkt rückt der Mensch und sein Bedürfnis nach einer würdigen und gerechten Organisierung seines diesseitigen Lebens. Ihren Abschluß findet diese Ideenfolge durch das Humanitäts-Ideal der Aufklärung und der Großen Revolution, das die Assimilations-Doktrin der neueren kolonialen Epoche entscheidend geformt hat.

seeischen Gebiete hieran beteiligt ist, hat diese Politik selbst dazu den Anstoß gegeben. Die gesamte geleistete Entwicklungsarbeit, die Berührung und Durchdringung mit westlicher Zivilisation, die Heranbildung einer in modernen begrifflichen Kategorien denkenden Elite hat die Emanzipation der Kolonialvölker einem Prozeß außerordentlicher Beschleunigung unterworfen. Hand in Hand damit ging die Wiederbesinnung dieser Völker auf ihre kulturellen Traditionen und der Versuch, eine nationale Eigenart zu bestimmen und zur Geltung zu bringen. Die Assimilation steht in innerem Gegensatz zu diesen geistigen Prozessen, weil sie die Emanzipation im Rahmen einer *fremden* Nation und ihrer *fremden* Traditionen plant und den Verzicht gerade auf das Bewußtsein einer spezifischen Eigenart der zu assimilierenden Gruppe fordert. Obgleich die objektiv bestehende Möglichkeit einer Verwirklichung der entkolonisatorischen Ziele auf dem Weg der Assimilation von den Führern der kolonialen Völker durchaus erkannt und gewürdigt wurde, stand somit der weiteren Verfolgung dieses Weges das wachsende Gefühl eigener Personalität entgegen; es mußte sich logisch fortentwickeln zu dem Wunsch, eine eigene moderne Nation zu sein[29].

Zur inneren Entwicklung in den Territorien traten Widerstände im Mutterland selbst und vor allem auch die von außen auf das Verhältnis zwischen Mutterland und Kolonie einwirkenden politischen Kräfte. Diese gehen ausnahmslos über die entkolonisatorische Natur der Assimilation hinweg und zielen aus durchsichtigen politischen Motiven bewußt auf deren diskreditierende Gleichsetzung mit dem Kolonialtatbestand selbst ab.

Wesentlicher als alle politischen Einflüsse, denen vielfach nur der Rang von Beschleunigungsfaktoren einer aus tieferen Ursachen herrührenden Entwicklung zukommt, ist für das Urteil über die Assimilation jedoch ihre eigene innere Widersprüchlichkeit. Selbst die konsequenteste Assimilationspraxis wird sich nicht in der Lage finden, grundlegende Unterschiede von Klima und Rasse, von Volkscharakter und Mentalität derart zu überbrücken, daß eine dauerhafte Verschmelzung zweier Gesellschaften erreicht werden könnte. Selbst unter hypothetischer Voraussetzung einer solchen Möglichkeit ist Assimilation als Politik jedoch mit so erheblichem und nachhaltigem Aufwand an Menschen und Mitteln verbunden, daß sich daraus in jedem Falle ihr Bedürfnis ergibt, auf sehr lange Zeiträume hin angelegt zu sein. Dieses Charakteristikum — Luchaire spricht seinetwegen von „zu Assimilation *tendierender* Politik" statt schlechthin von Assimilation[30] — muß ihr in einer Zeit zum Ver-

---

[29] Auf die besondere Fragwürdigkeit des Nationsbegriffes in der Anwendung auf afrikanische Verhältnisse wird später noch einzugehen sein.
[30] aaO., S. 21.

hängnis werden, deren Schnellebigkeit den Begriff „revolutionär" als Alltagsbegriff und selbstverständliches Wesenselement kennt. Darüber hinaus aber hat die Geschichte bewiesen, daß eine Assimilation nicht erst in unserem Jahrhundert zur Unmöglichkeit geworden ist, sondern in allen Fällen scheiterte[31], in denen nicht massive bevölkerungspolitische Zwangsmaßnahmen[32] den organisch gewachsenen, die kulturelle Eigenart stützenden sozialen und politischen Organisationsrahmen der zu assimilierenden Gesellschaft zerschlugen. Der nur als dünner Firnis die Eigenart gewisser ethnisch stark geprägter Regionen des frz. Mutterlandes selbst überdeckende Assimilationsstandard ist ein gutes Beispiel für diese geschichtliche Erfahrung. Hinzu kommt, daß das ethische Fundament der Assimilation in dem Maße ins Wanken geraten muß, in welchem die christliche europäische Kultur sich gründlich und in bestürzendem Tempo auf eine technische Zivilisation verengt und damit die europäischen Nationen ihrer geistig-kulturellen Wirkkraft weitgehend beraubt. So schicksalhaft unausweichlich dieser Prozeß auch immer sein mag, so wenig kann die nachlassende Intensität kultureller Ausstrahlung durch Bemühungen auf dem Gebiet der Entwicklungshilfe und technischen Assistenz wettgemacht werden. Mit der Verlagerung des Schwergewichts der Kolonialpolitik von der langsamen, aber stetigen und intensiven, ganzheitlichen Durchdringung der Territorien auf deren technisch-wirtschaftliche Entwicklung — ein Vorgang, dessen zwangsläufige Natur nochmals betont werden muß — war daher die geistige Konzeption der Assimilation in sich zusammengesunken.

---

[31] Vgl. die historischen Nachweise bei *Grenier* aaO., S. 57 ff. Der große Ausnahmefall ist jedoch die schon erwähnte römische Assimilation.

[32] Zwang im Verhältnis zweier ethnischer Gruppen zueinander entkleidet jedoch die Assimilation ihres wesentlich egalitär-humanitären Sinnes und führt zur Aufsaugung des physisch Schwächeren unter Vernichtung seiner ethnischen Eigensubstanz.

Drittes Kapitel

Wesen des föderalen Prinzips

§ 1. Exposition

Die Alternative zur Assimilation als Methode der Entkolonisierung ist die Föderations- oder Autonomiepolitik. Die innere Gespaltenheit des Assimilationsprinzips und die vielfachen Erschwernisse, denen seine Verwirklichung begegnet, sind für eine mit föderalen Gestaltungsmitteln arbeitende Entkolonisierungspolitik zum Teil gegenstandslos, zum Teil auf eine andere Ebene der Problematik verschoben. Der Grund hierfür liegt in einer unterschiedlichen programmatischen Ausgangslage. Die Assimilation will die erstrebte Emanzipierung auf individueller Basis durch soziale und kulturelle Eingliederung innerhalb eines straff organisierten unitarischen Staatsverbandes erreichen. Eine föderal ausgerichtete Politik strebt das nämliche Ziel auf pluralistischer Grundlage an. Sie will verschieden ausgeprägten gesellschaftlichen Wesenheiten — wobei es grundsätzlich gleichgültig ist, ob die Verschiedenheiten auf ethnischen Voraussetzungen beruhen oder sich nach sonstigen historischen Merkmalen bestimmen[1] — die politische Entsprechung geben und gesteht daher räumlich abgrenzbaren sowie genügend großen und in sich gefestigten Gruppen eigenen politischen Organisationsraum zu. Dieser wird entweder von Anfang an in voll entfalteter, staatlicher Form in die neue föderale Gemeinschaft mit eingebracht oder er muß sich zur eigenen Staatlichkeit erst hinentwickeln. Die Entkolonisierung vollzieht sich im allmählichen Aufbau dieses Staates und in seiner Stützung und Beratung innerhalb des eine Mehrheit von staatlichen oder staatsähnlichen Einheiten zu einer föderalen Ordnung zusammenschließenden Verfassungsrahmens. Ihr Ziel ist erreicht, wenn die Föderation die volle kulturell-soziologische, politische und wirtschaftliche Entfaltung der Teilgemeinschaften gewährleistet[2].

---

[1] Zu diesen Merkmalen gehören insbesondere die meist willkürlich gezogenen kolonialen Einfluß- und Verwaltungsgrenzen. Ihre Problematik, welche bereits in anderem Zusammenhang zu würdigen war, vgl. 1. Kapitel Anm. 13, trägt hier einen mehr politisch-strukturellen Akzent und ist insoweit nur von untergeordneter Bedeutung. Das schließt allerdings nicht aus, daß sie die Zukunft Afrikas als ein Thema von höchster politischer Brisanz belasten kann.

[2] Der Begriff der politischen Entfaltung will dabei, da er mit dem Gleich-

Diese Lösung des Problems ist schon vom Denkansatz her mit dem Risiko behaftet, daß die Entwicklung möglicherweise über das vorgezeichnete Ziel hinaus zur völligen Verselbständigung führen wird; sie stellt für eine solche Entwicklung auch die organisatorischen Mittel bereit und stempelt sich dadurch selbst zur präsumtiven Übergangslösung[3]. Andererseits vermag der Föderalismus für die Bewältigung der gestellten Aufgabe bedeutsame Wesensmerkmale einzusetzen, welche ihn augenscheinlich befähigen, den Eigencharakter der ethnisch-kulturellen Einzelgruppen in einem dem Fortschreiten der Entkolonisierungsstadien jeweils entsprechenden Ausmaß zu berücksichtigen. Dieser Merkmale wegen besitzt der Föderalismus eine weit größere innere Spannweite in der Anpassung an die politischen Erfordernisse der Entkolonisierungssituation und auch eine weit größere moralische Durchschlagskraft seiner Konzeption, als sie der Assimilationspolitik eigen sind.

Um daher die Beziehung des Föderalismus zur Entkolonisierung voll erfassen zu können, muß der Versuch unternommen werden, die diese Beziehung beherrschenden Wesensmerkmale des Föderalen herauszuschälen: es bedarf der Definierung des inneren Wesenskerns des Föderalismus und der daraus unmittelbar ableitbaren Strukturgesetze. Auf eine umfassende Darstellung auch der formalen Ausprägungen des Föderalismus kann und muß deshalb verzichtet werden; sie sind nichts anderes als jeweils besondere, von den verschiedensten Bedingungen abhängige äußere Erscheinungsformen des nämlichen, in ihnen allen wirksamen universalen Prinzips. Es ist also weder eine systematische Behandlung des vielschichtigen Gesamtphänomens „Föderalismus" beabsichtigt, noch ein weiterer Beitrag zur Abgrenzung bestimmter historischer Typisierungen, insbesondere zu der dogmatisch bereits genügend durchgebildeten Lehre vom Bundesstaat. Das Anliegen dieses Kapitels ist demgegenüber die Sondierung der geistigen und gesellschaftlichen Grundlagen des föderalen Prinzips, um von solchem Standort aus Einblick in dessen Fähigkeit zu gewinnen, sich neuen Stadien in der Fortentwicklung der internationalen Gesellschaft anzupassen. Die gesamte

---

heitsproblem in Verbindung steht, auch im Sinne der zu diesem eingenommenen differenzierenden Haltung verstanden sein. Vgl. dazu unten § 5.

[3] Es muß jedoch betont werden, daß es sich dabei um eine spezifische Erscheinung der Entkolonisierung handelt, die keinesfalls zur Stützung der Ansicht geeignet ist, welche im Föderalismus sehr generell nur eine Art Durchgangsstadium in der Entwicklung zu anderen, als stabiler erachteten Organisationsformen sehen will. So meint *Rousseau*, DIP 1953 SS. 108, 112 ein „soziologisches Entwicklungsgesetz" bzw. ein „historisches Gesetz" zu erkennen in Gestalt einer Tendenz jedes Föderativsystems, sich auf den Einheitsstaat zuzuentwickeln; ähnlich *Scelle*, Manuel S. 205, Précis S. 214. Diese Ansicht wird vom Verf. nicht geteilt.

Lehre vom Föderalismus im institutionellen Sinn muß dabei vorausgesetzt werden[4].

§ 2. Die geistige Mitte des föderalen Prinzips[5]

1. Weltanschauliche Natur

Der Föderalismus[6] beansprucht eine grundsätzlich andere Wertung als eine bloße Verwaltungstechnik, deren Anwendung und Erfolg sich vorwiegend nach organisatorischen Gesichtspunkten beurteilen müßte[7].

---

[4] Soweit sie der nachfolgend von anderer Warte aus versuchten Durchdringung des alten Problems als Basis zu dienen hatte, wurden außer der im Text zitierten Literatur herangezogen: *Kunz*, Die Staatenverbindungen, 1929; *Durand*, Confédération d'Etats et Etat fédéral, 1955; *Jellinek*, Die Lehre von den Staatenverbindungen, 1882; *Mouskhély*, La théorie juridique de l'Etat fédéral, 1931; *Nawiasky*, Der Bundesstaat als Rechtsbegriff, 1920; *Usteri*, Theorie des Bundesstaates, 1954.

[5] *Burdeau* spricht nüchterner vom „kleinsten gemeinsamen Nenner" aller föderalen Systeme, II S. 403.

[6] Im Anschluß an die in der Vorbemerkung und in § 1 dieses Kapitels bereits vorgenommene Abgrenzung ist der Begriff des „föderalen Prinzips", alternierend mit demjenigen des „Föderalismus", hier und in der Folge ausschließlich im Sinne des apriorisch umfassenden Gestaltungsprinzips gebraucht, welches der nur empirisch erfaßbaren Vielheit denkbarer Organisationsvarianten des Formalbereiches vorausgesetzt ist. Damit wird eine einheitliche Betrachtung von der Grundidee her möglich werden, welche sich nicht mit der vorherrschend geübten, an den konkreten Strukturen orientierten Betrachtungsweise deckt. Insbesondere kann sie sich nicht demjenigen Sprachgebrauch assoziieren, welcher die genannten Begriffe für die Beschreibung interner Strukturprobleme speziell des Bundesstaates in Anspruch nimmt (so etwa *Apelt*, Zum Begriff Föderalismus, SS. 2, 16; *Wheare*, Föderative Regierung, S. 16 ff., der den Begriffsinhalt des föderalen Prinzips allein aus den in der Verfassung der Vereinigten Staaten enthaltenen besonderen Gegebenheiten ableitet und damit diese zum Maßstab für das Allgemeine erhebt). Bei Vermeidung einer zumindest im Falle des Föderalismus steril bleibenden technisch-äußerlichen Fixierung auf die positiven Seinsformen des Rechts muß die Neubesinnung auf die auch außerrechtliche Komponenten umfassende Leitidee in den Vordergrund treten; denn in erster Linie muß diese Idee zum Phänomen der Entkolonisierung in Beziehung gesetzt werden, um zu einem Urteil über Funktion und Potenz der auf der Idee aufbauenden Strukturen zu gelangen. Aus diesem Grunde wird auch die Bezeichnung „föderal" den zu sehr richtungsmäßig abgestempelten Bezeichnungen „föderalistisch" und „föderativ" vorgezogen.

[7] Eine derartige bloße Verwaltungstechnik ohne irgendeine Verankerung in gesellschaftstheoretischen Grundvorstellungen ist die Dezentralisierung, deren grundsätzliche Unterscheidung vom Föderalismus deshalb beibehalten werden muß. A. A. *Rousseau* aaO., S. 116; *Scelle* Manuel S. 219, Précis S. 204 f., dessen Lehre insoweit nicht konsequent genug den geistigen Gehalt des Prinzips berücksichtigt, das gerade er als „philosophe positiviste et juriste sociologue" (*Mouskhély*, La théorie du fédéralisme, in: La technique et les principes du droit public. Etudes en l'honneur de Georges Scelle, 1950, S. 401) neu zu erfassen suchte. Wie hier *Burdeau* II S. 364 ff.

Selbstverständlich kann auch er der juristischen Technik nicht entraten, welche in der jeweiligen äußeren Gestalt der Organisation ihr Anwendungsfeld hat[8]. In weit höherem Maße als andere Systeme staatlicher Organisation ist seine Verwirklichung jedoch an das Vorhandensein geistiger und materieller Grundvoraussetzungen gebunden, welche bestimmte Gemeinschaftsgruppen in bestimmten historischen Konstellationen als für diese Art der Staatsverfassung disponiert ausweisen können:

„Föderalismus ist ein sozialer, von seinen juristischen Ausdrucksformen unabhängiger Sachverhalt"[9].

Er ist, in betontem Gegensatz zu modernen mechanistischen Auffassungen[10], ein geistig gebundenes System und daher legitim nur durch seine geistigen Grundlagen und in der Übereinstimmung mit den gesellschaftlichen Verhältnissen.

Nun scheint sich aber sogleich ein Widerspruch zwischen der geistigen Gebundenheit des Föderalismus und seiner Verwirklichung unter sehr verschiedenartigen gesellschaftspolitischen Voraussetzungen zu ergeben. Das föderale Prinzip scheint zunächst, aus dem Blickwinkel der staatsrechtlichen Empirie betrachtet, weltanschaulich indifferent zu sein und die Fähigkeit zu besitzen, sich den unterschiedlichsten geistigen Grundlagen staatlicher Herrschaftsformen dauerhaft anzupassen. Nur eine allzu formal-logische Betrachtungsweise, welche dem Wesen des Föderalismus nicht gerecht wird, kann jedoch diesem Schluß erliegen. Entgegen dem durch die manipulierbare äußere Form zuweilen hervorgerufenen Eindruck[11] besitzt ein in materiellem Sinn, aus innerem Antrieb gestalteter Föderalismus stets eine weltanschauliche Basis, so wie ganz allgemein der Staat als gesellschaftliche Institution einer ethischen Sinngebung bedarf und im Grunde niemals weltanschaulich neutral sein

---

[8] Die Abwertung, welche *Mouskhély*, aaO., S. 398 ff., in Übereinstimmung mit einer im frz. Schrifttum verbreiteten Tendenz, den Versuchen der „deutschen Schule" zu juristischer Systematisierung des Föderalismus angedeihen läßt, wirkt daher überspitzt. Sie erweckt den Eindruck, daß sie nicht auf besonderer Vertrautheit mit eben dieser Schule beruhen kann. Immerhin hat die Kritik an der juristischen Formalisierung des Föderalismus durch die bisherige Doktrin dem Grundsatz nach einige Berechtigung.

[9] *Burdeau* II S. 391.

[10] Vgl. *Lerche*, Föderalismus als nationales Ordnungsprinzip, VVDStRL 21, 1964: „... der Bund lebt nur in seinem Verfahren" (S. 94).

[11] Er entsteht gewöhnlich am Beispiel der Sowjetunion und der lateinamerikanischen „Bundesstaaten", bei denen es sich jedoch durchwegs um Formen eines unechten Föderalismus handelt. Gerade diese Beispiele erweisen im Gegenteil die Bedeutung, welche im Föderalismus der Übereinstimmung von Form und Gehalt zukommt: es handelt sich um eine gesetzmäßige innere Abhängigkeit der juristischen Baustrukturen von den soziologischen und weltanschaulichen Grundlagen der Gesellschaft.

kann. Die weltanschauliche Grundhaltung des Föderalismus läßt sich indes nicht ohne weiteres mit einem der bestehenden ideologischen Systeme umschreiben, wie denn überhaupt der Begriff der Weltanschauung hier mehr im philosophischen als im ideologisch-politischen Sinn verwendet wird; sie ist vielmehr von durchaus eigenständigem Typus und trägt originale Akzente[12]. Wird in diesem Licht das politische System des Föderalismus auf seinen geistigen Kern reduziert, so tritt seine staatsphilosophische Natur als die Formulierung eines wesentlich ethisch gebundenen Ordnungs- und Handlungsprinzips in Erscheinung[13].

2. Geistesgeschichtliche Grundlagen

Seine grundlegenden Wertvorstellungen schöpft dieses Prinzip aus der Idee der Autonomie als einer ontologischen Wesensbedingung der individuellen Persönlichkeit. Die Ergänzung und Bestätigung, jedenfalls aber die Harmonisierung der personalen Autonomie mit der Notwendigkeit der Daseinsbewältigung in und mittels der Gemeinschaft[14] ist dem Föderalismus das „Grundproblem aller menschenwürdigen Ordnung"[15]. Beziehungen geistiger Abkunft verbinden das so verstandene föderale Prinzip daher gleichermaßen mit dem durch sittliche Freiheit der Selbstvollendung bestimmten, ethisch-religiösen Personbegriff des frühen Christentums[16, 17], wie insbesondere auch mit der altgermanischen

---

[12] So eignet ihr eine starke anti-totalitäre Hemmwirkung nach innen und ein Mangel an aggressivem revolutionärem Messianismus nach außen; in beiden Hinsichten hat sich etwa die egalitäre Variante des demokratischen Prinzips weit anfälliger erwiesen.

[13] Etwas enger formuliert *Grewe*, Antinomien des Föderalismus, wonach es sich um einen „fundamentalen politischen und soziologischen Grundbegriff" handle, „der ebenso wie die Begriffe Liberalismus und Sozialismus eine Gesamtkonzeption des staatlichen und gesellschaftlichen Aufbaues enthält" (Recht und Zeit 1948, Heft 3 S. 6).

[14] Im Widerspiel der beiden Sozialelemente Autorität und Freiheit erkennt *Proudhon* geradezu das Grundmuster, nach welchem sich die gesamte soziale Erscheinungswelt aufbaut. Du principe fédératif, passim, besonders deutlich SS. 24, 38.

[15] Max *Huber* in Schweizer Monatshefte 1959 Heft 8, Sonderheft: Föderalismus in der heutigen Welt, S. 682.

[16] Das Menschenbild des Humanismus und der idealistischen Philosophien der Aufklärung ist insoweit das Ergebnis einer säkularisierenden Umwertung ursprünglich christlich determinierter Erkenntnisgehalte. Ihm als einem bloßen Glied einer sehr viel weiter zurückreichenden geistigen Traditionskette kann daher in dem hier eingehaltenen Rahmen nur flüchtige Aufmerksamkeit gewidmet werden.

[17] C. *Frantz'* Meinung, Föderalismus sei die nach außen gerichtete Seite des Christentums, Der Föderalismus, Neudruck 1962, S. 374, ist also ideell wohlbegründet; in ihrer undifferenzierten Allgemeinheit fehlt ihr aber die historische Bestätigung.

genossenschaftlichen Gesellschaftsordnung und der aus ihr erwachsenen Rechtsidee:

„(Der) Ausgangspunkt (des germanischen Rechts)... mußte ein einheitlicher Willensbegriff sein, der die Merkmale der Freiheit und der Beschränkung, des Fürsichseins und Füranderesseins, des Individuellen und des Gemeinheitlichen gleichmäßig umschloß. Es war daher der freie, aber sittlich gebundene, der sittlich freie Wille, welcher die Seele der germanischen Persönlichkeit bildete. Und Persönlichkeit bestand in der Anerkennung eines sittlich freien Wesens als des Trägers von Recht[18]."

Dieser erst in der aktiven Teilnahme an der Rechtsgemeinschaft sich verwirklichende persönliche Freiheitsbegriff[19] muß noch heute als zum ethischen Fundament des Föderalismus gehörig betrachtet werden. Auch Freiheit kann jedoch kein absolut gesetzter, aus sich selbst existierender Wert sein; sie ist sinnvoll nur als Bestandteil einer Konzeption des Individuums, welche dessen Eigenwert als denjenigen einer moralischen, auf Selbstverwirklichung und Selbstverantwortung hin angelegten Persönlichkeit anerkennt und folgerichtig in Achtung und Schutz des Eigenwertes und der Würde der Person die „Monade" der Gerechtigkeit und den Ausgangspunkt gesellschaftlicher Gestaltung sieht. Nur in der Gemeinschaft können jedoch die einzelnen die Voraussetzungen für die Möglichkeit vorfinden, sich als moralische Persönlichkeit zu entfalten und zu bewähren; umgekehrt besitzt die hochorganisierte Gemeinschaft (Staat) in dieser Funktion ihren wesentlichsten Seinsgrund. Es ist nun ein ebenso verbreitetes wie schwerwiegendes Mißverständnis, in dieser gesellschaftlichen Polarität des Individuums im Föderalismus einen Widerspruch zu sehen und eine Systematisierung jenes Zerfalls von Gesellschaft und Person, welcher zunächst als unvermeidbare Begleiterscheinung der geschichtlichen personalen Emanzipierung auftrat. Das föderale Prinzip ist gerade nicht dualistisch gebaut, sondern löst die dialektische Spannung auf; es stellt Person und Gesellschaft nicht antithetisch einander gegenüber, sondern vereint sie in einem engen und schöpferisch ein Neues hervorbringenden gegenseitigen Bezugssystem. Personale Selbstverwirklichung ist für den einzelnen daher nur durch Einfügung in die gemeinschaftliche Ordnung erreichbar, durch Teilnahme an ihren Aufgaben und insgesamt durch Gewährung eben jener solidarischen Lebenshilfe, welche er für sich selbst erwarten darf.

---

[18] *O. v. Gierke*, Das deutsche Genossenschaftsrecht, Bd. II S. 33. Die Einschaltungen stammen vom Verf.

[19] *Gierke* aaO., I S. 35: „Das Genossenrecht war die Freiheit, die Begriffe Freiheit und Volksgenossenschaft fielen ... zusammen ..."

3. Vom Individuum zur Gemeinschaft:

Das philosophische Prinzip als Prinzip der Staatsorganisation

Funktion und Aufbau des föderalen Staates sind damit bestimmend vom Menschenbild her vorgezeichnet[20]. Seine Existenz kann sich nicht als Selbstzweck oder als eine den Regeln politischer Opportunität unterworfene Strukturvariante verstehen, sondern als höhere Organisationsform freier, freiwillig und gleichberechtigt an dieser Ordnung teilnehmender Gruppen, in welche als ihren engeren Lebensraum, ihre „konkret erlebbare soziale Wirklichkeit"[21] sich die einzelnen hineingestellt sehen. Das föderale Prinzip anerkennt deshalb als Konsequenz und zugleich als notwendige Ergänzung der Individualautonomie die Autonomie der Teilgemeinschaften und sieht in deren Verbundenheit im größeren Ganzen die höchste Form ihrer Freiheit sowie deren materielle Grundlage und Sicherung. Ob die Autonomie der Teilgemeinschaften sich territorial konkretisieren läßt oder sich allein an gruppenspezifischen Momenten orientiert (Föderalismus der Personenverbände innerhalb des Gesamtstaates), ist dabei ein ausschließlich methodischer Unterschied, welcher das Grundsätzliche selbst nicht berührt. Die Territorialbindung kann jedoch gegenüber dem Personenverbandsprinzip den Vorteil einer besseren Differenzierbarkeit der verfassungstechnischen Mittel des Zusammenspiels für sich buchen.

Die beiden „tendances fondamentales des sociétés politiques"[22], das Bedürfnis nach Autonomie zum Schutz und zur Entwicklung der Gruppeneigenart und das Bedürfnis nach Ordnung und Sicherheit im Interesse einer arbeitsteilig organisierten gemeinsamen Lebensgestaltung verbinden sich im Föderalismus zu einem ausgewogenen System geteilter Verantwortung. Im Gegensatz zu häufig mit ihm verknüpften

---

[20] Die Bloßlegung dieser tiefsten Wurzel des föderalen Prinzips bedeutet einen erheblichen Schritt über *Scelle* hinaus, dessen vom „esprit géométrique de Pascal" (*Mus* aaO., S. 22) inspiriertes System, trotz wertvollen Impulsen für die Fortentwicklung der Lehre vom Föderalismus, im Grunde in einem von der ideellen Basis losgelösten, soziologischen Funktionalismus erstarrt. Seine Erkenntnis des Föderalismus als „eines unwandelbaren Gesetzes der gesellschaftlichen Entwicklung", Précis I S. 188, ist das Ergebnis einer doch eigentlich biologistischen Gesellschaftstheorie, welche die Gesellschaften ihr Rechtssystem „ausscheiden" sieht, Précis I S. 32, und überhaupt das Wesen gesellschaftlicher Entwicklungen in einem naturgesetzlichen Automatismus erkennt, *Mouskhély*, Théorie S. 403 f. Diese Konzeption ermangelt der Lebendigkeit, Variabilität und Tiefe der Beziehung zur letzten gesellschaftlichen Einheit, dem Individuum und seiner jeweiligen geistigen Verankerung. Nur durch diese Beziehung lassen sich die Unterschiede zwischen den verschiedenen Gesellschaften hinsichtlich ihrer Eignung für den Föderalismus genügend erklären.
[21] *Armbruster*, Föderalismus, in: Staatslexikon Bd. 6, Sp. 387.
[22] *Scelle*, Manuel S. 193.

ebenso schwarmhaften wie unpräzisen Vorstellungen[23] ist dieses System letztlich die rationalste aller denkbaren Formen der Staatsorganisation, weil es

„im freien Willen der Verbundenen den letzten Grund ihres Verbundenseins"[24]

sieht und unter Berücksichtigung historischer, kultureller, soziologischer Gegebenheiten aus einer Abgleichung echter Lebensinteressen der beteiligten Gemeinschaften erwächst. Der Sinn des Föderalismus als das „synthetische" Organisationsprinzip[25] des organisch Gewachsenen, der präexistenten Vielheit und damit der gesellschaftlichen Realität[26] wird um so augenfälliger, je ausgeprägter der Eigencharakter der Teilgemeinschaften oder einzelner von ihnen in Erscheinung tritt — vor allem also dann, wenn er nationale Prägung[27] besitzt. Die darin wurzelnden Spannungselemente sind dem echten föderalen Staat durchaus willkommen, da sie befruchtend wirken und die Völker „sich an ihren gegenseitigen Verschiedenheiten bereichern"[28] können.

Mit seiner durch die Synthese von Selbstbestimmung und Mitverantwortung gekennzeichneten Gemeinschaftsethik und dem ihr entsprechenden pluralistisch-autonomen Staatsaufbau steht das föderale

---

[23] Bezeichnend dafür sind die literarischen Hervorbringungen eines Großteils der zahlreichen Vereinigungen, welche sich die Pflege föderalistischen Gedankengutes zur Aufgabe gemacht haben.

[24] *Gierke* aaO., I S. 221; Vgl. auch *Burdeau* II S. 502: „Seine (des Föderalismus) Kraft und seine Zukunft liegen im erforderlichen übereinstimmenden Willen der sich zusammenschließenden Gruppen ... Es kommt daher nicht so sehr auf die Form der Institutionen an, in denen sich der gemeinsame Wille verwirklicht. Föderalismus ist dort vorhanden, wo sich diese Solidarität juristisch irgendwie organisiert."

[25] „Der synthetische Charakter des Föderalismus aber hat sich dann zuvörderst darin zu bewähren, daß er die individuellen Bildungen der Geschichte ... nach ihrer Eigenthümlichkeit achtet, ohne sie doch ... in ihrer Isolirung festzuhalten, indem er sie vielmehr nach ihrem Zusammenhang mit der allgemeinen Entwickelung beurtheilt." C. *Frantz*, aaO., S. 219.

[26] Ist freilich die gesellschaftliche Realität eines bestehenden oder zu errichtenden Staatsganzen gerade durch das Fehlen von „individuellen Bildungen der Geschichte" oder durch einen trotz deren Existenz entwickelten, starken Einheitswillen gekennzeichnet, *so können föderale Strukturformen keine Daseinsberechtigung haben*. Die Siedlungs- und Kulturgeschichte hat immerhin dafür gesorgt, daß eine antithetische Spannung in den ethnischen oder auch allgemein soziologischen Verhältnissen nur ganz weniger Staaten fehlt. Die besondere Problematik außereuropäischer Gesellschaften wird in anderem Zusammenhang noch zu behandeln sein, vgl. unten 4. Kap. § 4.

[27] Hier als Vorhandensein einer „spezifischen Kulturgestalt" und eines zu ihr sich bekennenden Gesamtwillens verstanden, *Monzel*, Nation, in: Staatslexikon Bd. 5 Sp. 885 ff.; *Decker*, Das Selbstbestimmungsrecht der Nationen, 1955, S. 63.

[28] *Grenier* aaO., S. 65.

Prinzip in unmittelbarem Gegensatz zum naturrechtlich verwurzelten[29] zentralistischen Egalitarismus Rousseaus und der Frz. Revolution[30], dessen unausweichliche Konsequenz der assimilatorisch ausgerichtete Einheitsstaat ist:

> „Der Unitarismus und die mit ihm verbundene Idee des Einheitsstaats erscheinen dem Föderalismus als Ergebnis eines mechanistischen Staats- und Gesellschaftsdenkens, das den gestuften und gegliederten Aufbau der Gesellschaft mißachtet, die tragende Bedeutung der gesellschaftlichen Teilgebilde verkennt und damit die Kraft und den Reichtum ihrer Lebenserträgnisse mindert..."[31].

Infolge seines abstrakten, auf ein monolithisches Volksganzes verengten Souveränitätsbegriffes trägt der demokratische Einheitsstaat die Tendenz zur Entstehung autoritärer bzw. totalitärer Herrschaftsformen stets in sich — Duguit kann von der Notwendigkeit sprechen, die „unantastbaren Rechte des einzelnen gegenüber dem Despotismus der Parlamente zu betonen"[32] — und begünstigt andererseits die Entwicklung der Gesellschaft zu einem Spielfeld gruppenegoistischer Sonderinteressen. Demgegenüber kann das föderale Prinzip im Gesamtbild einer demokratischen Verfassung die stärkeren Garantien für die Errichtung einer freiheitlichen, dem Wesen des Menschen gemäßen, dem Ideal der Gerechtigkeit verpflichteten Gesellschaftsordnung geben.

§ 3. Föderalismus und Subsidiarität

Der fest umrissenen gesellschaftlichen Grundkonzeption des Föderalismus entsprechen die strukturellen Gesetzlichkeiten, welche den föderalen Staat beherrschen.

1. Begriff des Subsidiaritätsprinzips

So wie der Föderalismus als Staatssystem die verfassungspolitische Realisierung einer bestimmten Ausprägung des Grundverhältnisses

---

[29] Über die grundsätzliche Ablehnung einer „sozialen Wesenheit" der engeren Verbände durch die naturrechtliche Gesellschaftstheorie vgl. *Gierke* aaO., IV S. 332 ff. Die von der Idee des Sozialvertrages inspirierte föderalistische Richtung innerhalb der Naturrechtslehre blieb trotz hervorragenden Vertretern (Althusius, Grotius) gegenüber der vorherrschenden staatsabsolutistisch-zentralistischen Richtung ohne bedeutendere Resonanz.
[30] Vgl. Georges *Vedel*: „Tel est le bilan de la Révolution française: table rase des corps intermédiaires, essai de décentralisation démocratique, puis, par un revirement complet, l'identification, désormais, de la République et de la démocratie à un régime centralisateur." Zit. nach *Brugmans-Duclos*, Le Fédéralisme contemporain. 1963, S. 12, Anm. 2. Der gleiche Gegensatz findet eindrückliche Formulierungen in der zit. Schrift *Proudhons*.
[31] *Armbruster*, aaO., Sp. 386.
[32] Manuel de Droit Constitutionel, 1923, S. 19.

Individuum—Gemeinschaft darstellt, so entstammt notwendig auch sein wichtigstes Organisationsprinzip, das Prinzip der Subsidiarität, ursprünglich dem Bereich der Sozialphilosophie. Beide Prinzipien, von gemeinsamer geistiger Herkunft und auf die nämlichen ethischen Maximen verpflichtet, durchdringen einander vollständig; ohne Subsidiarität ist Föderalismus im strengen Sinne nicht vorhanden[33].

Dem Subsidiaritätsprinzip zufolge „soll jede soziale Leistung ihrem Sinn und Wesen nach ein Dienst an den Gliedern des sozialen Körpers sein, niemals aber sie vernichten oder ganz aufsaugen"[34]. Demgemäß soll der Wirkungsbereich der jeweils nächstgrößeren Sozialeinheit nur ergänzungsweise diejenigen Aufgaben erfassen, für deren Bewältigung die Kräfte der kleineren Einheiten nicht genügen[35]. Da der einzelne und die seinen unmittelbaren Lebensraum darstellenden gesellschaftlichen Zellen zugleich Mittelpunkt und Grundlage des föderalen Staatsgedankens sind, muß sich die Würde des einzelnen beziehungsweise die Funktion der Teilgemeinschaften insbesondere in der selbständigen Regelung aller Angelegenheiten verwirklichen, welche ihre individuelle Eigenart berühren und welche sie in der Beschränkung auf sich selbst regeln können. Nur wo eines dieser Kriterien fehlt, rechtfertigt sich die Einschaltung eines übergreifenden Verwaltungsträgers[36].

---

[33] AA. *Lerche*, der „die Prinzipien des gesellschaftsföderalen Denkens" für „auf staatlichen Föderalismus nicht übertragbar" erklärt, aaO., S. 74 f. Solcher begrifflichen Aufspaltung des föderalen Prinzips kann aus allgemeinen staatstheoretischen wie aus geistesgeschichtlichen Gründen nicht gefolgt werden. Verf. hält demgegenüber an der These einer organischen Kohärenz ebenso von Staats- und Gesellschaftsstruktur wie demzufolge auch der auf sie anwendbaren Begriffsbildungen fest.

[34] Päpstliches Rundschreiben „Quadragesimo anno" vom 15. Mai 1931, zit. nach *Marmy*, Mensch und Gemeinschaft in christlicher Schau, 1945, S. 479. Die enge Verbindung des Subsidiaritätsprinzips mit der katholischen Sozialphilosophie heben auch *v. Nell-Breuning*, Subsidiaritätsprinzip, in: Staatslexikon Bd. 7, Sp. 826 ff., und *Süsterhenn*, Das Subsidiaritätsprinzip als Grundlage der vertikalen Gewaltenteilung, in: Vom Bonner Grundgesetz zur gesamtdeutschen Verfassung. Festschrift für H. Nawiasky. 1956 S. 141 ff., hervor. — Die Herkunft der erstmaligen theoretischen Formulierung des Prinzips sollte jedoch nicht dazu verführen, dessen tatsächliche geschichtliche Wirksamkeit und allgemeine, außerideologische gesellschaftliche Realität außer acht zu lassen. Ein Beispiel ausgeprägten Mißverstehens in diesem Bezug bietet *Rendtorff*, Kritische Erwägungen zum Subsidiaritätsprinzip, Der Staat 1962, S. 405 ff., dem die Auseinandersetzung mit dem S. als Ausdrucksmittel seiner unverkennbaren weltanschaulichen Aversion gegen das dient, was er ein „vorneuzeitliches Gesellschaftsprinzip" nennt.

[35] Manche Autoren, wie *Nawiasky*, Allgemeine Staatslehre I S. 34, sehen das S. bereits als dem ideellen Staatsbegriff inhärent; insofern würde es sich im Zusammenhang mit einer föderalen Staatsorganisation lediglich um eine Akzentuierung handeln.

[36] Ähnlich *Messner*, Das Naturrecht, 1958, SS. 255 f., 732. M. setzt im übrigen Subsidiaritätsprinzip und Gemeinwohlprinzip gleich, neigt also wohl der oben Anm. 35 angesprochenen Meinung zu.

2. Subsidiarität in der modernen Gesellschaftsentwicklung

Die Fähigkeit zur selbständigen Regelung wird durch die Bedingungen modernen Lebens und moderner Staatlichkeit nicht eingeschränkt, sondern nur verlagert. Bedeutende historische Erfahrungen, insbesondere aber auch gegenwartspolitische Erscheinungen von großem Gewicht müssen zwar zu der Schlußfolgerung führen, daß fortschreitende wirtschaftlich-technische und soziologische Entwicklungen auf manchen Gebieten, für welche bisher eine lokale Regelungskompetenz als ausreichend gelten konnte, den konzentrierten Einsatz der Kräfte einer größeren Gemeinschaft erzwingen[37]. Zunächst scheint sich daraus eine Entwicklung des innerstaatlichen Föderalismus zum Einheitsstaat zu ergeben. Bereits im Hinblick auf die Verfassung der internationalen Beziehungen gewinnt die Angelegenheit jedoch einen wesentlich anderen Aspekt, indem die genannten gesellschaftlichen Prozesse zugleich auf internationaler Ebene starken Anreiz zu enger Integration ausüben[38]. Darüber hinaus führen aber die gleichen Prozesse zu einer fortwährenden Differenzierung und Ergänzung des öffentlichen Aufgabenbestandes, wodurch diejenigen Sachgebiete, welche sich für eine Anwendung des Subsidiaritätsprinzips eignen, eine ständige Ausweitung erfahren. Damit werden sich auch im staatsinternen Bereich die Möglichkeiten für föderale Lösungen eher vergrößern als verringern.

Die im Gefolge der neueren Wirtschaftsentwicklung eingetretene faktische Einengung des Wirkungsbereiches der Subsidiarität und damit — da das Subsidiaritätsprinzip die organisatorische Gestalt des föderalen Prinzips verkörpert, an welche die Möglichkeit seiner Verwirklichung gebunden ist — die Einengung des politischen Aktionsraumes des Föderalismus trägt daher nicht das fatalistische Signum einer geschichtsnotwendigen Unausweichlichkeit. Der dem föderalen Prinzip gegebene gesellschaftspolitische Spielraum ist nach wie vor eine Funktion ausschließlich der Art, in welcher der Persönlichkeitsanspruch des einzelnen und die Gemeinwohlaufgabe des Staates zueinander in Beziehung treten; er bleibt also ein wesenhaft philosophisch-spekulatives Problem und bleibt daher auch in die Verantwortung der herrschenden Gesellschaftsphilosophie gestellt[39]. Dem Föderalismus mit Argumenten

---

[37] *Grewe* erinnert in diesem Zusammenhang auch an die Bedeutung etwa des deutschen Flüchtlingsproblems für die innere Ordnung; aaO., S. 22 ff.

[38] Für *Burdeau* ist die Idee des Föderalismus geradezu aus dem Ungenügen „nationaler" Möglichkeiten — der Ausdruck ist an dieser Stelle offensichtlich in sehr allgemeinem Sinn gebraucht — angesichts der Erfordernisse des modernen Lebens geboren; II S. 394.

[39] *Messner* geht darüber noch hinaus, indem er die Funktionsanhäufung beim modernen Staat, welche die konkrete Fragestellung ausgelöst hat, ihrerseits auf eine philosophische Grundhaltung, die des Individualismus, zurück-

aus dem Bereich der Wirtschaftsentwicklung die grundsätzliche Eignung als Verfassungsprinzip moderner Staaten abzusprechen, hieße diese seine geistige Natur verkennen.

Im Gegenteil wächst ihm aus den wirtschaftlichen und sozialen Bedingungen der Industriegesellschaft vertiefte Bedeutung zu für die Bewahrung der „Integrität des Menschen gegenüber der Objektwelt"[40]; er ist das einzige gesellschaftliche Organisationsprinzip, welches den einzelnen und ihren engeren und weiteren Gemeinschaften die Unmittelbarkeit ihres Erlebensbereiches sichern und zugleich mit dem notwendigen technisch-materiellen Fortschritt in Einklang bringen kann und welches den Gesamtkomplex der gesellschaftlichen Beziehungen mit deutlichen ethischen Prioritäts-Akzenten versieht. Indem es eine durch die Erkenntnis ihrer Grundkräfte Gerechtigkeit und Freiheit neu erfahrbare Menschlichkeit in den Fortschrittsbegriff mit einbezieht, wird das föderale Prinzip gerade für unsere Zeit zum „Wesenselement des politischen Fortschritts der Menschheit"[41]. Angesichts einer Entwicklung der modernen Zivilisation, welche dahin zu tendieren scheint, das Humanitätsideal in einer dem Gesetz der großen Serie unterworfenen wirtschaftlichen Bedarfsdeckung verwirklicht zu sehen, muß Proudhons großes Wort vom zwanzigsten Jahrhundert, welches das Zeitalter des Föderalismus eröffnen oder die Menschheit erneut in ein tausendjähriges Fegefeuer führen werde[42], absolute Aktualität gewinnen.

3. Innere Beziehung der Subsidiarität zum föderalen Prinzip

Es zeigt sich also, daß die Subsidiarität grundlegende materiale Bedeutung für die Konzeption des föderalen Staates besitzt; sie stellt eine entscheidende Seinsbedingung des föderalen Prinzips dar und ist zugleich dessen bedeutsamstes gesellschafts- und verfassungspolitisches Gestaltungselement. Zu vordergründig selbst für die Verhältnisse in regionalen Zwischenverbänden, welche er dabei im Auge hat, spricht daher Nawiasky in diesem Zusammenhang von „reinen Zweckmäßigkeitsfragen, die sich nicht nach inneren Wertverhältnissen, sondern nach

---

führt; Das Naturrecht, 1958, S. 736. Diese geistesgeschichtliche Relativierung besitzt jedoch keine Aussagekraft bezüglich der tatsächlichen gesellschaftspolitischen Auswirkung einer „Hypertrophie der staatlichen Funktionen" auf das Subsidiaritätsprinzip.

[40] Formulierung von *Rendtorff*, aaO., S. 418.
[41] *Scelle*, Manuel, S. 193.
[42] aaO., S. 109: „Le vingtième siècle ouvrira l'ère des fédérations, ou l'humanité recommencera un purgatoire de mille ans." Der zusätzliche, mit der Metapher von den tausend Jahren heute sich verbindende Hintersinn konnte P. natürlich noch nicht geläufig sein.

der äußeren Brauchbarkeit entscheiden"[43]. Ebenso scheint auch Wheare einer mehr machttechnisch orientierten Sicht des Problems zu erliegen, ohne dessen innere Gesetzlichkeit zu berücksichtigen[44]. Andererseits darf die Bedeutsamkeit verwaltungstechnischer und politischer Gesichtspunkte für diesen Problemkreis natürlich nicht unterschätzt werden[45], wie auch nicht zu übersehen ist, daß es in nichtföderalen Staatsordnungen eine Subsidiarität ausschließlich technischen Inhaltes gibt. In föderalem Rahmen sind diese Gesichtspunkte jedoch letztlich nur als Funktion eben der von Nawiasky in Frage gestellten „inneren Wertverhältnisse" verständlich.

§ 4. Verfassungspolitische Auswirkungen des Subsidiaritätsprinzips

1. Das „Gesetz der Autonomie"

Inhalt und Bedeutung der Subsidiarität als des zentralen Ordnungsbegriffs des Föderalismus ergeben sich aus seinen verfassungspolitischen Konsequenzen. Subsidiäre Regelungszuständigkeit bedeutet sinngemäß zuvörderst einen grundsätzlichen Kompetenzvorbehalt zugunsten der das umfassende Gemeinwesen konstituierenden Glieder samt einer differenzierten, Legislative wie Exekutive erfassenden Abgrenzungstechnik. Diese hat die Aufgabe, den grundsätzlichen Vorbehalt in Einklang zu bringen mit der Notwendigkeit der Wahrung übergeordneter Interessen des Gesamtwohls als des „weseneigenen Zieles" gesellschaftlicher Gebilde[46].

Das Subsidiaritätsprinzip bestimmt jedoch den Zuständigkeitsbereich, welcher den Teilgemeinschaften vorbehalten ist, auch in qualitativer Hinsicht. Der umfassenderen Gemeinschaft kommen in diesem Bereich nur solche Befugnisse zu, welche sich entweder aus der Kompetenzabgrenzung selbst ergeben, also auf freier Vereinbarung beruhen, oder aber in der Notwendigkeit der Bewahrung einheitlicher rechtlicher Fundamente allen staatlichen Handelns innerhalb der Gesamtgemeinschaft begründet sind[47]. Nur in dieser Hinsicht stehen beide Rechtsordnungen

---

[43] Allgemeine Staatslehre, 2. Teil: Staatsgesellschaftslehre, I. Band S. 195.
[44] *Wheare*, Föderative Regierung, S. 18. Für W. liegt eine solche Betrachtungsweise allerdings nahe, weil er den föderalen Staat rein aus der Empirie heraus zu bestimmen sucht. *Lerche* charakterisiert dieses Verfahren, allerdings nicht ohne ihm innerlich selbst nahezustehen, ganz zutreffend als „pragmatische Information mit theoretischem Dekor", aaO., S. 66.
[45] Berechtigt daher *Nawiasky*, aaO., S. 192.
[46] *Süsterhenn*, aaO., S. 141 ff.
[47] Eine Möglichkeit des Eingriffs in die gliedstaatliche Autonomie in Form einer Kontrolle der gesetzgebenden Tätigkeit der Teilgemeinschaften ist da-

in hierarchischem Verhältnis zueinander, im übrigen regeln die Teilgemeinschaften ihre Angelegenheiten autonom. Dieses die Beziehungen zwischen den Gliedkörperschaften und dem Zentralapparat in erster Linie beherrschende „*Gesetz der Autonomie*"[48] ist somit eine der offenkundigsten Konkretisierungen des allgemeineren Prinzips der Subsidiarität.

2. Das „*Gesetz der Mitwirkung*"

Im organisatorischen Bereich findet dieses zwei Rechtsebenen umfassende Regelungssystem seine Entsprechung in einer Duplizität des Organapparates. Organe der Teilgemeinschaften und des Zentralstaates stehen selbständig nebeneinander, wenn auch nicht notwendig in gleicher gradueller Entfaltung. In der Konsequenz des Autonomie-Gesetzes wird der gliedstaatliche Organapparat stets voll durchgebildet sein, wohingegen sich im Grad der verfassungs- und verwaltungsmäßigen Perfektion der zentralstaatlichen Organisation der mehr oder minder verfestigte Typus des Föderalstaates spiegelt[49]. Darüber hinaus aber erstrebt das Subsidiaritätsprinzip, das sich nicht nur in einer Technik starrer Kompetenzabgrenzung erschöpft, sondern die lebendige und umfassende Durchdringungskraft der ethischen Maxime besitzt, die Bewahrung angemessenen Einflusses der Teilgemeinschaften auch auf solchen Gebieten, welche mangelndes eigenes Leistungsvermögen oder vorrangiges Gesamtinteresse ihrer Kompetenz entzogen hat. Die Regelungsgewalt des Zentralstaates ist im föderal gebauten Staat daher in der Weise organisiert, daß die Teilgemeinschaften an der Willensbildung der umfassenden Gemeinschaft teilhaben und diese ihre Beteiligung auch institutionell verankert ist. Das „*Gesetz der Mitwirkung*"[50] wurzelt also ebenso wie das Autonomieprinzip im Gedanken der Subsidiarität; es repräsentiert sogar in besonders anschaulicher Weise dessen über die Bedeutung einer rein formalen Zuständigkeitsnorm[51] hinausweisende

---

her erforderlich; sie muß sich jedoch auf den Gesichtspunkt der Legalität, d. h. der Übereinstimmung mit der Gesamtrechtsordnung, beschränken. In dieser Kontrollmöglichkeit ist insgesamt weniger ein negatives, unitarisch-unfreiheitliches Moment zu erblicken, sondern ein unmittelbares Ergebnis einer der Quellen des föderalen Prinzips, der Rechtsgemeinschaft als des ursprünglichen Garanten der persönlichen Freiheit, vgl. oben § 2 Ziff. 2.

[48] *Scelle*, Manuel, S. 195.
[49] Hier wird eine derjenigen Beziehungslinien zum Problem der Abgrenzung zwischen Bundesstaat und Staatenbund sichtbar, welche die in der Nachfolge von *Scelle* (Précis I SS. 193, 200) vertretene Meinung bestätigen könnte, es handle sich bei diesem Problem wesentlich um ein solches rein gradmäßiger Unterschiede. Für die vorliegende Untersuchung wird das Abgrenzungsproblem, wie schon ausgeführt, für irrelevant gehalten.
[50] *Scelle*, Manuel, S. 194, Précis I S. 198.
[51] So *von Nell-Breuning*, aaO., Sp. 829, 832.

Gemeinschaftsethik. „Mitwirkung" ist dabei nicht nur negativ im Sinne einer Kontrolle der Zentralgewalt zu verstehen; der Begriff umschreibt vor allem auch ein Moment der Solidarität in dem Sinne, daß die Einzelglieder ihre Kräfte für die Verwirklichung des Gemeinwohls einsetzen und gemeinsam die Verantwortung für das Ganze tragen.

§ 5. Verhältnis des föderalen Prinzips zum Problem der Gleichheit

Jedes sozialbezügliche Handeln, gleich auf welcher Stufe der gesellschaftlichen Gliederung es sich vollzieht, ist wesensmäßig von der Tendenz zur Autoritätsbildung beherrscht. Diese Tendenz steht immer mit im Zentrum der inneren Spannungen einer föderal organisierten Gemeinschaft; durch sie ist das „Gesetz der Mitwirkung" mit dem Problem der Gleichheit verbunden.

1. *Entsprechung von Struktur und Funktion*

In einem vordergründigen Sinn besticht der Gedanke, den konstituierenden Elementen eines in sich gegliederten Gemeinwesens ein jeweils gleiches Maß an Verantwortung und Einfluß, insbesondere im Bereich der Repräsentation, zuzuerkennen. Scheint doch nicht nur die der individuellen „Würde der Freien" entsprechende Gruppen- bzw. Staatensouveränität, sondern auch der Ausgleich der materiellen Interessen und damit der Zusammenhalt der Gemeinschaft in einer egalitären Ordnung die beste Garantie zu finden. Indes sind solche Gedankengänge — schon die Seltenheit ihrer politischen Realisierung muß nachdenklich stimmen — dem tiefergreifenden Anliegen des Föderalismus sehr fremd. Führt bereits die allgemeine soziale und politische Erfahrungssumme zur Feststellung einer natürlichen Unterschiedlichkeit der Gemeinschaftsglieder nach Funktion und Gewicht, so müssen Differenzierungserscheinungen dieser Art um so mehr für ein System erwartet werden, in welchem ein feinnerviges Wechselspiel von Selbstbestimmung und solidarischer Mitverantwortung stattfindet und dessen Ethik unter anderem darauf hinzielt, allen Gliedern eine ihre Eigenart gemäße Rolle einzuräumen. Wird also das Prinzip numerischer Gleichheit schon in sehr allgemeiner Hinsicht der organischen Natur gesellschaftlicher Beziehungen nicht gerecht[52], so ist es mit dem souveränitätsabgewandten föderalen Prinzip im besonderen kaum zu vereinbaren[53]. Dem ethisch fun-

---

[52] Es wird hier davon abgesehen, die weiterreichenden Konsequenzen dieser Feststellung zu erörtern.
[53] So im Ergebnis auch *Scelle*, noch zögernd Précis I S. 218 f., klarer Manuel, S. 195. Unentschieden *Burdeau*, II S. 399.

dierten Anspruch, den Individuen wie den Teilgemeinschaften möglichste Selbstentfaltung zu garantieren — so der durch das Subsidiaritätsprinzip zu verwirklichende föderale Staatszweck —, ist eine Abstufung der den Teilgemeinschaften jeweils einzuräumenden Rolle immanent. Maßstab dieser Abstufung ist, neben den festen Größen des äußeren Erscheinungsbildes, insbesondere der Grad der Ausformung solcher gesellschaftlicher Faktoren, welche in ihrer Gesamtheit den vielgliedrigen Tatbestand ergeben, der als „Entfaltung" eines Sozialkörpers bezeichnet werden könnte. Darin zeigt sich aber auch, im Gegensatz zum starren Gleichheitsprinzip, der dynamische Charakter dieser Differenzierung; sie muß den sich verändernden gesellschaftlichen Gegebenheiten der Teilgemeinschaften Rechnung tragen und deshalb einen fortwährenden Anpassungs- und Umformungsprozeß durchlaufen, welcher das für den Bestand der Staatsordnung erforderliche mittlere Maß an Übereinstimmung mit der tatsächlichen Formierung der politischen Kräfte erzeugt. Eine diesem Prinzip entsprechende Staatsordnung wird daher auf einem System abgestufter und in ihrer Abstufung wandelbarer[54] Verantwortlichkeiten aufbauen; denn eine rechtliche Ordnung, welche nicht zumindest die Grunddispositionen der sozialen Wirklichkeit in sich verkörpert[55], wird letztlich sich auflösen oder in ein System der Unfreiheit einmünden müssen. Der föderal organisierte Staat wird daher als solcher nur dann Bestand haben können, wenn er das stets sehr wache Bewußtsein von der natürlichen Unterschiedlichkeit der Glieder nach Funktion und Gewicht nicht nur auf politische Ausdrucksmittel verweist, sondern ihm Raum gibt auch im institutionellen Bereich. In dieser soziologischen Bedingtheit manifestiert sich ein Gesetz von der inneren Entsprechung von Struktur und Funktion, welches jeden lebenden Organismus zunächst der biologischen, des weiteren aber auch der sozialen Kategorien erfaßt. Im Föderalismus trifft dieses Entsprechungsgesetz auf einen besonders empfindlichen Anwendungsbezirk, da doch der föderale Staat die Rechtfertigung seiner Existenz in der Freiwilligkeit des Zusammenschlusses und in einer von Überzeugung getragenen Hinorientierung der Glieder auf das Gemeinwohl sieht.

2. Das Problem der Hegemonie

Damit ist zum Ausdruck gebracht, daß Erscheinungen hegemonialer Ungleichheit[56] in föderalen Systemen ihren legitimen Platz haben und

---

[54] Eine im echten Sinn föderale Verfassung wird daher flexibel sein und ausreichenden Spielraum für die notwendigen Anpassungsvorgänge lassen.

[55] Ein näheres Eingehen auf die gerade für die Wandlungen föderaler Strukturen bedeutsamen Zusammenhänge um die Spannung zwischen Norm und Wirklichkeit und um den soziologischen Positivismus erscheint in diesem Rahmen zum Bedauern des Verf. nicht möglich. Die Arbeit muß sich in dieser

sogar mit innerer Zwangsläufigkeit sich herausbilden werden[57], sofern die das Ganze konstituierenden Gemeinschaften unterschiedliche politisch-soziologische Merkmale aufweisen. Nicht nur also ist Hegemonie im hier allein relevanten föderalen Sinn[58] von der Zielsetzung des Föderalismus her „sittlich gerechtfertigt"[59]. Vielmehr unterliegt darüber hinaus das Gesetz der Mitwirkung in allen wirklich föderalen, an den politischen und sozialen Lebenssachverhalten orientierten Systemen einer übergeordneten Gesetzlichkeit des suum cuique[60] als eines Zentralbegriffes der Gerechtigkeitsidee[61]. Umgekehrt müßte ein Prinzip absoluter Gleichheit an Rechten[62], welches nichts anderes wäre als eine

---

Hinsicht dahin beschränken, sich auf dem Boden der allgemeinsten Erkenntnis zu bewegen.

[56] Hier mit *Triepel* verstanden als „... ,indirekte' Hegemonie, d. h. eine Vorzugsstellung bei der Willensbildung des Föderativstaats...". Die Hegemonie, Neudruck 1961, S. 143.

[57] Dieser Ansicht scheint auch *Rousseau*, aaO., S. 113 zuzuneigen, zumindest im Hinblick auf die Verhältnisse in Konföderationen.

[58] Der primär außenpolitische bzw. völkerrechtliche Sinngehalt des Hegemoniebegriffes, *Triepel*, aaO., SS. 131, 135; *Berber*, III S. 137, wird durch seine begrifflich mögliche Übertragung in staatsrechtliche Zusammenhänge nicht berührt.

[59] Für *Triepel*, aaO., S. 136 f. ist die Frage nach der sittlichen Wertung der Hegemonie identisch mit dem Machtproblem im allgemeinen philosophischen Sinn.

[60] *Triepel*, aaO., S. 217; ähnl. *Bilfinger*, ZaöRVR IV S. 493 ff. mit allerdings stark zeit- und zweckgebundener Argumentation; beide Autoren erstrecken ihre Position explicite auf Staatenverbindungen.
Messner, aaO., S. 392 f., sieht zwar das Wesen der sozialen Gleichheit in „gleicher Vollberechtigung in Mitverantwortung und Mitbestimmung" vor allem im politischen und sozialen Bereich. Dem ist beizutreten, insoweit damit die grundsätzliche Bejahung der Mitbestimmung ausgedrückt werden soll. Die hier allein behandelte Frage des *Ausmaßes* der Mitbestimmung, welche zum Hegemonieproblem führt, spart M. jedoch aus seinen Überlegungen aus. Konsequenterweise müßte er hierin ebenso zum Prinzip „jedem das Seine" gelangen, wie er es für das Ausmaß der Verteilungsgrößen beim Einkommen als selbstverständlich annimmt.

[61] Vgl. *Leibniz*, Hauptschriften zur Grundlegung der Philosophie, dt. Ausgabe 1906, Bd. II S. 511 ff. Leibniz' Denken ist für die geistige Basis der vorliegenden Arbeit wie auch für das hier behandelte engere Problem von besonderer Bedeutung, weil es die für die Ordnung der Individualbeziehungen gewonnenen Erkenntnisse mit universalem Geltungsanspruch ausstattet und damit auch die Einheit der Rechtsethik vertritt. In der Tat wird sein Ideal einer ganzheitlichen, alle Völker umfassenden „Weltharmonie" nur dann der Verwirklichung näherrücken, wenn seinen Postulaten der Gerechtigkeit und Menschenliebe gerade auch im Bereich der internationalen Beziehungen, welche heute noch weit überwiegend im mehr oder minder legalisierten Zustand primitiver Egozentrizität verharren, volle Geltung verschafft werden kann. Zur Bedeutung der Gerechtigkeitsidee in den internationalen Beziehungen vgl. auch *Berber*, Sicherheit und Gerechtigkeit, 1934 S. 154 ff.

[62] Hinsichtlich des Gleichheitsbegriffes hält Verf. die übliche Unterscheidung ein zwischen formeller und materieller Rechtsträgerschaft, zwischen égalité *de* droit und égalité *des* droits, equality before the law und equality of capacity for rights. Im hier behandelten Zusammenhang kann als problematisch nur die materielle Rechtsfähigkeit („Gleichheit an Rechten") interes-

Emanation des in letzter Konsequenz jegliche soziale Interdependenz negierenden Souveränitätsprinzips im weitesten Sinne, jedenfalls in seinen Bezügen zum Föderalismus als ein destruktives Prinzip empfunden werden[63], weil es der Einflußverteilung schematische, die Lebenswirklichkeit nicht repräsentierende Kriterien zugrunde legt und damit in Wahrheit dem Postulat der Gerechtigkeit zuwiderläuft. Da aber die Verwirklichung einer nicht nur nach äußerem Anschein, sondern aus ihrer inneren Disposition heraus gerechten Ordnung des Zusammenlebens zum Wesenskern des föderalen Prinzips gehört, ist unschwer zu erkennen, daß Föderalismus und „egalitäres" Denken in deutlich antagonistischem Verhältnis zueinander stehen. Diese Erkenntnis, verbunden mit der Konsequenz der Entscheidung für den Föderalismus als das der geistigen Natur des Menschen wie dem Bau der Gesellschaft zumindest im westeuropäischen Kulturbereich gemäßere Gestaltungsprinzip, mag sich in einer Epoche egoistisch übersteigerten Gleichheitsbewußtseins seltsam und unbequem ausnehmen[64]. Der Schlüssel dafür liegt letztlich im nahen Verhältnis des föderalen Prinzips zum aristotelischen Staats-

sieren; die formelle „Gleichheit vor dem Gesetz" ist selbstverständliches Grunderfordernis eines jeden auf der Freiheit der Willensentschließung beruhenden Zusammenschlusses.

[63] Im Völkerrecht dagegen führt eine kausale Beziehung des Prinzips zur Souveränität — der Gleichsetzung von Souveränität und Gleichheit bei *Dahm* I S. 164 kann nicht gefolgt werden — notwendigerweise zu einer Verschiebung der Akzente in Richtung auf eine stärkere Ausformung auch der materiellen Komponente des Gleichheitsgrundsatzes. So *Berber* I, S. 210 f., einer egalitären Konzeption nahestehend; ebenso *Rousseau*, aaO., S. 320; *Leibholz* in *Strupp-Schlochauer*, Wörterbuch 2. Aufl. 1960 Bd. I S. 694. Nicht ohne Belang für die hier im Übergangsbereich von internem und internationalem Recht verfolgte Argumentation ist die Haltung einer Gruppe von Autoren, welche das Prinzip der Gleichheit an Rechten entweder völlig ablehnen, wie *Dickinson*, The Equality of States in International Law, 1920, bzw. es im Sinne einer *verhältnismäßigen* Gleichheit modifizieren; so *Dahm* I S. 163; *Triepel*, aaO., S. 217; *Schaumann*, Die Gleichheit der Staaten, 1957, S. 87, dessen Begriff der „wertenden" Gleichheit allerdings durch die Bindung an eine im innerstaatlichen Bereich zu verwirklichende individuelle Gleichheit (S. 108 f.) in eine Ideologisierung des Gleichheitsbegriffes einmünden muß. So sehr dieser Aspekt des Schaumannschen Systems, wie auch dessen entschieden individualistische Grundlage (S. 52), einen über die gegenwärtige Völkerrechtsverfassung hinausweisenden Charakter trägt, so sehr beeindruckt das System selbst durch seine Folgerichtigkeit, welche sich im Leitmotiv einer auch das Völkerrecht umfassenden Einheit der Rechtsidee äußert. *Schaumanns* Thesen nähren sich — ungeachtet der Kritik, welche sie gefunden haben (eine eingehende Formulierung vom Standpunkt des bei weitem überwiegenden Schrifttums aus bringt *Kooijmans*, The Doctrine of the Legal Equality of States, 1964 S. 230 ff.) — aus dem auch vom Verf. als verpflichtend dieser Arbeit zugrunde gelegten Postulat einer Ethisierung des Völkerrechts als einer unverzichtbaren Voraussetzung für dessen Funktionsfähigkeit in einer in tiefgreifender Wandlung sich befindenden Völkergemeinschaft.

[64] Daß diese innere Konfliktslage alle Eigenschaften des „heißen Eisens" besitzt, zeigen recht gut die im ganzen wohl mit der hier eingenommenen Haltung übereinstimmenden, aber nur vorsichtig andeutenden Formulierungen *Lerches*, aaO., insbes. S. 82 f.

ideal einer Präponderanz des Gerechtigkeitsstrebens gegenüber der Erfüllung der Gleichheitssehnsucht. Durch diese starke, in einer beeindruckenden geistigen und organisatorischen Gesamtleistung realisierbare Affinität zur Gerechtigkeitsidee wird das föderale Prinzip zum genuinen Instrument einer auf der ontologischen Bestimmung des Menschen aufbauenden umfassenden Ordnung der Gesellschaft. Dieser geistige Kern des Föderalismus wird es rechtfertigen, ihn noch immer als die „entschieden größte Idee" zu bezeichnen, „zu welcher sich bis auf unsere Tage der politische Genius erhoben hat"[65].

Ob dieser ideelle Ansatz sich in der rechtlich-politischen Realität und damit auch in der künftigen Gestaltung der internationalen Beziehungen und in der Fortentwicklung der Völkerrechtsordnung bewähren kann, dafür wird eine Betrachtung der Konfrontation des Föderalismus mit dem Prozeß der Entkolonisierung in besonderer Weise aufschlußreich sein.

---

[65] *Proudhon,* aaO., S. 106.

Viertes Kapitel

Föderalismus und Entkolonisierung: Reduktion des gesellschaftlichen Gestaltungsprinzips zur Emanzipationstechnik

Die Entkolonisierung als Bewegung von elementarer politischer Sprengkraft mußte in der unvermeidbaren Begegnung mit dem sensiblen föderalen Ordnungssystem[1] tiefgreifende strukturelle Wirkungen entfalten. Diese Wirkungen mußten eintreten unabhängig davon, ob sich der Föderalismus zur Herstellung einer dauerhaften Beziehung zwischen der sich emanzipierenden Kolonie und dem Mutterland als fähig erweisen oder ob seine Funktion sich in der Beherrschung und Kanalisierung des Übergangs vom kolonialen in den souveränen Status erschöpfen würde. Daß jene erste Beziehungsvariante bloße historische Möglichkeit geblieben ist, wird daher den Gang der Untersuchung nicht wesentlich beeinflussen; diese kann sich ohne Einbuße an innerer Folgerichtigkeit in Teil II auf die Rolle des Föderalismus als eines strukturellen Rahmens staatlicher Emanzipation konzentrieren.

Erst das Fehlen einer Abhängigkeit der transformierenden Wechselwirkungen vom politischen Ergebnis dieser Konfrontation ermöglicht die aus einer erfolgsneutralen Wertabwägung hervortretende, für eine Überwindung der rein materialen Geschichtlichkeit notwendige Abstraktion. Eine ebensolche, vom geschichtlichen Erfolg abstrahierende Betrachtungsweise ist Voraussetzung dafür, daß aus der bloßen Funktionalität des Föderalismus im Entkolonisierungsprozeß Erkenntnisse für die Anpassungsfähigkeit seiner Strukturen im Hinblick auf künftige Entwicklungen im Bereich der internationalen Integration gewonnen werden können.

Da dieser Gegenstand demnach im größeren Zusammenhang der Gestaltung einer stets enger sich integrierenden internationalen Gemeinschaft gesehen wird, dürfen die Gründe für das vielfach offenkundige Scheitern des Föderalismus bei der Herstellung einer dauerhaften Ordnung zwischen Kolonie und Mutterland nicht ganz außer acht gelassen

---

[1] Nur in ganz wenigen Ausnahmefällen, wie etwa Belgisch-Kongo, vollzog sich die Entkolonisierung ohne Inanspruchnahme föderaler Organisationsformen.

werden. Die hauptsächlichen Überlegungen werden dabei den Grundvoraussetzungen[2] des Föderalismus in solchen kulturgeographischen Zonen gelten müssen, welche nicht dem Kerngebiet der abendländischen Kultur und ihrem ethnisch abgesteckten unmittelbaren Expansionsbereich angehören[3].

§ 1. Verfassungspolitische Bedeutung der geographischen Situation

Die geographische Situation eines abhängigen Gebietes war früher in gewissem Ausmaß ein die Verfassungsentwicklung beeinflussender Faktor. Die Zeit des unverhüllten kolonialen Imperialismus und des aus nationalem Prestige- und handelspolitischem Interessendenken geborenen Strebens der Großmächte nach möglichst den Erdball umspannender kolonialer Präsenz konnte die damit verbundenen Probleme der Staatsverfassung im allgemeinen nur in striktem Zentralismus lösen. Der damalige niedrige Entwicklungsstand der Kommunikationstechnik ließ geographische Dispersion als eine die Entstehung zentrifugaler Kräfte begünstigende Situation erscheinen[4], welche im Interesse der mit der jüngeren Kolonialpolitik sich verbindenden ökonomischen Tendenzen[5] mit fester Integration in das Mutterland beantwortet werden mußte[6]. Noch die Satzung des Völkerbundes erhebt deshalb die wesent-

---

[2] Da sich diese Grundvoraussetzungen, wie nach den bisherigen Ausführungen erwartet werden kann, vorzüglich in geistig-kulturellen, psycho-soziologischen und politischen Zusammenhängen finden werden, bewegen sich daran anknüpfende Überlegungen noch immer im Bereich der logischen Prämissen. Methodisch wird daher weiterhin unter Verzicht auf eine induktive Gedankenführung verfahren werden. Die literarische Operationsbasis ist für das gesamte Kapitel überaus schmal und stellenweise sogar überhaupt nicht vorhanden.

[3] Eine derart grundsätzliche Fragestellung wirft zugleich das reizvolle Problem der Praktikabilität des föderalen Prinzips bei der inneren Organisierung der durch den Entkolonisierungsprozeß entstandenen Neustaaten auf. Dieses Problem steht systematisch in unmittelbarem Zusammenhang mit dem weiter gezogenen Fragenkreis der Übertragbarkeit von Verfassungsmodellen. Es muß mit Rücksicht auf eine straffe Ausrichtung der Arbeit auf ihren eigentlichen Hauptgedanken, nämlich auf die Bedeutung im Zwischenreich von Staats- und Völkerrecht verlaufender Verfassungssituationen für die Ausbildung atypischer föderaler Strukturformen, unerörtert bleiben. Den Beginn einer Diskussion dieser Fragen markieren *Meyer*, Das Problem der Verfassungssysteme in den Entwicklungsländern, Z. Polit. 1961 S. 297 ff.; *Ronneberger*, Das Verfassungsproblem in den Entwicklungsländern, Der Staat 1962, S. 39 ff.

[4] Ebenso *Wheare* in allgemeinerem Sinn, aaO., S. 57.

[5] Eine Darstellung dieses Grundverhältnis variierenden Imperialismus-Theorien bringt *Hallgarten*, Imperialismus vor 1914, 2. Aufl. 1963. H.s eigene Gedankengänge überbetonen jedoch, wie er selbst eingesteht, diesen Zusammenhang.

[6] Wirtschaftlich-machtpolitischer Behauptungswille als Triebkraft des politischen Handelns fand sich im Verhältnis zu den Kolonien freilich unter-

lich geopolitische Beziehung zwischen geographischer Lage und der Art der Kolonialverfassung auch zu rechtlicher Bedeutsamkeit, indem ihr Artikel 22 unterschiedliche Ausgestaltungen der Mandatsverwaltung gerade auch unter diesem Gesichtspunkt ermöglicht. Die Bedeutung dieses Zusammenhanges sollte jedoch unter den nach dem zweiten Weltkrieg erreichten technischen Bedingungen des Weltverkehrs nahezu völlig schwinden. In dem Maße aber, in welchem die geographische Entfernung vom Mutterland aufhörte, ein Faktor in der verfassungspolitischen Entwicklung eines abhängigen Gebietes zu sein, wuchs der Spielraum für die Herausbildung autonomistisch geprägter Formen der kolonialen Beziehung[7], ohne daß die Gewährung von Konzessionen in dieser Richtung sich in einer Beeinträchtigung der Kontrollmöglichkeiten gegenüber separatistischen Bestrebungen ausmünzen mußte.

§ 2. Sozialer Gleichklang als Voraussetzung föderaler Gemeinschaftsbildung

Wenn auch der Föderalismus in der Theorie die Anlage zu einer vernünftigen Bewältigung der Spannung zwischen Ordnung und Freiheit in sich trägt, so ist seine Verwirklichung wegen seines staats- und individualethischen Grundgehalts an das Vorhandensein einer festgefügten geistigen Gemeinschaft oder doch zumindest gemeinsamer geistiger Grundvorstellungen und Wertsysteme gebunden. Geistige Gemeinschaft aber kann nur aus soziologischen und kulturell-zivilisatorischen Ähnlichkeiten erwachsen; in dieser Hinsicht allzu heterogene Gesellschaften werden nur schwer auf freiwilliger Grundlage und mit hinreichender Bestandsgarantie in einem föderal strukturierten Staat zusammengefaßt werden können[8]. Tätige Teilnahme an der Verwirklichung des Gemeinwohls und solidarische Mitverantwortung für das größere Ganze erfordern ein Mindestmaß an Übereinstimmung der ökonomisch-politischen Interessen[9]. Fehlt eine so verstandene „soziale

---

stützt durch das imperialistische Machtverständnis an sich, welches zu seinen geistigen Wurzeln zwar auch die dem 19. Jahrhundert eigene Freude am Kosmopolitismus zählte, desungeachtet aber regionalen Eigenarten und Bedürfnissen in der Regel verständnislos begegnete.

[7] Die hier gegebene Darstellung deckt sich also in etwa mit *Burdeau*, der in geographischer Weiträumigkeit ein Stimulans für die föderale Ordnung eines Staates erkennt, I S. 395; nur die Ausgangspunkte sind verschieden, da B. nicht den desintegrierenden Entkolonisierungsprozeß vor Augen hat.

[8] Auf die Bedeutung der Freiwilligkeit der Zugehörigkeit bzw. umgekehrt des Zwanges wurde bereits hingewiesen. Es handelt sich dabei um eine absolut wesentliche Voraussetzung für die Legitimität jeder föderalen Ordnung.

[9] Vgl. *Carl Schmitts* Voraussetzung einer Homogenität im Sinne „einer substanziellen Gleichartigkeit, welche eine konkrete, seinsmäßige Übereinstimmung der Gliedstaaten begründet". Verfassungslehre S. 376.

Infrastruktur"[10], so wird bereits die Definierung eines Gemeinwohls als der „raison d'être" des zu bildenden Gemeinwesens beträchtlichen Schwierigkeiten begegnen.

Die Notwendigkeit eines sozialen Gleichklangs darf jedoch nicht zu dem Trugschluß führen, daß Assimilation in einiger Beziehung die Voraussetzung des Föderalismus sein müßte. Die dargelegte fundamentale Wesensverschiedenheit beider Prinzipien steht jeder gedanklichen Konstruktion dieser Art im Wege[11]. Das erforderliche Mindestmaß an Übereinstimmung hat sich an verschiedenen Faktoren des Föderalismus zu bewähren, welche paradoxerweise trotz stürmisch voranschreitender Nivellierung durch die technische Zivilisation ihr Eigengewicht immer stärker zur Geltung bringen. Der Grad an geistig-politischer Solidarität zwischen Mutterland und abhängigem Gebiet mußte dabei aus dem Verhältnis der unausweichlichen sozialen und zivilisatorischen Nivellierung zur Intensität des Willens autochthoner Gesellschaften, ihren Eigencharakter zu behaupten, resultieren.

1. *Rasse als Faktor des Sozialverhaltens*

Einer der wesentlichsten der diese Konfliktsituation beherrschenden und überhaupt jedes Sozialverhalten tief beeinflussenden Faktoren ist die Bedeutsamkeit der Rassenunterschiede. Sie war lange aus der staatstheoretischen Diskussion praktisch verbannt und zwar sowohl in Auswirkung einer auf den Gleichheitsmythos der Aufklärung zurückgehenden konstitutiven Blindheit gegenüber der Bedeutung verschiedenartiger Anlagebedingungen, wie auch infolge einer mehr oder minder bewußten Abwehrhaltung gegen die einseitigen Wertungen der Gobineau-Schule und die an sie anknüpfenden ideologischen Verirrungen[12]. Abgesehen von ihren rein morphologischen Merkmalen, charak-

---

[10] *Burdeau*, aaO., S. 527.
[11] Die These, Föderalismus setze ein „minimum d'assimilation" voraus, *Grenier*, aa.O., S. 74, ist daher oberflächlich und irreführend. Hingegen kommt die im frz. Schrifttum ebenfalls gebrauchte Umschreibung, Föderalismus baue auf einem vorgegebenen „fait social" auf, den hier entwickelten Gedankengängen — welche indes über die mit dem frz. Begriff „social" erfaßbaren Gesichtspunkte hinausreichen — recht nahe.
[12] *Wheare* verneint ausdrücklich das Erfordernis rassischer Gleichartigkeit, aaO., S. 53 f. Der Sinnzusammenhang zeigt jedoch, daß er „Rasse" im Sinne etwa der volkstumsmäßigen Unterschiede Mittel- und Westeuropas verstehen muß, während hier der ethnologische Rassenbegriff zugrunde gelegt wird. Im Lichte des Farbigenproblems der USA, welches zur Zeit der letzten Auflage des Buches (1953) seine erhöhte Aktualität noch nicht gewonnen hatte, würde W. heute vermutlich zu differenzierteren Auffassungen finden. Im übrigen wurde die Bedeutsamkeit der Rasse ähnlich derjenigen von Sprache, Religion, Nationalität immer nur in positivem Sinn behandelt, so statt vieler *Burdeau*, aaO., I S. 394; ihre negative Valenz als trennendes Element stand bisher kaum zur Diskussion.

terisieren sich die menschlichen Rassen[13] durch eine offenkundig verschiedene seelisch-geistige Anlagenstruktur und demgemäß durch jeweils andere psycho-soziologische Verhaltensmuster[14] sowie durch jeweils andere Mentalität und Denktradition. Diese inneren Rassemerkmale sind nicht oder nur über verhältnismäßig lange Zeiträume hin durch äußere Einflüsse formbar. Sie sind darüber hinaus dem rationalen Erkenntnisvermögen nur schwer zu erschließen; nur wenigen gelingt es, in oft jahrzehntelangen Bemühungen die besonderen geistigen Dispositionen einer fremden Rasse ihrer Vorstellungswelt einzuordnen. Auch für diese wenigen Fälle gilt jedoch die der Gewißheit nahekommende Vermutung, daß die eigentlichen Tiefen der spezifischen Denk- und Empfindensweise für Rassenfremde niemals auslotbar sind. Verschiedenheit der Rasse ist also offensichtlich ein ernsthaftes Hindernis für die Herstellung einer gemeinsamen Verstehensbasis[15] und, da Mentalität und Denkweise materielle Bewertungsmaßstäbe setzen, auch für die Herstellung eines Gleichklangs der äußeren Interessen. Dieses Verhältnis gestaltet sich noch verwickelter durch das im Fall der Entkolonisierung stets vorhandene Zivilisationsgefälle und die dadurch hervorgerufenen Gefühlskomplexe. Da die Zeitgeschichte bereits einen sich verstärkenden Trend zur rassischen Solidarität erweist, kann die Annahme, die Rasse werde in Zukunft eine bestimmende Rolle in der Gestaltung der internationalen Gesellschaft zu spielen haben, einige Wahrscheinlichkeit für sich in Anspruch nehmen. Insbesondere dürften Integrationsvorgänge auf lange Sicht nur innerhalb der Rassenfamilien vorstellbar sein; *zwischen* denselben hat sich gerade durch den Entkolonisierungsvorgang das geistige Band vorerst als zu schwach erwiesen, als daß eine Überbrückung möglich erscheinen könnte.

2. Integrierende Faktoren: Bildungspolitik und Wirtschaft

Es gibt jedoch Faktoren, welche das trennende Element der Rasse zwar nicht zu beseitigen, wohl aber zu neutralisieren vermögen und damit im Sinne der erforderlichen Interessenübereinstimmung wirken. Es sind diejenigen Faktoren, welche gewöhnlich im Begriff des „œuvre coloniale" zusammengefaßt werden; sie sind repräsentativ für die Ziele der altruistisch-humanitären Komponenten des jüngeren Kolonialismus, dessen Konzeption damit unmittelbar ursächlich wurde für das

---

[13] Die Schwierigkeiten der anthropologischen Wissenschaft bei der Auffindung der bestimmenden Merkmale für die Abgrenzung der Rassen können im Rahmen dieser Arbeit verständlicherweise keine Beachtung finden.
[14] *Herrfahrdt* weist in Evangel. Staatslexikon 1966, Sp. 1637 mit Recht auf die besondere Bedeutung rassebedingter Verschiedenheiten in der Wertung von Individuum und Gemeinschaft für das Rechts- und Staatsleben hin.
[15] Ähnlich *Ruyssen*, La Société internationale, 1950, S. 3 f.

Ausmaß, in welchem die Voraussetzungen für eine dauerhafte föderale Ordnung geschaffen werden konnten.

In erster Linie ist hier der durch die offizielle *Erziehungs*politik angestrebte Prozeß geistig-kultureller Angleichung zu nennen. Unbestreitbar wurde auf diesem Gebiet gerade im frz. Sprachraum Erstaunliches geleistet. Die Bedeutung der französischen Sprache in der ihr notwendigerweise zukommenden Rolle einer die bunte Vielfalt der einheimischen Idiome überlagernden und beeinflussenden Kultur- und Verkehrssprache ist augenfällig[16] und auch durch Erlangung der Unabhängigkeit nicht geschmälert worden[17]. Nicht zu übersehen ist auch das Beispiel der in französischem Geist geschulten Eliten, namentlich jener herausragenden Vertreter der schwarzen Rasse, deren Leistungen sie der hohen europäischen Geisteskultur französischer Tradition zuordnen und der geschichtlichen Formkraft des französischen Geistes einen modernen Akzent verleihen. Dennoch nimmt die kulturelle Bestandsaufnahme letztlich einen enttäuschenden Verlauf, da sie weitaus eindrücklicher von der mangelnden Durchschlagskraft des westlichen geistigen Erbes bei der breiten Masse der autochthonen Bevölkerung bestimmt wird.

Grundlage und hauptsächlicher Träger einer expansiven und assimilatorischen Kulturpolitik ist die Schule. Hängt bereits die Integrierung des Menschen in den Kulturkreis seines eigenen Volkes unter dem Vorzeichen der modernen Zivilisation entscheidend von Ausmaß und Intensität der schulischen Erziehung ab, so verdichtet sich diese Abhängigkeit zur absoluten Vorbedingung, wenn es sich um die Aufschließung eines fremdrassigen und in starker Eigenkultur verwurzelten Volkes für fremde Kultureinflüsse handelt. Gerade diese Vorbedingung jedoch konnte wegen ihrer zeitlichen und personellen Erfordernisse nicht erfüllt werden. Im Zuge einer zwangsläufigen Entwicklung blieben daher die eigentlichen Erfolge der Erziehungspolitik im französisch kolonisierten schwarzen Afrika auf eine ungemein dünne Bevölkerungsschicht beschränkt. Sogar diese minimalen Erfolge müssen jedoch hinsichtlich ihres Wertes als kultureller Annäherungsfaktor großer Skepsis begegnen, weil kulturelle Errungenschaften von Fremdvölkern niemals

---

[16] Den Einfluß der frz. Sprache auf Zusammengehörigkeitsgefühl und Nationsbildung in Afrika stellt *Ansprenger*, Nationsbildung im schwarzen Afrika frz. Prägung, VfZ 1963 S. 181 ff., anschaulich dar.

[17] Die nämliche Erscheinung im Afrika britischer Zunge verbindet sich allerdings mit Bestrebungen, einheimische Idiome zu Staatssprachen zu erheben. Obgleich es genauerer Untersuchung bedürfte, ob die ehemals britischen Kolonien in höherem Maße als die französischen der Stoßkraft negroid-kultureller patriotischer Strömungen mit ihren politischen Folgeerscheinungen ausgesetzt waren, muß daraus jedenfalls auf eine stärkere kulturelle Prägekraft der frz. Sprache geschlossen werden.

ohne Modifikationen aufgenommen werden. Auch wird der kulturelle Rezeptionsvorgang stets nur so weit gehen, als das fremde Kulturgut mit dem eigenen eine harmonische Synthese eingehen kann. Die Rezeption führt also nicht zu einer Verfremdung des durch Rasse und Umwelt bestimmten Volkscharakters, sondern wird im Gegenteil meist zu dessen Belebung und Selbstbestätigung beitragen[18]. Für diesen Zusammenhang sprechen deutlich die bei aller Nacheiferung der westlichen technischen Zivilisation starken Bemühungen der „jungen" Völker, ihre leidenschaftlich erstrebte Organisierung zu modernen Nationen zu unterbauen durch Besinnung auf die eigene Geschichte und die eigenen kulturellen Traditionen, durch Betonung der eigenen Lebensinhalte und teilweise auch durch eine auf die Voraussetzungen einer modernen Gesellschaft zugeschnittene Neubelebung der angestammten Religion[19].

In der gleichen Richtung wirkt der Umstand, daß auch Jahrhunderte gemeinsamer Geschichte[20] nicht bewirken konnten, daß das gegenseitige Verständnis über die Oberfläche des rein zweckhaften Bewußtseins hinaus in Tiefen vorstieß, die für ein gemeinsames Geschichtsgefühl erheblich wären. Ausgeprägte, in sich gefestigte Volkscharaktere werden stets sich selbst genügen und im letzten einander fremd bleiben, auch wenn der geschichtliche Zufall sie für einige Zeit in einen Staat zusammenführte.

Der andere große Bestandteil des „œvre coloniale" sollte der Aufbau einer bodenständigen, auf den Rohstoffen des Landes basierenden *Wirtschaft* sein. Für diesen Bereich ist indes kaum ein wesentlich günstigeres Bild zu gewinnen als für die kulturellen Verhältnisse. Von der Größenordnung des Problems gibt die heutige Entwicklungspolitik, gewichtiger Sektor der Außenpolitik aller Industriestaaten, eine Vorstellung; im Falle der ehemaligen Kolonien ist sie die notwendige Folge der fortgesetzten kolonialen Grundsituation, gekennzeichnet durch die beson-

---

[18] In diesem Licht betrachtet erscheinen die Werke mancher, früher gerne als Paradestücke frz. Assimilationsleistung genannter afrikanischer Schriftsteller als Verbindung frz. beeinflußter Form mit negroid-kulturellem Eigenausdruck.

[19] Als hervorstechendes Beispiel mögen hier die Erneuerungsbestrebungen hinduistischer Kreise erwähnt sein, vgl. *Panikkar*, Asien und die Herrschaft des Westens, 1955, S. 292 ff.; *Rothermund*, Nationsbildung in Indien, VfZ 1963, bes. S. 394.

Die genannten Symptome münden nicht selten in einen gewissen geistigen Hochmut nicht nur bei Angehörigen alter Kulturvölker. Es ist nicht schwierig, in dieser Haltung eine Art der Kompensation für das Gefühl der Ohnmacht und Unterlegenheit zu erkennen, das solche Völker angesichts der modernen technischen Zivilisation befallen muß. Diese Erscheinung enthüllt einmal mehr die überaus komplexe psychologische Komponente der Entkolonisierung.

[20] Im Fall Senegals: 1633 Gründung der Frz. Senegal-Kompanie.

dere Problematik des für diese Gebiete erforderlichen Übergangs von der reinen Rohprodukten- zu einer modernen konsumorientierten Wirtschaft mit allen bekannten sozialen Folgeerscheinungen. Die koloniale Epoche war nicht imstande, dieses selbstpostulierte „œuvre" zu vollenden. Allein daraus sein Versagen zu folgern, würde kaum von einer den Bann der tagespolitischen Polemik durchbrechenden Einsicht zeugen; denn es fehlten alle materiellen wie psychologischen Voraussetzungen dafür, daß diese Aufgabe in der dem Kolonialismus gesetzten Zeitspanne hätte bewältigt werden können. Objektiv bleibt dennoch festzustellen, daß auf keinem anderen Lebensgebiet eine negative Note der Kolonialherrschaft so eindeutig in Erscheinung tritt. Der durch sie vermittelte Kontakt mit der technischen Zivilisation Europas war wohl in der Lage, die überlieferten, festgefügten sozialen Strukturen weitgehender Auflösung entgegenzuführen; sein konservativ-staatsprotektionistisches Ideengut gestand andererseits überhaupt nicht oder doch erst relativ spät die Notwendigkeit gesellschaftlicher Reformen zu. Bei so gearteten Voraussetzungen mußte von vornherein ein geeigneter wirtschaftlich-sozialer Nährboden fehlen, aus dem eine auf Gleichberechtigung und Partnerschaft beruhende gemeinsame Staatskonzeption hätte erwachsen können.

§ 3. Das Erfordernis politischer Homogenität

1. *Grundsätzliches Fehlen einer Homogenität der politischen Grundvorstellungen*

Alle Spielarten föderaler Staatsordnung erfordern Übereinstimmung in der grundlegenden politischen Konzeption, wenn auch im einzelnen, je nach dem erstrebten Verfestigungsgrad, Raum für verfassungstechnische Variationsmöglichkeiten gegeben sein mag. Die Existenz einer gewissen politischen Homogenität[21] ist somit eine wichtige Voraussetzung für die Anwendbarkeit des föderalen Prinzips. Da jedoch politische Vorstellungen grundsätzlicher Art stets eine Funktion der jeweils herrschenden gesellschaftlichen Bedingungen sind[22], kann auf Grund des bisher Gesagten das nahezu völlige Fehlen dieser Homogenität in den Beziehungen zwischen Mutterland und Kolonien kaum überraschen. Die politischen Systeme der europäischen Völker sind im all-

---

[21] In der hier gegebenen Bedeutung muß der Begriff entschieden von *Lerches* „Homogenität im Verfahren" abgegrenzt werden, aaO., S. 85 ff.

[22] Auch die wesensmäßig abstrakte politische Ideologie muß diese Bedingungen notgedrungen respektieren, und zwar selbst dann, wenn gerade die Veränderung dieser Bedingungen zu ihrem Programm gehört; vgl. als Beispiel die Nationalitätenpolitik der Sowjetunion.

gemeinen das Ergebnis jahrhundertelanger geistiger Entwicklungen und politischer Erfahrungen, sind ebensosehr Ausfluß einer wechselvollen Geschichte wie der jeweils besonderen, in ununterbrochenen geistigen Austauschprozessen geformten Volksmentalität. Demgegenüber konnte sich in Schwarzafrika sogar ein politisches Bewußtsein als die elementare Vorbedingung jeglichen die Gesamtgemeinschaft umgreifenden Gestaltungswillens erst in den letzten Jahrzehnten in Ansätzen bilden[23] und wird noch lange Zeit unausgegoren und ohne Richtung bleiben.

2. Künstlicher Charakter der Verfassungshomogenität

Dieses negative Ergebnis wird auch nicht dadurch korrigiert, daß fast alle ehemaligen Kolonien Französisch-Afrikas sich nach Erlangung der Staatsqualität Verfassungen gaben, welche in den hauptsächlichen Zügen ein getreues Spiegelbild der frz. Verfassung von 1958[24] waren bzw. noch sind[25]. Tragende Prinzipien der Fünften Republik finden sich, zuweilen unter Verschiebung von Akzenten[26], in diesen Communauté-Verfassungen wieder[27]: die Garantie der Menschenrechte und Grundfreiheiten[28], eine starke Exekutive unter Beschneidung der Rechte des Parlaments[29], parlamentarische Verantwortlichkeit[30], richterliche Un-

---

[23] Die gesellschaftlich-politischen Systeme des afrikanischen Mittelalters, welche diesen Namen verdienen, konnten keine Tradition schaffen und sind, vom damit verbundenen Mythos abgesehen, ohne Spuren versunken.
[24] *Gonidec* nennt in diesem Zusammenhang die frz. Verfassung eine „Mutter-Verfassung", Constitutions des Etats de la Communauté, 1959, S. 6. Vgl. dazu jedoch auch *Lampué*, Les Constitutions des Etats africains d'expression française, RJPOM 1961, S. 513 ff.; L. bescheinigt den afrikanischen Verfassunggebern Vernunft und Überlegung bei der Anpassung vorgegebener Verfassungsmodelle an die Verhältnisse ihrer Länder und stellt überdies bedeutsame Nachwirkungen des Rahmengesetzes fest, S. 518 f.
[25] Es kamen jedoch von Anfang an auch Abweichungen vom frz. Modell vor, etwa das Einkammer-System oder, in den ursprünglichen Verfassungen, die Wahl des Regierungschefs durch die Versammlung. Die meisten Verfassungstexte erfuhren seit 1958 tiefgreifende, zum Teil mehrfache Umgestaltungen; Überblick bei *Hecker*, Verfassungsregister, Teil IV.
[26] Vgl. *Gandolfi*, Essai sur le système gouvernemental des nouveaux Etats africains d'expression française, RJPOM 1961, S. 392: „Jeder wollte seine kleine persönliche Retusche an einem Modell anbringen, das für sich selbst schon nicht vollkommen war."
[27] Eine gewisse Sonderstellung nimmt die Verfassung der Islamischen Republik Mauretanien vom 22. 3. 1959 ein. Der einheitliche islamische Charakter des Landes führte zur Anerkennung der islamischen Religion als Staatsreligion, Art. 2; abgedruckt bei *Gonidec*, Constitutions S. 87 ff. Die übrigen Communauté-Staaten legen sich eine laizistische Konzeption bei.
[28] Präambel der Verfassung des Staates Côte d'Ivoire, welche hier als Prototyp der gesamten Communauté-Verfassungen dienen kann. Abgedr. bei *Gonidec*, Constitutions S. 32 ff.
[29] Art. 8 ff., 23, aaO.
[30] Art. 48 ff., aaO. Eine Ausnahme macht Congo-Brazzaville, dessen Verfassung keine parlamentarische Verantwortlichkeit kennt.

abhängigkeit[31]. Da jedoch der materielle Inhalt einer Verfassung nicht nur von ihrem formell fixierten Erscheinungsbild, sondern auch von ihrer Entstehung und ihrer Anwendung her bestimmt ist, wird der erste Eindruck eines im Gefolge der Entkolonisierung sich vollziehenden verfassungsrechtlichen Rezeptionsvorganges von unerhörten Dimensionen einer nüchterneren Betrachtungsweise weichen müssen. Es darf nämlich nicht übersehen werden, daß diese afrikanischen Verfassungen teils auf die Initiative kleiner Gruppen politisch gemäßigter, nach dem Mutterland orientierter Politiker zurückgehen, teils als afrikanische Konzession im Zusammenhang mit der Bildung der Communauté betrachtet werden müssen. Ihr Aussagewert für das Vorhandensein einer staatstragenden, von den genannten Prinzipien geprägten politischen Gesinnung weiterer Kreise ist durchaus fragwürdig. Eine sichere Aussage hierüber wird erst dann möglich sein, wenn die Verfassung als legitime Formung eines in seiner ideologischen Ausrichtung konsolidierten und repräsentativen politischen Willens gelten darf[32]. Diese Reserve ist um so gerechtfertigter, als afrikanische Verfassungen außerhalb der Communauté keine so starke Nachbildung des mutterländischen Schemas zeigen, und als besondere Umstände hinzutreten, welche eine diesbezügliche Abflachung auch bei den ehemaligen Communauté-Staaten teils schon in Gang gesetzt haben[33], teils in Zukunft noch erwarten lassen. Zu diesen Umständen zählen einerseits psychologische Gegebenheiten, wie der meist gegen den Westen in seiner Gesamtheit gerichtete „Anti-Kolonialkomplex", sowie eine das westliche staatsrechtliche Lehrgebäude als wesensfremd empfindende[34] gesellschaftliche Überlieferung; andererseits lebenswichtige moderne Staatsbedürfnisse wie die Bewältigung des Entwicklungsproblems, das unter afrikanischen Verhältnissen offensichtlich nur mit staatswirtschaftlich-autoritären Methoden gelöst werden kann. Diese Tendenzen hemmen die Gestaltung des politischen Lebens in Afrika nach westlichen Grundsätzen und sind nicht geeignet, die jetzt noch in großen Zügen dem mutterländischen Schema entsprechenden Verfassungen für die Dauer politisch zu etablieren.

---

[31] Art. 54, 55 aaO.

[32] Über analoge Erfahrungen bei der Übernahme demokratischer Verfassungsmodelle durch die Balkanländer im 19. Jahrhundert berichtet *Ronneberger*, aaO., bes. Anm. 2. Die Problematik jeder Einwirkung des Mutterlandes auf die Gestaltung der Verfassungsordnung des sich verselbständigenden Staates klingt an bei *Kordt*, Staatensukzession S. 21 ff.

[33] *Idenburg* nennt insbesondere eine Entwicklung zum „Präsidentialismus" mit starker Beschränkung der parlamentarischen Prärogativen sowie einen Verfall der persönlichen und politischen Freiheitsgarantien. Demokratie und Autokratie im tropischen Afrika, EA 1965, S. 419 ff.

[34] *Idenburg*, aaO., S. 419.

3. Probleme einer demokratischen Homogenität

Häufig wird bei Beurteilung der Homogenitätsfrage die Eignung afrikanischer Völker für die Errichtung demokratischer Herrschaftsformen westlichen Musters als das zentrale Problem angesehen. Es ist hier zweifellos nicht der Ort, diesen seinem Wesen nach nur von zahlreichen außerrechtlichen Prämissen her[35] faßbaren Fragenkomplex abzuhandeln; wozu um so weniger Veranlassung besteht, als es neuerdings Anzeichen für eine vernünftigere Einschätzung des Gegenstandes[36] als in der Vergangenheit gibt, in der sich häufig mangelndes Verständnis für Völkerpsychologie und ungenügende Kenntnis der eigenen westeuropäischen Verfassungsgeschichte mit eiferndem demokratischem Messianismus zusammenfanden.

Mit beteiligt an der allmählich Platz greifenden vorsichtigen Beurteilung mag auch die erst in schattenhaften Umrissen sich abzeichnende Erkenntnis sein, daß die parlamentarische Demokratie des vorherrschenden angelsächsischen Typus selbst in ihren Kernbereichen nur eine von mehreren möglichen Ausformungen der Grundbeziehung zwischen der jeweils eigentümlichen sozial-kulturellen Gesellschaftsgestalt und der Form der Machtausübung vorstellt. Es könnte also wohl denkbar sein, daß dieser Typus für die Definierung des Wesens westlicher politischer Tradition nicht in dem Maße entscheidend zu sein braucht, wie das vereinfachende Formelbedürfnis ideologischer Konfliktsituationen es glauben machen muß; weiterhin, daß es sich im Grunde um ein Formproblem handelt, welches von der Tendenz beherrscht ist, die dahinterstehenden höherrangigen Inhalte zu überwuchern und zu verdecken. Es muß also schon grundsätzlich legitim sein, auch für das demokratische Prinzip von einer Neubesinnung auf seinen Wesenskern vertiefte Einsichten zu erwarten, welche seine Beweglichkeit in der Berücksichtigung verschiedenartiger gesellschaftlicher Sachverhalte wiederherstellen. Um so weniger aber gibt es irgendeine Berechtigung, Völkern mit grundlegend anderer innerer Mentalitätsstruktur und äußerer Geschichte ein demokratisches Credo abzuverlangen, welches dieser besonderen Mentalität und Geschichte nicht eigengeformt entwachsen ist und daher stets als auferlegt und fremd empfunden werden wird.

---

[35] Es braucht nur an die ausgeprägte Sensibilität des demokratischen Prinzips im Hinblick auf Lebensstandard und Bildungsniveau erinnert zu werden.
[36] So die schon zit. Studie von *Ronneberger*, vgl. Anm. 3, mit weiteren Nachweisen; ähnl. *Herrfahrdt* in Evangel. Staatslexikon Sp. 431; *Idenburg*, Demokratie und Autokratie im tropischen Afrika, EA 1965 S. 419 ff. *Quermonne*, aaO., S. 445 macht darüber hinaus auf das Problem der „cohabitation" aufmerksam, des Zusammenlebens autochthoner und mutterländischer Bevölkerungsgruppen in den vormaligen Siedlungskolonien; er hält dieses Problem im Rahmen einer politischen Demokratie nicht für lösbar.

Speziell für das Verhältnis der Demokratie zum Föderalismus ist weiterhin zu berücksichtigen, daß diese beiden Prinzipien keineswegs sich gegenseitig voraussetzen[37]. In Wirklichkeit sind sie verschiedener geistiger Herkunft und gehen von unterschiedlichen Seiten an die Gestaltung der gesellschaftlichen Verhältnisse heran[38]. Dieser „antinomische" Charakter[39] der Beziehung zwischen demokratischem und föderalem Prinzip ist bereits bei Gelegenheit der Abgrenzung des Föderalismus von der Gleichheitsforderung angeklungen[40]. Die Unterschiedlichkeit der geistigen Konzeption beider Prinzipien[41] — welche gleichwohl deren verfassungsrechtliche Synthese natürlich nicht ausschließt — bringt es mit sich, daß ein evtl. vorhandener Mangel an Eignung für das demokratische Regierungssystem nicht auch eine Indisposition für föderale Ordnungsformen nach sich ziehen muß.

Für das Problem der föderalen Homogenität ist die Frage einer Eignung zur Demokratie dennoch, trotz allen genannten Einschränkungen, nicht ohne Interesse. Das gilt zumindest insoweit, als diese Frage rein empirisch in Form einer tatsächlichen Verschiedenheit der politischen Systeme solcher Staaten auftritt, für welche ein föderaler Zusammenschluß in Aussicht genommen ist. Der eigentliche Kern des Homogeni-

---

[37] *Brugmans* sieht in der repräsentativen Demokratie den „geistigen Raum" des Föderalismus, aaO., S. 33 ff.
[38] *Proudhon*, aaO., S. 67 f., sieht bei der Auseinandersetzung mit *Rousseau* zunächst nur den *förmlichen* Unterschied zwischen fingiertem und tatsächlich vollzogenem Sozialvertrag: „Zwischen dem Föderationsvertrag und demjenigen von Rousseau und von 1793 liegt die ganze Entfernung der Wirklichkeit von der Hypothese." Erst an späterer Stelle, anläßlich der Beschäftigung mit der einheitssüchtigen Grundhaltung der Volksmasse, S. 94 ff., leuchtet auch bei ihm, wenngleich unausgesprochen, der *geistige Konflikt* hindurch, der sich schließlich in einer furiosen Abrechnung mit der zeitgenössischen Demokratie endgültig Bahn bricht: „Einheit ist ihr Alpha und ihr Omega, ihr oberstes Gesetz, ihr tiefster Seinsgrund" (S. 136). — *Proudhons* glänzende Schrift ist, obgleich in vielem zeitgebunden und polemisch, für die Grundlegung des Föderalismus noch heute unentbehrlich.
[39] *Grewe*, Antinomien des Föderalismus, 1948, S. 14 ff.
[40] Vgl. oben Kap. 3 § 5 Ziff. 1.
[41] Die interessante, auf die Bundesstaatstheorie Otto Mayers sich stützende Aufspaltung des Begriffes des demokratischen Gewaltträgers, welche *Usteri*, aaO., S. 328 f., mit dem Ziel einer Überwindung der Gegensätzlichkeit beider Prinzipien vornimmt, kann wohl als Erklärungsversuch des staatstechnischen Mechanismus akzeptiert werden. Sie ist aber nicht in der Lage, das *innere Spannungsverhältnis* zwischen demokratischem und föderalem Prinzip aufzulösen; deren eigentliche Unvereinbarkeit kann nur dadurch überbrückt werden, daß „das Volkssouveränitäts- und das Gleichheitsprinzip dem Gedanken der Freiheit untergeordnet" wird, aaO., S. 347. Abgesehen von der schwierigen und ihrerseits immer ideologisierten Inhaltsbestimmung des politischen Freiheitsbegriffes (42) bedeutet diese Gedankenführung jedoch bereits eine wesentliche Verformung des demokratischen Ideals Rousseauscher Prägung. Immerhin aber kann nur in diesem Lichte Burdeaus Wort von der „demokratisierten Gewalt" als einem „außerordentlich wirksamen Träger der föderalen Idee" verständlich erscheinen, aaO., S. 396 f.

tätsproblems ist letztlich, daß eine föderale Ordnung auch und vor allem die Gemeinsamkeit der weltanschaulichen Grundhaltung gegenüber den gesellschaftlichen Aufgaben voraussetzt und sich nicht mit zufälligen und in ihrer Zufälligkeit wandelbaren Übereinstimmungen in Teilbereichen der unmittelbaren politischen Zielsetzungen begnügen kann. Wenn also gegenüber der Möglichkeit einer demokratischen Entwicklung in Afrika erhebliche Skepsis angebracht ist, so war damit auch eine föderale Beziehung zwischen dem meist nach demokratischem Verfassungsmodell organisierten Mutterland und der sich emanzipierenden Kolonie von Anfang an in einer ihrer wichtigsten Voraussetzungen in Frage gestellt.

§ 4. Die Grundlagen der afrikanischen Gesellschaft und das philosophische Autonomieprinzip

Die Fragwürdigkeit schon der äußerlichen Gemeinsamkeit der politischen Grundvorstellungen erfährt ihre entscheidende Vertiefung im vollständigen Mangel der geistigen Voraussetzungen des Föderalismus selbst. Die an anderer Stelle aufgezeigte grundlegende Beziehung, welche das föderale Prinzip mit der Idee der Personalautonomie verbindet[43], gelangt hier zu ihrer vollen Konsequenz. Der Begriff der Person als eines „freien, über sich selbst verfügenden und absolut bedeutsamen geistigen Wesens"[44] ist Basis und innere Rechtfertigung jeder föderal bestimmten, wesenhaft der Verwirklichung ethischer Maximen dienenden Ordnung. Diese ethische Fundierung erhebt das Phänomen des Föderalismus über den rein verfassungstechnischen Bereich hinaus in den Rang einer grundsätzlichen geistigen Wertordnung mit umfassendem gesellschaftspolitischem Verwirklichungsanspruch.

Das philosophische Prinzip der personalen Autonomie ist jedoch ein Ergebnis ausschließlich der christlich-abendländischen Geisteskultur. Es wurzelt in der komplizierten, durch die Vielheit ihrer philosophischen Entfaltungsmöglichkeiten stets von neuem faszinierenden gegenseitigen Durchdringung griechischer, keltisch-germanischer und vorderasiatisch-christlicher Traditionselemente und ist nur dem durch diesen geistesgeschichtlichen Kontext abgesteckten Kulturbereich eigentümlich. Insbesondere ist sie dem Denken solcher Völker fremd, deren angestamm-

---

[42] Der politische Freiheitsbegriff kann richtig nur in engster Verknüpfung mit der Problematik des philosophischen Freiheitsbegriffes gesehen werden; vgl. *Leibniz*, aaO., Bd. II S. 499: „Denn es gibt zwei Labyrinthe für den menschlichen Geist: Das eine betrifft die Zusammensetzung des Kontinuums, das andere das *Wesen der Freiheit*. Das eine wie das andere aber entspringt aus derselben Quelle, nämlich aus dem *Begriff des Unendlichen.*"

[43] Vgl. oben Kap. 3 § 2 Ziff. 2.

[44] *Müller-Halder* in Staatslexikon Bd. 6 Sp. 199.

ter Lebensraum sich in Gebieten mit extremen Klimabedingungen befindet; eine übermächtige metaphysische Erfahrung der Natur nimmt den menschlichen Geist zur Gänze in Anspruch und muß ihn von der Erfahrung seiner selbst abdrängen. So steht im Mittelpunkt des Selbstverständnisses wie der intellektuellen und seelischen Kräfte auch des afrikanischen Menschen ursprünglich die Selbstbehauptung gegenüber der Natur, welche jedoch nur mittels und als Glied hierarchisch gebauter gesellschaftlicher Ordnungsverbände als der notwendigen Lebens- und Gefahrengemeinschaft vollzogen werden kann. Dominierendes ontologisches Prinzip kann unter solchen Voraussetzungen nicht die geistige Selbstverwirklichung des Individuums im abendländischen Sinne sein. Der einzelne erscheint vielmehr als Element einer ihn organisch integrierenden, mit naturhafter Selbstverständlichkeit sich als ontologischen Inbegriff verstehenden Gemeinschaft; seine Einbindung in das System der vorgegebenen gesellschaftlichen Koordinaten ist die soziologische Materialisierung dieses noch im eigentlichen Sinne magisch bestimmten, vordualistischen Menschenbildes[45].

Bauprinzip jeder afrikanischen staatlichen Ordnung, welche diesen psycho-soziologischen und historischen Grundlagen entsprechen soll — nur bei Wahrung dieser Voraussetzungen dürfte eine staatliche Ordnung als vernünftig bezeichnet werden —, kann demnach nicht eine die Eigenverantwortung voraussetzende Subsidiarität sein. In der Gemeinschaft sieht der Afrikaner sich selbst verwirklicht und von ihr erwartet er die Lösung seiner Lebensprobleme. Eine von der personalistischen Konzep-

---

[45] Da und dort erkennbare Erscheinungen philosophisch-kultureller Rezeption, welche von der gleichzeitig sich vollziehenden Entwicklung zu einer technischen Universalzivilisation deutlich abgegrenzt werden müssen, sollen hier mitsamt ihrer Problematik außer Betracht bleiben. Sie sind im ganzen, das wurde bereits angedeutet, von zu geringer Formkraft, als daß sie gegenüber tiefwurzelnden seelischen Dispositionen ins Gewicht fallen könnten. Auf lange Sicht optimistischer *Idenburg*, Les nouveaux Etats africains et les normes démocratiques occidentales, RJPOM 1961, S. 196 f., 203; seine diesbezüglichen Überlegungen haben jedoch eine mehr politisch-funktionelle Zielrichtung und müssen daher das essentiell philosophisch angelegte Problem als soziologisches werten.

In ähnlichen Dimensionen sieht Verf. das in diesem Zusammenhang vielfach überschätzte, in anderer Hinsicht aber freilich schwerwiegende Problem der sozialen Entwurzelung und der damit verbundenen Vereinzelung. Abgesehen davon, daß grundlegende psychologische Gegebenheiten von einer Änderung äußerer Lebensumstände nur über sehr lange Zeiträume hinweg beeinflußt werden, bewirkt die Entwurzelung den Austausch eines engeren sozialen Erlebensbereiches gegen einen weiteren, in concreto die Hinorientierung auf die staatliche Ebene als ein neues bzw. nunmehr ausschließliches Objekt der überkommenen psychologisch fundierten Gemeinschaftsbezogenheit. Die als Folge der sozialen Entwurzelung oft genannte „Radikalisierung" ist häufig nichts anderes als ein Ausdruck dieser Umorientierung und erscheint „radikal" wohl nur deshalb, weil sie eine spätere allgemeine Entwicklung für einzelne Gruppen von Individuen vorwegnimmt.

tion des Föderalismus sich fundamental unterscheidende, absolute Gemeinschaftsbezogenheit und Führungsgläubigkeit, welche unter islamischem Einfluß überdies die Verbindung mit einem noch heute ungebrochenen religiösen Totalitätsanspruch einging, ist daher die überragende Komponente des afrikanischen politischen Lebens. Sie wirkt sich allerdings zunächst nur innerhalb der historisch und ethnologisch gewachsenen Grundgemeinschaften aus und hat die Sublimierung zu einer gewillkürten Einung und damit zu einer höheren Form des Gemeinschaftsdenkens noch nicht erfahren[46]. Diese geistige Grundsituation begünstigt in ihrer Auswirkung auf der Ebene moderner Staatlichkeit eher das Entstehen eines ausgeprägten, souveränitätshungrigen Nationalismus der afrikanischen Völker und wird den Sinn für Selbstverantwortung und Solidarität im innergemeinschaftlichen Kräftespiel wie in den Beziehungen der Völker untereinander kaum zu schärfen vermögen. Die afrikanische Gesellschaft ist daher ein denkbar ungünstiger Nährboden für föderales Ideengut im westlich-konservativen, ethisch gebundenen Sinn. Die starken sozialethischen Bezüge des föderalen Prinzips werden diese geistige Kluft nicht überbrücken können.

Sowohl Assimilation wie Föderalismus haben sich somit als ungeeignet erwiesen, die sozialen und politischen Ziele der Entkolonisierung in einer *dauerhaften* Ordnung zu verwirklichen; Endpunkt der Entwicklung konnte daher nur die staatliche Selbständigkeit der ehemaligen Kolonien sein. Indes hat die grundsätzliche Indisposition der afrikanischen Gesellschaft gegenüber dem föderalen Prinzip es nicht unmöglich gemacht, daß föderale Strukturen dem *Vorgang* der Entkolonisierung als solchem nutzbar wurden. Nur sie nämlich konnten — diesen Schluß lassen die bisherigen Darlegungen über das Wesen des Föderalismus zu — den im Interesse der Ordnungskontinuität notwendigen gleitenden Übergang vom vollkolonialen Status zur schließlichen Unabhängigkeit gewährleisten. Das föderale Prinzip allein war in der Lage, mit diesem Übergang die Vorteile der Assimilation zu verbinden, ohne zugleich deren Belastungen mit einbringen zu müssen. Es wird zu zeigen sein, welche besonderen Anpassungsvorgänge der Föderalismus zu durchlaufen hatte, um solchen Funktionen genügen zu können.

---

[46] Deshalb ist das Verhältnis zu stammesfremden Gemeinschaften überwiegend noch durch die Leere der Beziehungs- und Verständnislosigkeit gekennzeichnet, eine Leere, die sich leicht und schnell mit eruptiver Aggressivität erfüllen kann. Dieser Beobachtung liegen verschiedene Beispiele von Stammesauseinandersetzungen der jüngsten Zeit zugrunde; einige Angaben dazu bringt auch *Ansprenger*, aaO., S. 186.

Zweiter Teil

Föderale Strukturen als Rahmen der Entkolonisierung

Erster Abschnitt

Die Epoche bis zur Erlangung innerer Autonomie

1. Gegenstand des Ersten Teiles war eine Untersuchung der Gründe dafür, daß das föderale Prinzip im Hinblick auf die große Mehrzahl der ehemaligen Kolonien sich zwangsläufig als ungeeignet erweisen mußte, den Vorgang der Entkolonisierung in einer für die Dauer von Bestand bleibenden Form zu bewältigen. Diese Aufgabe sollte vielmehr der politischen Unabhängigkeit zufallen[1]. Nur in wenigen Ausnahmefällen jedoch ist dieser juristische Endpunkt der Entkolonisierung unmittelbar aus dem Kolonialstatus heraus erreicht worden. Im allgemeinen hat der Prozeß der Auflockerung dieses Status einen Weg genommen, welcher im Rahmen einer langsameren, dafür aber kontinuierlich voranschreitenden Entwicklung über mehrere Zwischenstufen der Verselbständigung bis hin zur schließlichen Unabhängigkeit führte. Dieser von der britischen Kolonialpolitik beispielhaft vorgezeichnete Weg wurde von den meisten ehemaligen Kolonien nach dem zweiten Weltkrieg bevorzugt eingeschlagen. Seine Stationen sind mit innerer Notwendigkeit föderal geprägte staatsrechtliche Organisationsformen, denn nur diese sind in der Lage, fortlaufend sich zurückbildenden politischen Abhängigkeitsverhältnissen juristischen Ausdruck zu geben. Die Bedeutung als rechtlicher Katalysator der politischen Entwicklung zu vollständiger

---

[1] Die fortdauernde Integrierung frz. Besitzungen als Departements (so die „alten Kolonien" (Guadeloupe, Martinique, Guyane, Réunion) bzw. Übersee-Territorien (so Côte française des Somalis, Comores, Nouvelle-Calédonie, Polynésie française, Saint Pierre et Miquelon und, mit geringfügigen Abweichungen vom Verfassungsschema, auch Terres australes et antarctiques françaises und die Protektorats-Inseln Wallis und Futuna) in den frz. Staatsverband steht hierzu nur scheinbar in Widerspruch. Mangelnde selbständige Lebensfähigkeit infolge geringer Ausdehnung, geographischer Isolierung und ungenügender wirtschaftlicher Grundlage, in manchen Fällen auch ethnologische Homogenität mit dem Mutterland, schafft andere Voraussetzungen für die Entwicklung der Beziehungen zu diesem als im Fall der übrigen, hier untersuchten Gebiete.

Desintegration der Kolonie aus dem Staatsverband der Metropole verleiht andererseits solchen Organisationsformen von vornherein einen transitorischen Charakter. Sie unterliegen der inneren wie der äußeren Dynamik des entkolonisatorischen Geschehens, demzufolge sie nicht das bei ihrer Schaffung vorgefundene verfassungspolitische Entwicklungsstadium fixieren können, sondern einen mehr oder minder rasch ablaufenden politischen Vorgang in staatsrechtliche Kanäle zu leiten haben. Obgleich diese Aufgabe seiner hochstehenden Gemeinschaftsethik durchaus entspricht, ist bisher bereits offenkundig geworden, daß er sie nicht um seiner ethischen Natur, sondern um der technischen Eignung seiner Strukturen willen zu lösen hat. Wie jedes ethisch begründete Wertsystem, das nicht um seiner selbst willen verwirklicht werden kann, sondern systemfremden Zielsetzungen dienstbar wird, erfährt dieser „fédéralisme par ségrégation"[2] dabei eine Funktionalisierung seiner Institutionen, er wird seines eigentlichen Inhaltes entkleidet, wird zur veräußerlichten juristischen Technik und hat sich als solche der stärkeren Eigengesetzlichkeit des politischen Grundvorganges in vielfältiger Weise anzupassen. Die Untersuchung, wie solche Anpassungen im institutionellen Bereich in Erscheinung treten und welche Rückwirkungen auf die ideelle Basis des Föderalismus sie ihrerseits zeitigen, ist das im Zweiten Teil zu verfolgende Anliegen.

2. Wenn dieses Anliegen in der bereits im Teil I geübten Eingrenzung des Themas auf den geistigen und institutionellen Raum der französischen Entkolonisierungspolitik verfolgt wird, so ist dafür, neben äußerlichen Gründen, ein wesentliches inneres Kriterium verantwortlich. Die seit der Großen Revolution bestehende und lateinisch-rationalistischem Geist entwachsene französische Staatstradition der geschriebenen Verfassung schuf von vornherein einen festen Ausgangspunkt im Sinne einer Institutionalisierung. Demgegenüber entwickelte etwa die britische Politik zwar in zahlreichen Fällen frühzeitig faktische Entkolonisierungsformen, neigte jedoch im allgemeinen erst in einer relativ späten Phase der Entwicklung zur institutionellen Fixierung des Erreichten. Frankreichs Kolonialpolitik hingegen spiegelte sich in Institutionen und diese sind es, welche den staats- oder völkerrechtlichen Beziehungen verschiedener Gebiete untereinander den sprechendsten Ausdruck verleihen — selbst dann, wenn diese institutionelle Fixierung ein negatives Vorzeichen trägt. Ein solches kann sie dadurch erhalten, daß sie ein überholtes Stadium der Entwicklung repräsentiert oder auch, daß sie nur der Verdeckung des wahren Charakters der Beziehungen dient. Diese wesenhafte Vordergründigkeit der Institution, die in den verschie-

---

[2] *Scelle* Précis S. 189 f., dessen Aufmerksamkeit sich aber das Element der Flüchtigkeit solcher Strukturen noch entzog.

denen Stadien der französischen Kolonialpolitik zu einer geläufigen Erscheinung geworden ist, kann jedoch deren Bedeutung als Gegenstand der staatstheoretischen Analyse nicht schmälern; sie erhöht im Gegenteil ihren demonstrativen Gehalt, weil die dadurch bewirkte innere Spannung die Problematik des Föderalismus im Entkolonisierungsablauf deutlicher hervortreten läßt.

3. Als eine in diesem Sinne prototypische Institution ist die durch die Verfassung von 1958 errichtete Französische Gemeinschaft anzusprechen. Diese Konstruktion brachte nicht nur die Erlangung der Staatsqualität durch die meisten ehemaligen Kolonien Frankreichs mit sich und verkörperte somit zwangsläufig die bis dahin stärkste Bündelung föderaler Elemente. Sondern sie ist, im Gegensatz zur Französischen Union, in der kurzen Zeit ihrer Existenz auch voll wirksam gewesen — durchpulst vom politischen Leben der Mitgliedstaaten und zugleich eine Bühne der ideellen Auseinandersetzung. Die Französische Gemeinschaft verkörpert daher die entscheidende Phase der Entkolonisierung im afrikanischen Teil des französischen Kolonialreiches, so daß es gerechtfertigt sein mag, das Schwergewicht der Darstellung auf ihre Organe und Leitideen zu legen. Die Entwicklung bis 1958 wird jedoch zunächst — und zu Vergleichszwecken auch in der Folge — insoweit herangezogen werden, als sie der Rolle einer geistigen und institutionellen Vorläuferschaft entspricht[3].

---

[3] Auf die prinzipielle Ausklammerung Algeriens, der Protektorate bzw. assoziierten Staaten und der assoziierten Territorien wurde bereits in der Vorbemerkung hingewiesen. Dieser Grundsatz wird nur dann eine Durchbrechung erfahren, wenn dies für die gedankliche Durchbildung unerläßlich ist.

Erstes Kapitel

Ausgangslage

1. Beginn eines Bewußtseins vom Problem

Der unglückliche Verlauf der ersten Phase des zweiten Weltkrieges veranlaßte französische Kreise der verschiedensten politischen Färbungen, den Stand der Kolonialverfassung neu zu überdenken. Man sah sich zu der Einsicht gezwungen, daß die bis dahin unverfälscht koloniale Grundsituation in den Beziehungen Frankreichs zu seinen überseeischen Besitzungen einer Neuordnung bedurfte. Teilweise, wie etwa im Verfassungsentwurf des „Comité général d'Etudes", einer vornehmlich mit Fragen der künftigen Verfassungsgestaltung sich beschäftigenden Gruppierung der Résistance[4], oder später dann bei René Capitant[5], entsprangen diese Überlegungen einer dogmatischen Haltung hinsichtlich des Gesamtaufbaues der Republik. Sie nahmen jeweils Anteil an den großen, die neuere Verfassungsgeschichte Frankreichs beherrschenden Tendenzen: an der Staatstradition eines starren Zentralismus und den unermüdlich gegen diese Tradition anbrandenden Strömungen; an der fortwährenden Auseinandersetzung um das rechte Verständnis des Prinzips der Volkssouveränität, um Parlamentsherrschaft und die in den Reformideen André Tardieus sich kristallisierenden, auf eine Stärkung der exekutiven Autorität hinzielenden Bestrebungen.

Andererseits aber hatte der Wille zur Neuordnung die politische Entwicklung in den überseeischen Gebieten selbst zur Ursache. Ungleich der Lage nach dem Ersten Weltkrieg, fanden sich die frz. Kolonien und Protektorate anschließend an den militärischen Zusammenbruch Frankreichs schweren Erschütterungen ausgesetzt. Zumindest die afrikanischen Kolonien konnten und mußten infolge der Ohnmacht des Mutterlandes ein bis dahin nie gekanntes Eigenleben in Verwaltung und Wirtschaft führen. Gleichzeitig waren sie durch die rivalisierende Existenz zweier politischer Systeme zur Entscheidung aufgerufen und sahen sich somit in der ungewohnten Lage, erhebliches politisches Ge-

---

[4] Vgl. *Wahl,* aaO., S. 30 ff.

[5] Pour une constitution fédérale, Paris 1946.

wicht zu besitzen[6]. Beide Umstände haben, im Zusammenwirken mit dem auch von den Kolonien entrichteten Blutzoll, politische Bewußtwerdung und Verantwortungsfreude erheblich gefördert[7] und die Hoffnung auf politischen Fortschritt der Kolonien geweckt. Die kolonialen Völker wollten „einen zunehmend breiteren Anteil am Leben und an den demokratischen Einrichtungen der frz. Völkerfamilie nehmen"[8].

2. Erste Schritte der Neuorientierung

Von welchen Positionen aus die notwendige Neuorientierung eingeleitet wurde, zeigen bereits die ersten Schritte auf diesem Weg. Nach Lage der Dinge mußten sie auf eine Auflockerung der bis dahin im Wesen unbeschränkt gültigen Assimilierungsdoktrin und ihrer staatsrechtlichen Folgerung, der Integration, abzielen. F. Eboués[9] als Auftakt zu dieser Entwicklung nachmals zur Berühmtheit gelangtes Rundschreiben an die Gebietsgouverneure vom 8. November 1941[10] gibt dieser Tendenz ebenso Ausdruck wie eine Deklaration des „Comité Français de la Libération Nationale" vom 8. Dezember 1943. Sah Eboué das Gebot der Stunde noch in einer Bewältigung des sich stellenden Problems ausschließlich auf dem Feld der Wirtschafts- und Sozialpolitik durch verstärkte Bildungsbemühungen und umfassendere Einschaltung autochthoner Kräfte in Wirtschaft und Verwaltung[11], so beginnt die Deklaration des Befreiungskomitees die Diskussion bereits auf eine neue Ebene zu schieben: nun ist von „französischer Völkergemeinschaft", von „föderaler Organisation" und „erweiterten Freiheiten der verschiedenen Länder" die Rede[12].

Zumindest ansatzweise zeigt sich hier ein Zusammenhang von grundlegender Bedeutung. Eboué denkt zwar in Kategorien der Entkoloni-

---

[6] Bezeichnend für diese Situation ist das Zeugnis Ch. de Gaulles, der Schlüsselfigur jener Jahre, die nationale Befreiung sei nur dank den Leistungen des Empire möglich gewesen. Mémoires de Guerre, I „L'Appel", S. 113.
[7] Die Entscheidung für das von de Gaulle geführte „Freie Frankreich" war nicht nur von der frz. Administration, sondern auch und vielerorts vor allem von der urteilsfähigen schwarzen Intelligenz getragen.
[8] Kolonialkommissar Pleven bei Eröffnung der Konferenz von Brazzaville. La conférence africaine française, Brazzaville 1944, S. 22.
[9] Generalgouverneur von Französisch-Äquatorial-Afrika.
[10] Text in de La Roche-Gottman, La Fédération française, 1945, S. 581 ff.
[11] Sein Dekret vom 29. Juli 1942 über ein neues Personalstatut der „notables évolués" gibt gültigen Aufschluß über diese Konzeption.
[12] Text in de La Roche-Gottman, aaO., S. 520. Zwar war die Deklaration auf die andersartige Situation in Indochina gemünzt, doch war der politische Boden bereits so weit aufgelockert, daß das Auftauchen solcher Begriffe von stärkster Wirkung auch auf die Entwicklung in Afrika sein mußte.

sierung, jedoch auf individueller Ebene und unter bewußter Aussparung aller körperschaftlichen Gesichtspunkte des Problems. Gerade diese Gesichtspunkte stellt aber das Befreiungskomitee in den Vordergrund, Entkolonisierung damit als solche der Kollektive verstehend. In Kenntnis des kausalen Verhältnisses von Assimilation und Integration und überhaupt der grundsätzlichen Rückwirkung jeder Eingeborenenpolitik auf den strukturellen Zusammenhalt von Mutterland und Kolonie wird man eine Schrittmacherrolle der Entkolonisierung auf individueller Ebene im Verhältnis zu derjenigen der Kollektive nicht verkennen dürfen[13]. Damit aber gestaltet sich jedes geringste Abrücken von der materiell wie politisch gescheiterten Assimilationsdoktrin — als ein solches Abrücken war, entgegen dem äußeren Anschein, Eboués System gedacht — unmittelbar zu einer Stärkung und Beschleunigung zentrifugaler Tendenzen im Kollektivbereich und zu eben jener Bedrohung der staatsrechtlichen Einheit des „Empire", welcher diese Politik vorzubeugen suchte. Schon in Eboués Zirkular also ist das Dilemma vorgebildet, welches später die Anwendung föderaler Formeln in starkem Maße beherrschen sollte.

Der Prozeß der Erkenntnis des gesetzmäßigen Zusammenhanges von individueller und kollektiver Entkolonisierung hat jedoch — das Eboué-Zirkular ist dafür ein deutliches Zeichen — zu spät und zu zögernd eingesetzt, als daß die aus ihm resultierende Einsicht in die Konsequenz der sich bietenden Alternativen die Entwicklung der folgenden Jahre hätte beeinflussen können. Die Entkolonisierung der Geister geriet gegenüber der in der Welt der politischen und sozialen Gegebenheiten sich vollziehenden Evolution von Anfang an in Rückstand — eine Tatsache, deren Bedeutung für das Rechtsgeschehen trotz ihrer primären Außerrechtlichkeit nicht hoch genug veranschlagt werden kann. Statt in ihrer inneren wie äußeren Gesetzlichkeit erkannt und hingenommen sowie planvoll gesteuert und geistig bewältigt zu sein, hat sich die Entkolonisierung zu einer autonomen und geschichtsmächtig das Ende einer Kulturepoche mit beschleunigenden Kraft entfalten können. Eine Chance für bewußten Geschichtsvollzug von heute noch schwer auslotbarem Rang ist damit vertan. Die Bewertung der Entkolonisierung selbst als eines geschichtlichen Vorganges muß auf den bedeutenden Plusfaktor einer solchen Bewältigung verzichten und sieht sich heute, da allein die bloße Tatsache der Entkolonisierung im Verhältnis zu den betroffenen sozialen Gruppen ebenso wertneutral ist wie der rein technische Vorgang der Ablösung einer Regierungsform durch eine andere, auf den oftmals buntschillernden und irreführenden Reigen der Begleit-

---

[13] Eine nähere Begründung dieser These würde so ausschließlich mit Zusammenhängen von außerjuristischer Relevanz argumentieren müssen, daß im Rahmen dieser eng begrenzten Arbeit darauf verzichtet wird.

umstände angewiesen. Erst wenn das heutige „Rohmaterial" der Entkolonisierung sich zu künftiger Geschichte gestaltet hat, wird dieses beherrschende Ereignis der gegenwärtigen Epoche sein endgültiges, der geschichtsphilosophischen Erfassung zugängliches Gesicht zeigen können.

Zweites Kapitel

Die Konferenz von Brazzaville

Einen Kristallisationspunkt, welcher die allgemeine Unklarheit über die bevölkerungs- und staatspolitischen Zusammenhänge im kolonialen Raum anschaulich ins Licht treten läßt, fanden die vorkonstitutionellen Strömungen in der vom 30. Januar bis 8. Februar 1944 in Brazzaville abgehaltenen Gouverneurs-Konferenz[14]. Für die Einschätzung der Bedeutung dieser Konferenz muß, in Korrektur des gewöhnlich gezeichneten Bildes[15], zunächst ihr rein kolonial-administrativer Charakter hervorgehoben werden[16]; die allfällige Revision der überkommenen politischen Strukturen sollte der zu erwartenden internen Auseinandersetzung nach Kriegsende vorbehalten bleiben. Die Aufgabe der Konferenz wurde, außer in der Lösung vordringlicher verwaltungstechnischer Probleme, darin gesehen, für diese künftige Auseinandersetzung einen repräsentativen Standpunkt der kolonialen Praxis zu formulieren. Aus dieser Aufgabenstellung ergeben sich gleichermaßen Beschränkung wie weittragende Bedeutung der Konferenz[17].

§ 1. Das Problem der Föderalisierung

1. Grundsätzliches staatsrechtliches Verhältnis Mutterland — Kolonie

Die Diskussion um eine „Föderalisierung" der Kolonialverfassung hatte durch die Deklaration des Befreiungskomitees und ähnlich ausgerichtete Bestrebungen so starken Auftrieb erhalten, daß sich die Konferenz zu eingehender Beschäftigung mit diesem Fragenkreis genötigt sah. In den Reihen der Praktiker hatte unverkennbar bereits Un-

---

[14] Unter Vorsitz des der Provisorischen Regierung angehörenden Kolonialkommissars Pleven nahmen 18 Generalgouverneure und Gouverneure an der Konferenz teil. Außerdem waren die Provisorische Beratende Versammlung durch eine Delegation und die Generalresidenten bzw. der Generalgouverneur der nordafrikanischen Gebiete durch Beobachter vertreten.

[15] So etwa bei *Kirsch*, L'Evolution politique des Etats d'Afrique noire, membres de la Communauté, RJPOM 1960, S. 3 ff.

[16] *Borella*, aaO., S. 32.

[17] Die „Empfehlungen" der Konferenz wurden wie ein Gesetz verkündet, vgl. JO v. 25. 3. 45, S. 1606.

ruhe um sich gegriffen, man erblickte in den noch unausgegorenen Vorstellungen über Föderalismus in erster Linie ein Werkzeug zur Aufsprengung der Republik und zur Verselbständigung der Kolonien. Dementsprechend scharf bildete sich die Frontenstellung aus. Schon das allgemeine Programm der Konferenz nannte als Leitidee jeder Neuordnung,

„Frankreich müsse in allen Gebieten seines Empire in aller Klarheit und Strenge seine politische Macht ausüben"[18],

und Kolonialkommissar Pleven stellte in der Eröffnungsansprache in Aussicht, die kolonialen Völker dürften „keine andere Unabhängigkeit kennen als die Unabhängigkeit Frankreichs"[19]. Dieser Geist durchdringt das gesamte Konferenzwerk und in diesem Sinne ist, gerade auch angesichts der britischen Praxis und der im Frühstadium der Vereinten Nationen[20] feststellbaren Tendenzen in Richtung auf eine Internationalisierung aller Kolonien[21], an erster und wichtigster Stelle der Empfehlungen der Konferenz die künftig zu verfolgende Politik definiert:

„Mit den Zielen des von Frankreich in seinen Kolonien unternommenen Zivilisationswerkes ist jede Vorstellung von Autonomie und jede Möglichkeit einer auf Ausscheiden aus dem frz. Empire gerichteten Entwicklung unvereinbar; die Einrichtung von ‚self-governments‘ in den Kolonien hat, auch auf weitere Sicht, zu unterbleiben[22]."

2. Der „föderale" Aspekt der Konferenz

Nun fehlte es nicht an Vorschlägen und Wendungen, welche für sich genommen und vor allem in der besonderen Sicht mancher Betrachter den Eindruck erwecken konnten, als habe dennoch eine föderale Kehrtwendung der frz. Kolonialpolitik stattgefunden, so daß künftig der „Geist von Brazzaville" als Beginn und erste Konkretisierung einer föderalen Konzeption beschworen werden konnte. Eine genauere, den Zusammenhang achtende Analyse muß demgegenüber zu dem Ergebnis

---

[18] La conférence africaine française, Brazzaville 1944; amtliche Dokumentation 1945.

[19] aaO., S. 22.

[20] Vor der Konferenz von San Francisco.

[21] Vgl. auch die Bekräftigung des Selbstbestimmungsrechts in der Atlantik-Charta vom 14. August 1941; Text bei *Colliard*, Droit International et Histoire Diplomatique I S. 604.

[22] aaO., S. 32.

führen, daß die entsprechenden Wendungen entweder einen speziellen, mit dem gewöhnlichen Sprachgebrauch nicht immer identischen Sinngehalt besitzen oder aber als vordergründige Verbalkonzession gedacht und mit dem eigentlichen Inhalt der Empfehlungen schwer in Einklang zu bringen sind. Das hat vor allem für den hauptsächlich zu Mißdeutungen Anlaß gebenden Begriff der „Fédération française" zu gelten, den die Konferenz selbst, wenngleich ausdrücklich im Bewußtsein der Möglichkeit von Mißverständnissen, als zugkräftig idealisierende Umschreibung der Gesamtheit des Empire („le bloc France — colonies") gebraucht hat[23]. Diese besondere Bedeutung des Begriffes „föderal" in der Konferenzterminologie bestätigt sich durch die Art der neu zu schaffenden Vertretungskörperschaft, welche als „ein Kolonialparlament oder besser noch eine Föderalversammlung"[24] errichtet werden sollte. Dadurch, daß ein nur aus Vertretern der Kolonien bestehendes Kolonialparlament und eine auch Vertreter des Mutterlandes umfassende Föderalversammlung zueinander in Alternative gesetzt sind, wird klar ersichtlich, daß die Bezeichnung „föderal" für den Zusammenhang von Mutterland und Kolonien als solchen steht, ohne eine Aussage über die staatsrechtliche Gestaltung dieses Zusammenhanges machen zu sollen. Auf Föderalismus im üblichen Wortsinn kann auch aus den Aufgaben dieses Organs nicht ohne weiteres geschlossen werden. Wenn es nämlich auch die „Respektierung von Leben und lokaler Freiheit eines jeden der den Block Frankreich — Kolonien bildenden Gebiete" sicherstellen soll, so ist seine Existenz doch in erster Linie als Bekräftigung und Garantie der „unantastbaren politischen Einheit des frz. Reiches" gedacht[25]. Eine Doppelbedeutung erhält das Wort „Föderation" schließlich durch den Gedanken einer regional gruppierenden Zusammenfassung mehrerer Kolonien und zwar „nicht mehr (wie bisher)[26] zu einem reinen Verwaltungsorganismus, sondern im Hinblick auf eine Zentralisierung der politischen und wirtschaftlichen Gewalten sowie auf die Beziehungen mit dem Mutterland und dem Ausland"[27]. Dabei muß aber beachtet werden, daß die zu zentralisierenden Gewalten diejenigen der Kolonien sein sollten, soweit diese auf Grund ihrer geographischen Situation und ihrer vom Mutterland abweichenden sozialen und wirtschaftlichen Verhältnisse unvermeidbar solche Funktionen besaßen. Eine Aufteilung der bei der Metropole liegenden Fülle der Kompetenzen war von der Konferenz dagegen in keiner Weise in Betracht gezogen worden.

---

[23] aaO., S. 33 f.
[24] aaO., S. 33.
[25] aaO., S. 33.
[26] Einschaltung des Verf.
[27] aaO., S. 58.

§ 2. Der Begriff der „politischen Personalität" im Verständnis der Konferenz

Ähnliche Schwierigkeiten wie die den Eindruck einer föderalen Ausrichtung erweckenden Wortprägungen setzt der Begriff der „politischen Personalität" einer Vergegenwärtigung der Vorstellungswelt der Konferenz entgegen. Die Auslegungsbedürftigkeit und Mißverständlichkeit dieser Formel hat ihre Inanspruchnahme für die verschiedenst gefärbten Bestrebungen begünstigt. Gerade diese ihre politische Praktikabilität trug in der Folge entscheidend dazu bei, der Konferenz von Brazzaville zu ihrem nahezu mythischen Ruf zu verhelfen. Abgesehen davon, daß diese folgenschwere Begriffsbildung in ihrer Einbettung in das Gesamtwerk der Konferenz und besonders auch in ihrem Zusammenhang mit dem ausdrücklich als Modell empfohlenen[28], individualevolutionistisch ausgerichteten Eboué-Zirkular gesehen werden muß, ist der Begriff der politischen Personalität auch nach der reinen Wortbedeutung nicht geeignet, für sich allein schon Vorstellungen von politischer Verselbständigung oder Selbstregierung zu nähren. Wenn die rein verwaltungsrechtliche Personalität, welche die einzelnen Kolonien seit langem besaßen, außer Ansatz bleiben soll, so ist „Personwerdung" gleichbedeutend mit der Ausbildung einer typischen, unverwechselbaren Eigenart, verbunden mit dem wachsenden Bewußtsein dieser Eigenart und dem Willen zu ihrer Behauptung. Daß es sich dabei um eine vorwiegend soziologische begriffliche Kategorie handeln muß, zeigt die Betrachtung der nachrevolutionären frz. Konzeption des Staates, welche den fortschreitenden Prozeß der Bewußtseinsbildung innerhalb der aufsteigenden gesellschaftlichen Schichten zwar durch die Gewährung weitgehender Bürger- und Menschenrechte zu kompensieren hatte, diese an die Person und ihre Stellung in der Gesellschaft gebundene Aufwertung aber andererseits mit straffstem politischem Zentralismus verbinden konnte. Unter afrikanischen gesellschaftlichen Verhältnissen kommt als weitere Komponente die starke stammesmäßige Zersplitterung hinzu, welche die nur individuell und bewußt vollziehbare Hinorientierung auf ein gemeinschaftliches Ganzes wünschenswert machte. Unter diesen Voraussetzungen hat „Personwerdung" die individuelle Emanzipation im Hinblick auf die Bürgerrechte und die bewußte Einordnung in das Staatsganze der Republik zum Gegenstand[29], nicht aber irgendwelche Formen politischer Verselbständigung oder gar der Gewinnung einer von der Republik verschiedenen internationalen Rechtspersönlichkeit.

---

[28] aaO., S. 40 ff. Wie den folgenden Ausführungen entnommen werden kann, ist diese Empfehlung von einem gegenüber Eboué veränderten ideologischen Standpunkt aus erfolgt.

[29] „Politisch" ist diese Art der Personalität im Gegensatz zum kulturellen Bereich.

Es ist deshalb auch nicht möglich, die gleichzeitig vorgeschlagene Politik der Verwaltungsdezentralisierung[30] mit Hilfe des Schlagwortes von der politischen Personalität in den Beginn einer föderal geprägten Politik umzudeuten.

Zugleich gewann Personalität als notwendiges Korrelativ zu den Bürgerrechten den Aspekt der Autochthonisierung der Verwaltung und bildete insoweit die Entsprechung zu dem für jeden einzelnen geforderten Zugang zur „responsabilité politique"[31]. Entscheidend aber blieb das Willensmoment, welches die vielberufene Formulierung

„... von der Dezentralisierung der Verwaltung zur politischen Personalität"

im Sinne der Füllung einer einseitig auferlegten und damit hohlen Form mit bewußter Identifizierung und Staatsbejahung verstehen ließ und damit in der Tat ein Kernkriterium jeder dauerhaften postkolonialen Gesamtordnung ins Auge faßte. Folgerichtig sollte die Gewährung des materiellen Gehalts dieser Personwerdung in Gestalt der politischen Rechte vom Grad der Reife der betreffenden Völkerschaft abhängig sein[32].

In diesem Lichte hat „politische Personalität" nicht das mindeste mit einer Föderalisierung der staatsrechtlichen Beziehungen zwischen Metropole und Kolonien zu tun. Sie ist zwar unerläßliche Voraussetzung einer Föderalisierung als einer *möglichen* faktischen Folge, ist aber nicht ipso iure mit ihr identisch und war vor allem von der Mehrheit der Konferenz nicht in solchem Sinne gewollt. Im Grunde, d. h. unter Einrechnung einiger restlicher Bezüge zur Assoziierungspolitik, konsequent assimilatorisch gedacht, fügte sie sich lückenlos dem der Konferenz vor Augen stehenden Menschenbild des „Africain français" und insgesamt einer Bevölkerung ein, welche

„im Sinne einer immer stärkeren Heranführung[33] an die den gemeinsamen Schatz der frz. Zivilisation bildenden Prinzipien"

zu erziehen sei. Alle Reformmaßnahmen auf den Gebieten der Erziehung, Wirtschaft und Verwaltung sollten nur die Angleichung und

---

[30] Es sollten Regionalräte aus eingeborenen Notabeln und modifiziert gewählte Repräsentativversammlungen als beratende Körperschaften eingerichtet werden, aaO., S. 34 f. Dieser Punkt berührt indes weniger eine Entflechtung der Verwaltungskompetenz als die angestrebte Heranziehung eingeborener Kräfte. Im übrigen wird nur sehr allgemein eine genaue Definierung der Zuständigkeitsverteilung verlangt, S. 34.
[31] aaO., S. 40.
[32] Eröffnungsrede/Pleven, aaO., S. 22.
[33] Im frz. Text: „assimilation".

Einordnung des einzelnen zum Ziele haben und jede Möglichkeit der Schaffung autochthoner politischer Körperschaften ausschließen. Soweit es für solche Körperschaften noch überkommene institutionelle Ansatzpunkte gab, hätten sie zwar zunächst noch im Dienste der individuellen Emanzipation fortzubestehen, sollten aber auch dann nur vorübergehender Natur sein:

„Die bodenständigen politischen Einrichtungen dürfen nicht als Selbstzweck beibehalten werden, sondern nur insoweit, als sie der sofortigen Entfaltung des kommunalen und regionalen Lebens dienlich sein können...[34]."

§ 3. Stellung der Konferenz im Gesamtrahmen der Entkolonisierung

1. Assimilatorische Grundhaltung

Die Konferenz von Brazzaville steht eindeutig außerhalb der Tradition der großen Protagonisten einer die Eigenkultur der eingeborenen Bevölkerung achtenden und bewahrenden Politik; um so mehr mußte föderales Gedankengut ihr fremd bleiben. Ihre reformerische Substanz suchte zwar, abgerechnet die nur auf Beschwichtigungen nach innen wie nach außen kalkulierten Elemente der Vorschläge, eine allgemeine Verfeinerung und größere Beweglichkeit der Verwaltungsmethoden zu erreichen. Im ideengeschichtlichen Zusammenhang jedoch erscheint die Konferenz als Kulminationspunkt jener gegen die jahrzehntelang geübte Assoziierungspolitik gerichteten, assimilatorisch bestimmten Strömungen, welche es unternahmen, die ständige Diskrepanz zwischen theoretischem Denken im Mutterland und der an der kolonialen Front praktizierten Politik[35] in ihrem Sinne zu beseitigen:

„Das erhellende Licht des französischen Genius" sei auf den Kontinent auszustrahlen, „auf daß der französische Afrikaner wirtschaftlich, geistig und sittlich Frankreich immer enger eingegliedert werde[36]."

Demgemäß bilden die „Ziele des von Frankreich in seinen Kolonien unternommenen Zivilisationswerkes", d. h. der kulturelle und wirtschaftliche Missionsgedanke, die geistige Mitte der Konferenz[37]. Der Weg

---

[34] aaO., S. 40.
[35] Vgl. *Betts*, aaO., S. 173.
[36] aaO., S. 70.
[37] Ähnl. *Gonidec*, I, S. 335: „La Conférence se situe dans la tradition. L'idée d'Empire y est fortement affirmée."

zur Erfüllung dieser Mission ist eine subtile, aber konsequente Assimilationspolitik und zu sichern ist dieses ebenso humanitär wie machtpolitisch bestimmte[38] Werk durch straffe politische Einheit mit dem Mutterland.

2. Bewertung der Konferenz

Bestechende Folgerichtigkeit und in sich ruhende Geschlossenheit sowie die Glaubhaftigkeit eines als verpflichtende Handlungsmaxime empfundenen und mit dem Charisma einer geschichtlichen Sendung umgebenen humanitären Antriebs kennzeichnen dieses Gedankengebäude. Es überhöht die bloße Zweckhaftigkeit der materiellen Ordnungsfunktion durch ethische Bezüge und ist damit eine von einer wichtigen Voraussetzung her kulturschöpferische politische Verhaltensweise. Als solche nötigt es grundsätzlich Achtung und Sympathie ab. Diese Haltung kann jedoch nicht dazu führen, die entscheidende Schwäche zu übersehen, welche in der gleichermaßen aus unrealistischer Überbetonung der Individualautonomie wie aus Nationalegoismus[39] und kultureller Hybris sich speisenden Mißachtung der geistigen Bindung des autochthonen Menschen an die ihn tragende Gesellschaft liegt. Die Politik, „Personalität" durch eine sich selbst absolut setzende und die bodenständigen kulturellen Lebensformen absorbierende Vermittlung des abendländischen Kulturerbes zu erzeugen, mußte den berechtigten Einwand herausfordern, daß gerade dadurch auch die traditionellen Gesellschaftsformen der Zerstörung anheimgegeben und damit die wirklichen Voraussetzungen und der eigentliche Wurzelboden einer rechtverstandenen Personalität beseitigt werden[40]. Das Problem der materiellen und geistigen Entwurzelung hängt ebenso mit diesem Irrtum zusammen wie andererseits eine auf diese kulturelle Herausforderung im Gegenzug folgende und fortan auch politisch manipulierte Neubesinnung der Afrikaner auf Wesen und Kultur der eigenen Völker[41]. Beide

---

[38] aaO., S. 56: Vom nationalen Standpunkt aus bestehe die Notwendigkeit einer Zusammenfassung der einzelnen Kolonien zu starken Verbänden, „welche den mächtigen fremden Kolonien in Afrika vergleichbar sind und dem Mutterland ihre wirtschaftliche und politische Kraft und Hilfe zubringen können."

[39] Eine der hauptsächlichen Komponenten des Nationalegoismus ist dabei die für Frankreich stets wichtige geistige wie politische Selbstbestätigung; vgl. Eröffnungsrede/Pleven: „... unsere Überzeugung, daß die Franzosen die Fähigkeit, den Willen und die Kraft in sich tragen, sie (die Mission Frankreichs in Afrika) zu erfüllen; die Bekräftigung unseres Willens, ... die ungeheure Verantwortung auf uns zu nehmen, welche uns angesichts der unter unserer Flagge lebenden Völkerschaften zukommt." Zit. nach *Gonidec*, I S. 334.

[40] Vgl. *Sissoko*, L'évolution et la colonisation en AOF, in: La conférence africaine française, Brazzaville 1944, S. 98 ff.

[41] Vgl. die vielfachen Bemühungen um die Definierung eines Begriffes der „négritude".

in sich konträre Erscheinungen sind aber gemeinsam Faktoren geworden bei der Entstehung jenes *Automatismus der Entkolonisierung*, welcher in der gegenseitigen Bedingung und Beschleunigung der individuellen und der kollektiven Emanzipierung gesehen werden muß. Der personale Mensch, seit langem das Grundanliegen der frz. Kolonialpolitik, war nur in einer der soziologischen und kulturellen Geschichtlichkeit der betreffenden Völker Rechnung tragenden, ihr entwachsenen und sie manifestierenden politischen Umwelt zu verwirklichen; das aber muß heißen: er war nur im autonomen Staat zu verwirklichen. Umgekehrt wurde die Entstehung dieses autonomen Staates desto unvermeidbarer, je stärker die Emanzipation des Menschen voranschritt und mit diesem Voranschreiten die bestimmenden Seinskomponenten der afrikanischen Gesellschaft erst ihr volles Gewicht erhielten. Schon im volkstumsmäßig und geistig homogeneren Bereich der europäischen Nationen wird die jeweilige Rechtsordnung als Ausdruck und Funktion der herrschenden sozialen Wirklichkeit erkannt; in weit höherem Maße wird das aber gelten müssen für die rechtliche Struktur der Beziehungen zwischen Metropole und Kolonien mit ihren fundamentalen anthropologischen, kulturellen und soziologischen Spannungselementen.

3. Künftige Alternativen

Die Konferenz von Brazzaville konnte noch nicht das Bewußtsein dieser in der Rückschau einfach erscheinenden Beziehung besitzen, welche den inneren Zerfall der Assimilationsdoktrin nach Idee wie Voraussetzungen bedeutete. Es stellte sich ihr daher noch nicht die Alternative einer Aufgabe der Emanzipations-Politik unter Beibehaltung der engen staatlichen Integration — so der belgische Weg bis 1960 — bzw. einer Politik des ‚self-government' — so der britische Weg — in der der frz. Mentalität besser entsprechenden, weil gebundeneren Form der Föderalisierung. Immerhin macht es die große Bedeutung der Konferenz von Brazzaville als der letzten Manifestierung einer zu Ende gehenden Epoche aus, daß in ihrem Scheitern schon frühzeitig und zwingend die Quintessenz dessen sichtbar wurde, was Entkolonisierung unter modernen Gegebenheiten beinhalten sollte. Bereits zwei Jahre später erzwang die sich verändernde individuelle Beziehung zwischen Kolonisierten und Kolonisateuren eine erste, wenngleich noch kaum an das Wesen der Dinge rührende und deshalb nur scheinbar föderale Anpassung auch der äußeren Strukturen. Diese Anpassung verkörperte sich in der Französischen Union.

Drittes Kapitel

Die Französische Union

Die Zeit bis zu den Verfassungsarbeiten nach Kriegsschluß reichte nicht hin, zu einer klaren Konzeption der den Kolonien einzuräumenden Stellung zu gelangen. Die bewußt oder unbewußt entkolonisatorisch wirkenden Kräfte hatten die bisher geltende Kolonialverfassung nachhaltig genug in Frage gestellt, um eine einfache Wiederaufnahme der Konzeption des Empire als des „größeren Frankreich" unmöglich zu machen. Andererseits gab es Umstände, welche die klare Sicht auf die Realitäten der kolonialen Frage und auf die einzuschlagende Richtung versperren konnten: ein auf die Bedürfnisse allein der Republik fixiertes, durch die Erfahrungen zweier Weltkriege konkretisiertes Machtdenken; eine in der gleichzeitigen Neuordnung der politischen Verhältnisse des Mutterlandes wurzelnde Interesselosigkeit gegenüber kolonialen Problemen; mangelndes Bewußtsein der den äußeren entkolonisatorischen Erscheinungen innewohnenden Gesetzmäßigkeit sowie auch eine häufige Fehleinschätzung der Ziele von Brazzaville. Die politisch-juristische Artikulierung der allseits als notwendig erkannten Reform stieß daher auf erhebliche Schwierigkeiten. Diese spiegelten zudem auch die grundsätzliche Problematik wider, welche sich aus einer juristischen Erfassung und Durchdringung von in vollem Fluß befindlichen politischen Umwälzungen ergibt — wie denn überhaupt die Entkolonisierung ein geborenes Demonstrationsobjekt der Abhängigkeit jeder Rechtsordnung von den gesellschaftlichen Verhältnissen genannt werden kann.

Insbesondere der erste Verfassungsentwurf[1] bot deshalb, soweit er die Kolonien betraf, noch ein Bild bemerkenswerter Inkonsequenz bis in die Redaktion der Texte[2]. Einzelne realistische Stellungnahmen vermochten die allgemeine Unsicherheit angesichts der gegensätzlichen Prinzipien der Assimilation und der Autonomie nicht aufzulösen und die

---

[1] JO Débats Assemblée Constituante, 19. April 1946, S. 2045. Text auch bei *Duguit-Monnier-Bonnard*, Les Constitutions et les principales lois politiques de la France depuis 1789. 1952, S. 518 ff.

[2] Vgl. *Lampué*, L'Union Française d'après la Constitution, RJPUF 1947, S. 11 ff.; *Burdeau*, II, S. 529, der die Widersprüchlichkeiten teilweise als „monumental" bezeichnet (Anm. 4). Zur Geschichte der Verfassung von 1946 vgl. im übrigen *Borella*, S. 36 ff.

Meinungsbildung kaum wirksam zu beeinflussen. Immerhin ist bemerkenswert, daß wirklich fundierte Gedankengänge, wie die von Capitant[3] oder Senghor entwickelten[4], zumeist in einen echten Föderalismus ohne abschwächende Hintergedanken[5] mündeten. Das verständliche Ergebnis dieser Situation war ein vorwiegend traditional geprägter Kompromiß, welcher die forcierte Fortsetzung der individuellen Emanzipationspolitik und eine enge staatsrechtliche Integration formal in einen ersten Versuch einbaute, föderale Strukturformen zur Lösung des Problems der Entkolonisierung zu benützen.

§ 1. Das Prinzip der Autonomie: Die Union in juristischem Sinn

1. Zwangsläufigkeit der föderalen Grundanlage

Die Durchführung dieses Versuchs, die Konstruktion der Französischen Union im engeren, juristischen Sinn, erwies sich als unumgänglich in zweifacher Hinsicht. Zum einen hatten die politischen und militärischen Vorgänge in Indochina während und nach dem Zweiten Weltkrieg besonders starke Impulse für die Forderung nach Gleichheit und Selbstbestimmung gegeben; die Ereignisse erzwangen noch während des Krieges für diese Gebiete ein Abrücken von der alten, rein kolonialen Variante[6] der Protektoratsverwaltung[7]. Andererseits war auch die Form dieser Neuordnung bereits vorgezeichnet. Die von den Protektoratsverträgen nicht angetastete, wenngleich in manchen Fällen wegen

---

[3] aaO. Sein in wichtigen Rücksichten von *Carré de Malberg* (Contribution à la Théorie générale de l'Etat, 1920) stark beeinflußtes Denken hat während seiner späteren Tätigkeit als Verfassungsexperte des Rassemblement du Peuple français die gaullistische Staatsdoktrin entscheidend mitgeformt und dadurch die Grundzüge der Verfassungsgebung von 1958 vorweggenommen. Vgl. auch *Scelle-Berlia*, La réforme constitutionnelle, 1945.

[4] *Lemaignen-Senghor-Youtevong*, La Communauté Impériale française, 1945.

[5] Auf die Unaufrichtigkeit mancher föderaler Vorschläge macht besonders *Borella*, aaO., verschiedentlich aufmerksam.

[6] *Berber*, I, S. 149 f.; *Fauchille*, Traité de DIP, Bd. I, 1, S. 264. Demgegenüber nimmt der Begriff des „protectorat colonial" bei *Scelle*, Précis I, S. 159 f., eine andere Bedeutung an, die sich an der Unterschiedlichkeit des Zivilisationsstandards orientiert: das eigentliche völkerrechtliche Protektorat über Staaten mit zurückgebliebener Entwicklung zum Unterschied vom „protectorat dit du Droit des gens" über Staaten mit gleicher Zivilisation.

[7] Vgl. die bereits zit. Deklaration des Comité Français de la Libération Nationale vom 8. 12. 1943; weiterhin die nachmals mit großen Hoffnungen verbundene Erklärung des Kolonialministers Giaccobi vom 24. 3. 1945: „Die indochinesische Föderation wird zusammen mit Frankreich und den anderen Teilen der Gemeinschaft eine Franz. Union bilden, deren äußere Interessen Frankreich vertreten wird"; JO vom 25. 3. 1945 S. 1606.

fehlenden autonomistischen Inhalts sehr formale Staatlichkeit[8] dieser im Grunde kolonial regierten Gebiete[9] schloß die assimilatorische Variante der Entkolonisierung und damit die Integration in allen ihren Schattierungen aus. Die beabsichtigte Neuordnung mußte daher föderal bestimmte Züge aufweisen und gleichzeitig dem Umstand Rechnung tragen, daß sich die Beziehungen zwischen Frankreich und den nachmaligen assoziierten Staaten nach den Protektoratsverträgen als völkerrechtlichen Akten regelten.

*2. Bedeutung der freien Willensentschließung:
Die Haltung der Protektorate*

Der letztgenannte Umstand, nämlich der Zwang zu verstärkter Rücksichtnahme auf die vertragliche Natur der Beziehungen, sollte sofort entscheidend für die Effektivität des neuen Gebildes und damit ein Prüfstein für die machtpolitische Intensität der kolonialen Beziehung der Metropole zu ihren Protektoraten werden. Es zeigte sich nämlich, daß die Protektorate nicht veranlaßt werden konnten, der Französischen Union beizutreten, solange diese auf der Basis einer einseitig auferlegten Verfassung errichtet werden sollte, also die für ein föderales Organisationsgebilde grundlegende Freiwilligkeit der Zugehörigkeit vermissen ließ, und solange sie einen hohen Grad staatlicher Integration repräsentierte[10]. Die indochinesischen Protektorate wurden erst dann

---

[8] *Pinto* spricht sie jedenfalls den indochinesischen Protektoraten überhaupt ab; sie unterständen der Verfassung der Republik und „bilden mit den Kolonien die Indochinesische Union, welche ihrerseits frz. Kolonie ist." Aspects de l'évolution gouvernementale de l'Indochine française, 1946, S. 123.

[9] Gemeint sind hier die indochinesischen Staaten Cambodge, Laos, Annam. Die nordafrikanischen Protektorate Marokko und Tunesien sind wegen abweichender geschichtlicher und soziologischer Gegebenheiten mit dem dem kolonialen Protektorat Großbritanniens weitgehend angenäherten de facto-Status der indochinesischen Staaten wenig vergleichbar, woraus sich die unterschiedliche Gestaltung auch des rechtlichen Schicksals dieser Protektorate erklärt.

[10] Vorgeschichte und verfassungsrechtlicher Kontext von Art. 61 der Verf. von 1946

    („Die Stellung der assoziierten Staaten innerhalb der Franz. Union ergibt
    sich für jeden von ihnen aus dem Vertrag, welcher ihre Beziehungen zu
    Frankreich regelt")

lassen unschwer erkennen, daß diese Vorschrift sowohl eine Zugehörigkeit der assoziierten Staaten zur Französischen Union ipso iure voraussetzte, also keine vertragliche Sanktionierung der Zugehörigkeit kannte, als auch sich in der Hauptsache auf die bisherigen Protektoratsverträge und weniger auf künftig etwa vorzunehmende Modifizierungen dieser Verträge bezog. Die ursprüngliche Verfassungsgestaltung der Union trug also durchaus konservative Züge; Interpretationsversuche mit dem Ziel einer politisch realistischeren Sinngebung konnten daran nichts ändern, zumal sie keiner einhelligen Auffassung entsprachen, vgl. Überblick bei *Coret*, Le problème de la réforme du

zu „assoziierten Staaten" im Sinne von Art. 60 der Verfassung von 1946, als es ihnen gelang, formell durch Transformation des frz. Verfassungs- in Vertragsrecht[11] und materiell durch gleichzeitige erhebliche Modifizierung des Verhältnisses der Unionspartner zueinander[12] ihre Staatlichkeit und ihren völkerrechtlichen Status erstmals zur Geltung zu bringen. Der Beitritt zur Union unter diesen Voraussetzungen war daher bereits als solcher, unabhängig von deren künftigem Funktionieren, für die betroffenen Staaten ein höchst bedeutsamer Fortschritt in entkolonisatorischem Sinn.

Weiterhin folgt daraus aber auch, daß ein Beitritt zur Französischen Union in solchen Fällen zwingend unterblieb, in denen das Protektorat seinen eigentlichen Begriffsinhalt als *völkerrechtliches* Abhängigkeitsverhältnis[13] niemals verloren hatte[14]. In diesen Fällen würde nämlich ein Übergang in den Status des assoziierten Staates nicht den erwünschten entkolonisatorischen Fortschritt bewirkt, sondern wegen der institutionellen Zementierung dieses Status[15] sogar eine Verengerung der Basis für die evolutionäre Dynamik mit sich gebracht haben[16]. Damit war der ursprüngliche Unionsgedanke, der eine Fixierung der kolonialen Situation in behauptendem Sinn versuchte, bereits von An-

---

titre VIII de la Constitution de 1946, RJPUF 1956, S. 87 ff., hier S. 106 ff. sowie die Nachweise bei *Borella*, S. 332 ff., der selbst der Gegenmeinung anzuhangen scheint, und bei *Rousseau*, aaO., S. 146 f. Insbesondere *Lampué*, aaO., nahm eine außerordentlich „verfassungsfromme" Position ein; nach ihm hätten die fraglichen Staaten allein kraft ihrer Eigenschaft als Bestandteil des Empire notwendig die Mitgliedschaft in der Französischen Union als der Nachfolgeorganisation des Empire erworben, S. 26 f.; das Willensmoment erscheint bei ihm, ebenso wie klarer noch bei *Burdeau*, II, S. 534, erst hinsichtlich der aktiven Teilnahme an der Bildung der Unionsorgane.

[11] Französisch-vietnamesischer Vertrag vom 8. März 1949; französisch-laotische Generalkonvention vom 19. Juli 1949; französisch-cambodganischer Vertrag vom 8. November 1949. Sämtlich von Frankreich ratifiziert durch Gesetz vom 2. Februar 1950; JO vom 2. 2. 1950, S. 1192.

[12] Vgl. insbesondere die Abschnitte „2. — Question diplomatique" und „4. — Souveraineté interne" des französisch-vietnamesischen Vertrags. Abgedruckt bei *Colliard*, Droit International et Histoire Diplomatique, 2. Aufl., 1950, S. 247 ff.

[13] Vgl. *Berber*, I, S. 149; *Rousseau*, aaO., S. 140 f.

[14] Zumal, wenn die Internationalität des Status durch mehrseitige Abkommen wie die Akte von Algeciras von 1906 gesichert war.

[15] Die Evolutionsklausel des Art. 75 der Verfassung besaß für assoziierte Staaten nur geringe Attraktivität, weil deren Status nach dieser Bestimmung nur in Richtung auf die anderen Abhängigkeits-Kategorien verändert werden konnte.

[16] Marokko und Tunesien haben aus diesem Grunde der Französischen Union niemals angehört — allerdings auch deshalb nicht, weil metropolitane Einflüsse und die Rücksichtnahme auf metropolitane Siedlergruppen die frz. Haltung gegenüber diesen Staaten so stark beeinflußten, daß sich zu keiner Zeit eine eindeutige politische Konzeption entwickeln konnte.

beginn in entscheidenden Rücksichten gescheitert. Für eine Gruppe der zur Mitgliedschaft berufenen Staaten war die entkolonisatorische Substanz der Union von vornherein nicht ausreichend; für eine andere Gruppe war sie es nur in der Form eines in langwierigem Prozeß geschaffenen, die Verfassung vielfach modifizierenden und jederzeit der Revision zugänglichen bilateralen Vertragsrechts. In der von der Verfassung von 1946 vorgezeichneten Form ist die Französische Union niemals ins Leben getreten.

§ 2. Der föderale Gehalt der Union

1. Die Präambel als Magna Charta der französischen Entkolonisierung

Maßgebend für das endgültige Schicksal der Französischen Union auch in vertraglicher Form sollte jedoch, neben dem für Frankreich negativen Ausgang des ersten indochinesischen Krieges, die mangelnde Erfüllung des ansatzweise vorhandenen föderalen Rahmens mit materiellem Gehalt sein[17]. Der überaus enge logische Zusammenhang von Entkolonisierung, Gleichheitsstreben und Föderalismus fand zwar einen beachtenswert klaren Ausdruck in der Präambel der Verfassung von 1946[18]. In ihr ist die Rede von einer „auf Gleichheit in Rechten und Pflichten begründeten Union, ohne Unterscheidung nach Rasse und Religion". Auch hob die Präambel dadurch, daß sie „Völker" und „Nationen" als Glieder der zu schaffenden Union nannte, in deutlicher Abkehr von der Assimilationsdoktrin das Problem der Entkolonisierung erstmals auf die ihm vorbestimmte Ebene der Gruppenbeziehung. Die ideellen und die praktischen Voraussetzungen für die Entstehung föderaler Gedankengänge waren damit geschaffen.

Diese den inneren Gesetzen des Entkolonisierungsvorganges Rechnung tragende und daher als realistisch zu bewertende Haltung[19] der Präambel ermangelte jedoch als bloßer Programmsatz, als „Leitbild für die Zukunft"[20] der juristischen Durchschlagskraft. Überdies durften die

---

[17] *Grenier* spricht von „pseudo-fédéralisme" (S. 179 aaO.) und „caractère velléitaire" des frz. Föderalismus (aaO., S. 202).

[18] JO vom 28. Oktober 1946 S. 9166 ff.; Text auch in *Duguit-Monnier*, Constitutions S. 554 ff.

[19] Sie ist erklärbar aus der Entstehungsgeschichte der Präambel. Deren einschlägige Teile stammten aus dem Entwurf einer „Verfassung der franz. Union", vorgelegt von einer Arbeitsgruppe der naturgemäß überwiegend progressistisch eingestellten überseeischen Abgeordneten im Zuge der Verfassungsarbeiten der zweiten Verfassunggebenden Versammlung; abgedruckt bei *Borella*, aaO., S. 44 Anm. 54.

[20] *Lampué*, Nature juridique de l'Union française, RJPUF 1953, S. 5.

genannten Formulierungen nur im Rahmen des hergebrachten machtpolitischen und kulturmissionarischen Denkens des Mutterlandes verstanden werden[21]. So berief sich die Präambel im nämlichen Atemzug auf die „geschichtliche Sendung" Frankreichs; so wurden gemeinsam „Anstrengungen zur gegenseitigen Entwicklung ihrer Zivilisation... und zur Gewährleistung ihrer Sicherheit" gefordert. Die Formel

> „... beabsichtigt Frankreich, die Völker, für welche es die Verantwortung übernommen hat, zur Freiheit der Selbstverwaltung und der demokratischen Ordnung ihrer eigenen Angelegenheiten zu führen..."

war bereits in sich ideologisch bedingt und gewährte beliebigen Spielraum für die Bestimmung von Voraussetzungen und Zeitpunkt einer Verwirklichung dieser Absicht.

2. Die Regelung der Mitbestimmung in den Organen der Union

Alle diese Vorbehalte können sicher nicht daran hindern, die Präambel der Verfassung von 1946 als eine für die damaligen Verhältnisse fortschrittliche Magna Charta einer künftig zu entwickelnden Entkolonisierungspolitik zu betrachten. Die Wirklichkeit der Französischen Union war jedoch von erheblich anderer Art. Zwar umfaßte das äußere, verfassungsmäßige Erscheinungsbild eigene Organe der Union und damit die notwendige organisatorische Voraussetzung jeglicher Mitwirkung der Gliedstaaten an der politischen Willensbildung[22]. Diese Organe waren jedoch nach den Merkmalen ihrer Struktur[23] und ihrer Funktionen weitgehend durch frz. Einfluß neutralisiert. Artikel 65 Abs. II der Verfassung erklärte den *Hohen Rat* zum Hilfsorgan der Regierung der Republik; diese Regierung aber ist es, welcher die „allgemeine Führung der Unionsangelegenheiten"[24] sowie die gesamte Verteidigungspolitik der Union[25] mit ihren einschneidenden Auswir-

---

[21] Nationalistisch eingestellte Autoren sahen die Französische Union vielfach im Licht einer möglichen Steigerung von Ansehen und Macht der Metropole; so auch an sich unvoreingenommene Autoren wie *Grenier*, aaO., S. 122.

[22] Art. 63: Präsident, Hoher Rat und Versammlung der Französischen Union.

[23] Das Amt des Präsidenten wurde in Personalunion vom Präsidenten der Republik ausgeübt, Art. 64. Im Hohen Rat und in der Versammlung waren die assoziierten Staaten nur fakultativ vertreten, Art. 65 und 68; der rechtliche Bestand dieser Organe war also allein an die Vertretung von Gebietsteilen der Republik gebunden.

[24] Art. 65 Abs. 2.

[25] Art. 62 Satz 2.

kungen auf die interne Rechtsordnung der einzelnen Staaten übertragen war. Die Regierung der Republik wurde dadurch zum wichtigsten Organ der Union. Der „Charakter als zwischenstaatliches Organ"[26] hat also den Hohen Rat nicht vor völliger Ohnmacht im entscheidenden Punkt der Teilnahme an der Regierungsgewalt bewahren können[27]; in einer nur „assistierenden" Rolle kann diese Teilnahme, auch unter Berücksichtigung der hier eingenommenen Haltung zum Problem der Gleichheit[28], nicht gesehen werden. Schon die bloße Existenz äußerer Formen kann für eine Lösung des Problems der Mitwirkung nicht genügen, weil sie nur institutioneller Rahmen sind und keine eigene sachbezogene Werthaftigkeit besitzen. Föderale Verfassungsfiguren sind vielmehr stets auf ihre Ausfüllung durch die politische Realität hin angelegt, wenn anders das „Gesetz der Mitwirkung" nicht seiner materiellen Bedeutung beraubt und damit der Bestand der Gesamtstruktur gefährdet sein soll.

Die französisch-indochinesischen Verträge von 1949 brachten in dieser Beziehung nur geringfügige, das Prinzip nicht berührende Änderungen[29]. Eine Abkehr von diesem Prinzip in Gestalt des Erfordernisses einer Billigung der allgemeinen Unionspolitik durch den Hohen Rat und damit ein echtes föderales Element enthielten erst die Verträge von 1953 und 1954[30]; im Augenblick dieser Neuregelung war jedoch das Problem der Mitwirkung infolge der politischen Entwicklung seinem ursprünglichen Zusammenhang mit dem Prozeß der Entkolonisierung bereits entwachsen. Folgerichtig konnte der Hohe Rat als eine der Grundkonzeption nach entkolonisatorische Einrichtung fortan keine innere Seinsberechtigung mehr besitzen; er ist auch mit den neuen, ihm von den Verträgen beigelegten Kompetenzen nicht mehr zusammengetreten. Mit seinem Verschwinden ging auch der Präsident der Union, dessen geringe Befugnisse juristisch hauptsächlich in der Stellung als

---

[26] *Rolland-Lampué*, Droit d'outre-mer, 1959, S. 120; repräsentativ für die weit überwiegende Anschauung.

[27] Der von *Lampué*, L'Union S. 35 gezogene Vergleich mit der britischen Reichskonferenz geht nicht nur bezüglich der rechtlichen Grundlagen fehl, sondern gerade auch bezüglich der faktischen politischen Bedeutung.

[28] Vgl. Teil I, 3. Kap., § 5 Ziff. 1.

[29] Vgl. Abschnitt 2 des frz.-vietnamesischen Vertrages vom 8. 3. 1949: „Die Außenpolitik der Französischen Union ... wird unter der Leitung und der Verantwortlichkeit der Regierung der Republik im Hohen Rat der Union beraten und koordiniert ...". Ähnlich Art. 16 des frz.-cambodganischen Vertrags vom 8. 11. 1949. Texte siehe *Colliard*, aaO., S. 248 bzw. 265.

[30] Aus diesem Vertragswerk hat nur noch der — nicht ratifizierte — frz.-laotische Freundschafts- und Assoziationsvertrag vom 22. 10. 1953 eine gewisse rechtliche Bedeutsamkeit erlangt; Text in *Notes et Etudes documentaires* Nr. 1811 vom 5. 12. 1953.

Präsident des Hohen Rates[31] ihren Ausdruck fanden, des Großteils seiner Einflußmöglichkeiten[32] verlustig.

Ähnlich wie für den Hohen Rat ist das Problem der Mitwirkung für die *Unionsversammlung* zu beurteilen — allerdings mit einem bedeutsamen Unterschied. Die Versammlung war von Anfang an auf den Dualismus Metropole — überseeische Gebietskörperschaften aufgebaut[33] ohne Rücksicht auf den Status, welchen die vertretenen Gebiete im einzelnen innehatten; sie spiegelte daher schon in ihrer äußeren Erscheinungsform die Grundkonstellation der Entkolonisierung wider. Mit innerer Zwangsläufigkeit entsprach dieser Erscheinungsform eine Doppelrolle mit Zuständigkeiten sowohl für den Bereich der Union wie für die überseeischen Gebiete der Republik. Daß das Schwergewicht der rein konsultativen Befugnisse der Unionsversammlung sich eindeutig den überseeischen Gebieten der Republik zuordnete — insoweit war die Konsultation weitgehend obligatorisch[34] und unterlag keiner sachlichen Begrenzung —, läßt als innere Idee dieses Organes das in der französischen Kolonialgeschichte wiederholt[35] geübte System einer Spezialversammlung als Beratungskörperschaft der Übersee-Exekutive hervortreten. Es handelte sich also um eine Institution, welche wesensmäßig der juristischen Ordnung der Republik integriert war; der zwischenstaatliche Aspekt als Zentralorgan der Union blieb demgegenüber von geringer Bedeutung[36] und hat sich nach Erlangung der Unabhängigkeit durch die indochinesischen Staaten nahezu vollständig verloren.

3. Wandlung der Unions-Konzeption

Insbesondere diese anlagebedingte Komplexität der Rolle der Unionsversammlung, verbunden mit der praktischen Begrenzung ihrer Entfaltung auf den juristischen Rahmen der Republik, ist dafür verantwortlich, daß eine sich des gebräuchlichen föderalen Typenschemas be-

---

[31] Art. 65, Abs. 1.
[32] Vgl. *Rolland-Lampué*, aaO., S. 120: „Magistrature d'influence".
[33] Art. 66 Abs. 1.
[34] Insbesondere hinsichtlich der für diese Gebiete nach wie vor entscheidenden Verordnungsgewalt der Regierung („régime des décrets"), Art. 74, 75 für Gesetze; Art. 72 Abs. 2, 3 für Dekrete.
[35] *Rolland-Lampué*, aaO., S. 111 ff., besonders 113 f.
[36] Die Einschränkung der Konsultativtätigkeit der Versammlung auf die Territorien war auch nach *Burdeau* II, S. 537 „ein ernsthaftes Hindernis für eine wirkliche föderale Ausrichtung der Union". Es ist B. jedoch entgangen, daß dieses Argument an Nachdruck noch gewänne, wenn die Territorien eben nicht — wie an der zit. Stelle — als eine „Kategorie der konstituierenden Elemente der Union" bezeichnet, sondern in ihrer wahren Natur als Bestandteile allein der Republik dargestellt würden.

dienende präzise Definierung der juristischen Natur der Französischen Union nicht gelingen kann[37]. Angesichts des Fortbestandes einer selbständigen internationalen Rechtspersönlichkeit der Unionsmitglieder[38] ist lediglich die allgemeine Qualifizierung der Union als völkerrechtliche Bindung[39] unproblematisch. Weiterhin war es auf diese Stellung der Versammlung zurückzuführen, daß das allgemeine Erscheinungsbild der Französischen Union trotz des Vorhandenseins eigener Organe eine allzu enge Verbindung mit der Republik und einen allzu geringen Spielraum für eine echte Mitwirkung der Partner an der Willensbildung der Zentralgewalt aufwies[40]. Nicht zu Unrecht also hat sich eine verbreitete Vorstellung von der Union weniger an den verfassungstechnischen Gesichtspunkten ihrer Konstruktion, als an der umfassenderen Konzeption der Präambel orientiert[41]. Das damit zusammenhängende Gefühl, der politische und wirtschaftliche Schwerpunkt der entkolonisatorischen Entwicklung in der Union liege ohnehin bereits bei den überseeischen Gebieten der Republik, ist spätestens seit dem Ausscheiden der indochinesischen assoziierten Staaten politische Wirklichkeit geworden. Das gesamte Problem der Entkolonisierung mündet damit in die Entwicklung der überseeischen Gebiete der Republik ein.

---

[37] Ebenso *Lampué*, Nature juridique de l'Union Française, RJPUF 1953, S. 12 ff. zumindest dem Grundsatz nach, wenn er auch „une certaine orientation confédérative" (S. 18) feststellt. *Berber* I, S. 141 erkennt der Union dagegen keine staatenbündische Natur zu, und zwar gerade wegen der abhängigen Situation der Unionspartner Frankreichs. Verf. sieht durch diese Stimmen die These bekräftigt, wonach der Entkolonisierungsprozeß kraft seines Wesens juristische Konstruktionen sui generis hervorbringen mußte, welche nicht in das traditionelle Klassifikationsgefüge eingeordnet werden können.

[38] *Berber* I, S. 154 verneint diese Eigenschaft allerdings nicht nur für die *Territorien* der Republik in Indochina, sondern scheint sie auch für Cambodge und den größten Teil von Laos in Frage stellen zu wollen. Auch *Fauchille* I, 1 S. 276 spricht, mit Bezug auf Cambodge, von „verschleierter Annexion".

[39] *Lampué*, Nature juridique... S. 7 ff. Seiner Meinung, daß sich bereits aus dem völkerrechtlichen Charakter der Begründung der besonderen Beziehungen der übrigen Unionsmitglieder zu Frankreich unmittelbar der völkerrechtliche Charakter auch der Französischen Union ableiten lasse, kann jedoch nicht beigetreten werden. Abgesehen davon, daß die Struktur zwischenstaatlicher Beziehungen jederzeit abänderbar ist, kann es für die Qualifizierung dieser Beziehungen „nur auf die rechtliche Natur der Verbindung, nicht auf den Rechtsgrund ihrer Entstehung" ankommen (*Berber* I, S. 139). Die Tatsache, daß die Französische Union nicht schon mit Inkrafttreten der Verfassung von 1946, sondern praktisch erst mit Abschluß der indochinesischen Assoziierungsverträge ins Leben trat, muß daher aus dem Zusammenhang mit dem Rechtscharakter der Union herausgenommen und als ein Problem der Effektivität behandelt werden.

[40] Manche Autoren gehen deshalb soweit, von einer Identität der Union mit der Republik zu sprechen, und zwar gerade auch für den in diesem Zusammenhang besonders interessierenden Zeitraum von 1949 bis 1953. Vgl. *Colliard*, Fédéralisme colonial et Union française, in: Scelle-Festschrift II S. 653 ff.

[41] *Lampué*, Nature S. 6.

§ 3. Integration und Repräsentation: Die Union
im weiteren Sinn

Ein anderer Bestandteil des 1946 erzielten Kompromisses war die gegenüber den überseeischen Gebieten der Republik verfolgte Politik. Als charakteristisch für diese Politik wurde bereits eine integrationistische Verbindung mit dem Mutterland und eine Beschleunigung der persönlichen Emanzipation festgestellt.

1. Staatsrechtliche Integration der Territorien

Der Masse der Kolonien — mit Ausnahme der in „Überseedepartements"[42] umgewandelten[43] sog. „alten" Kolonien[44] — verlieh die Verfassung von 1946 den neugeschaffenen Status von „Überseeterritorien"[45]. Sie besaßen, ebenso wie die „Territoriengruppen", in welche sie in bewußter Anlehnung an die Empfehlungen von Brazzaville wieder teilweise zusammengefaßt wurden[46], keine eigene politische Personalität, sondern waren als staatsrechtliche Verwaltungsbezirke[47] Bestandteile der „einen und unteilbaren Republik"[48]. Gleichwohl genossen die Territorien eine gewisse administrative Selbständigkeit, vor allem auf haushaltsrechtlichem Gebiet; sie besaßen eigene Territorialversammlungen[49] mit einem umfangreichen Katalog meist beratender Befugnisse, nicht jedoch eigene Exekutivorgane. Die vorherrschenden Prinzipien der Verwaltungsorganisation waren also diejenigen der Dekonzentration und Dezentralisation; sie gingen jedoch nicht so weit, daß die Einheitlichkeit der Zentralgewalt und damit die prinzipielle Integration in die Republik ernsthaft hätte in Frage gestellt sein können.

Nun eröffnete zwar Art. 75 der Verfassung die Möglichkeit zu *Statusveränderungen*. Daraus, daß diese Bestimmung auch Mitglieder der

---

[42] Art. 73 Verfassung.
[43] Gesetz vom 19. 3. 1946.
[44] Vgl. oben 1. Abschnitt Anm. 1. Diese Gebiete bildeten zusammen mit anderen den Rest des vorrevolutionären Kolonialbesitzes; ihre völlige Assimilierung schien auf Grund der soziologischen und kulturellen Entwicklung möglich zu sein.
[45] Art. 74 ff. Die in Art. 74 Abs. 2 vorgesehenen Gesetze über Rechtsstellung und innere Organisation der Territorien sind niemals erlassen worden.
[46] Afrique Equatoriale Française (AEF) bzw. Afrique Occidentale Française (AOF).
[47] So *Lampué*, L'Union Française ... S. 21.
[48] Art. 1 und 60. Das revolutionäre Prinzip der „République une et indivisible" der Verfassung von 1793 mußte in diesem Zusammenhang zu neuer Bedeutung gelangen.
[49] Art. 77 Abs. 1 Verfassung in Verb. mit dem Gesetz vom 7. Oktober 1946 und den Dekreten vom 25. Oktober 1946.

Französischen Union als mögliche Subjekte von Statusveränderungen bezeichnete, könnte geschlossen werden, daß Art. 75 für die Überseeterritorien einen Weg aufzeigte, der unter Umständen auch aus der Republik hätte herausführen können. Unleugbar hätte die Evolutionsklausel des Art. 75 mit diesem Sinn für die Territorien einen beachtlichen Faktor der Entkolonisierung dargestellt. Die Intentionen der Verfassungsgeber hatten der Evolutionsklausel aber mitnichten diesen Sinn beigelegt. Die Nennung auch der Mitglieder der Union verfolgte vielmehr das Ziel, zumindest den einen oder anderen der betreffenden Staaten für eine Integrierung in die Republik zu gewinnen. Außerdem mußte sich die materielle Situation der Territorien im Jahre 1946 noch als eine solche darstellen, die erst in Einzelfällen den Aufbau eines modernen Staates gestattete. Einen Weg zur politischen Personalität sollte Art. 75 den Territorien also nicht eröffnen[50]; die einzige Möglichkeit bestand im Überwechseln zum Status eines Überseedepartements. Darüber hinaus lag das Verfahren fest in der Hand des Parlaments; Territorialversammlung und Unionsversammlung hatten jeweils nur beratende Funktion.

Bereits die völlig neutrale Feststellung, die Existenz des Art. 75 habe dem Status des Übersee-Territoriums die Bedeutung einer Art von „Wartestand" gegeben[51], muß unter diesen Umständen als übertrieben anmuten. Der zweifellos vorhandene Übergangscharakter dieses Status ging vielmehr auf die Grundsituation der Entkolonisierung selbst zurück, welche in Art. 75 nur einen vordergründigen und unvollkommenen Ausdruck gefunden hat[52].

2. Die Repräsentationsfrage

Dem Prinzip enger staatlicher Integration entsprach die Ausweitung der Vertretung in beiden Kammern des Parlaments auf alle Territorien[53]. Gleichwohl ging damit nur selten die automatische Anwendung

---

[50] A. A. *Lampué*, L'Union Française... S. 25.

[51] *Rolland-Lampué*, aaO., S. 62: „Le statut de territoire d'outre-mer apparaît, de cette manière, comme une situation d'attente."

[52] Die Umwandlung des Status von Cochinchine ist der einzige Fall einer Anwendung des Art. 75; Gesetz vom 4. 6. 1949. Da gleichzeitig die Vereinigung des Gebietes mit dem damaligen assoziierten Staat Vietnam vollzogen wurde, kann der Vorgang in keinem Sinne für die Interpretation der Verfassung herangezogen werden.

[53] Art. 79 der Verfassung und Gesetze vom 5. Juli und 27. Oktober 1946. Die ehemaligen Kolonien hatten auf genereller Basis bereits in die Provisorische Beratende Versammlung von 1944 in Algier sowie in beide Verfassunggeben-

aller Gesetze des Mutterlandes auf die Territorien einher; die verschieden geartete Wirtschafts- und Sozialstruktur von Metropole und Territorien erzwang vielmehr wie bisher die Spezialität der Überseegesetzgebung[54].

Die Vertretung im Parlament muß trotz ihrer zahlenmäßigen Begrenzung als sichtbarer Ausdruck einer nunmehr bestehenden Teilhabe an der Willensbildung der Gesamtgemeinschaft an sich positiv gewertet werden. Allerdings bezog sich diese Teilhabe nicht auf die Territorien selbst als auf politisch willens- und rechtsfähige Körperschaften; das Vertretungsverhältnis basierte allein auf dem Wahlvolk, war also ein Element der Integration und trug als solches zur Vollendung der Assimilation bei. Andererseits brachte die Vertretung durch das Entstehen eines beachtlichen überseeischen Einflusses im wichtigsten Organ der Metropole eines der schwerwiegendsten Probleme der integrationistischen Entkolonisierungsvariante zur Entstehung; vor allem an der Vertretung der Territorien im Parlament sollte sich nämlich das verbreitete Schlagwort von der „Kolonisierung Frankreichs durch seine Kolonien"[55] entzünden. Es ist daher sowohl in theoretisch-systemamatischer wie in politischer Hinsicht nur folgerichtig, daß die entkolonisatorische Entwicklung sich fortan im Repräsentationsproblem konkretisierte. Sichtbaren Ausdruck fand diese Akzentuierung auch in diversen Revisionsprojekten, welche sich vornehmlich mit der Rolle der Unionsversammlung befaßten[56]. Die Konfrontation egalitärer Bestrebungen im kolonialen Raum mit dem Vorbehalt eigenster Interessen der Metropole innerhalb ein und desselben Organes mußte einen Konflikt zur Folge haben, der für den Zusammenhalt des Staates entschei-

---

den Versammlungen der Jahre 1945 und 1946 Deputierte entsandt. Bis 1940 stand dieses Recht nur solchen Afrikanern zu, welche individuell oder kollektiv (z. B. als Bewohner der vier „alten" Kolonien oder der vier senegalesischen Städte mit voller Selbstverwaltung) das frz. Personalstatut erworben hatten, außerdem den Einwohnern der indischen Besitzungen.

[54] Art. 72 der Verfassung. Modalitäten der Spezialität sind die gezielte Gesetzgebung durch das Parlament, die Ausdehnung mutterländischer Gesetze auf die Territorien und durch Dekret des Präsidenten der Republik erlassene „besondere Bestimmungen". Vgl. dazu *Burdeau* II S. 537 f. und oben Teil I, Kap. 2, Anm. 27.

[55] Diese Formulierung wird Edouard Herriot zugeschrieben; es dürfte sich überwiegend um eine politische Zweckformulierung kolonial-konservativer Kreise handeln. Paul *Mus* wies die Gefahr der „négrification" des frz. politischen Lebens jedenfalls entschieden zurück, aaO., S. 243, und sah in einem Aufgehen der Metropole in der Union — auch M. gebrauchte den Begriff hier in weiterem Sinn — sogar die „force constructive du système", S. 241. Er verfocht jedoch wegen des grundsätzlichen Versagens der Assimilationspolitik eine organische, „konstruktive" Entkolonisierung (S. 221 f.), abseits jedes pseudo-egalitären, der Empirie verschlossenen Denkens: „Ce genre de mutation échappe à l'analyse cartésienne...".

[56] *Coret*, aaO., S. 91 ff.

dend sein konnte. Demgegenüber hätte eine Stagnation der Entkolonisierung ohne die Einräumung eines größeren Anteils an der Gesamtwillensbildung mit Sicherheit ebenfalls zur Sezession der Territorien geführt. Der Ausweg aus dem Dilemma konnte nur in der abgrenzenden Unterscheidung der nationalen von den lokalen Interessen und dementsprechend in der institutionellen Entflechtung von Gesamt- und Selbstverwaltung bestehen. Damit bot sich zwangsläufig ein föderal strukturierter Staatsaufbau als der dem Entkolonisierungsprozeß gemäße institutionelle Rahmen an. Die Versuche zur Lösung des Repräsentationsproblems sollten künftig das jeweils erreichte Stadium der Entkolonisierung und die sich verstärkende Orientierung an föderalen Strukturen widerspiegeln.

3. Von individueller Emanzipation zum kollektiven Antagonismus

Neben der Vertretung im Parlament war die Ausweitung französischer Bürgerrechte auf sämtliche Staatsangehörigen in den überseeischen Gebieten[57] die weitere grundlegende Konsequenz einer zwar für ihr Endstadium möglicherweise egalitär geplanten, jedoch ausschließlich im Sinne individueller Emanzipation verstandenen Entkolonisierung. Auch auf diesem Gebiet wurden jedoch die Grenzen der integrationistischen Konzeption sehr rasch sichtbar. Die Beschränkung dieser Maßnahme auf den öffentlich-rechtlichen Bereich — durch die notwendige Beibehaltung des örtlichen Personalstatuts — sowie einige weitere Abschwächungen in den Ausführungsgesetzen hatten eine Abwertung als „Bürgerrecht zweiten Ranges"[58] zur Folge. Insbesondere die nur sehr zögernde Ausweitung des Wahlrechts sowie die generelle Beibehaltung eines doppelten Wahlkörpers hat die anfänglich sehr deutliche egalitäre Tendenz stark in den Hintergrund treten lassen. Solche Einschränkungen resultierten zugleich in einer stärkeren psychologischen und politischen Konsolidierung der jeweils mutterländischen und autochthonen Bevölkerungsteile und damit in deren bewußtem Hineinwachsen in die faktisch seit Anbeginn vorhandene soziologisch-politische Gegensätzlichkeit. Gerade dadurch aber stellte sich die entscheidende Weiche zur Verlagerung des Problems der Entkolonisierung auf die Ebene der *Bevölkerungskollektive* und der in föderale Strukturen sich übersetzenden Autonomiepolitik.

---

[57] Gesetz vom 7. Mai 1946, sog. „loi Lamine Gueye"; bestätigt durch Art. 80 der Verfassung. Die Neuerung der Regelung bestand in der nunmehrigen Vereinbarkeit der Ausübung der frz. politischen Bürgerrechte mit der Beibehaltung des jeweiligen örtlichen Personalstatus.

[58] *Grenier*, aaO., S. 182 f.

§ 4. Gesamtbild: Die Union als Instrument der Entkolonisierung

Insgesamt bietet die Französische Union trotz einem äußerlich einheitlichen, durch klare formale Logik sich auszeichnenden organisatorischen Fundament doch ein recht heterogenes Bild. In den Prinzipien einer in den überseeischen Territorien und Departements maßvoll geübten Assimilation und einer dem zunehmenden Selbständigkeitstrend der assoziierten Staaten und der Protektorate nicht ausreichend angepaßten Autonomiepolitik verband sie Elemente, welche ihrem Wesen nach nicht vereinbar sind. Die Französische Union, von ihren Schöpfern als den kolonialen Besitzstand konservierende Dauerlösung gedacht, trug daher von Anfang an den Keim des Verfalls in sich. Die Lösung mußte notwendig in einer Verselbständigung der organisatorisch höchstentwickelten Unionsgebiete liegen, deren Gleichheitsverlangen und deren Sonderproblemen die Union nicht in ausreichendem Maße gerecht werden konnte, weil sie auf den in den Territorien vorhandenen niedrigeren Grad der sozialen und politischen Entfaltung zugeschnitten war. Damit beschränkte sich der Vorgang der Entkolonisierung auf die verbleibenden, minder hoch entwickelten Gebiete.

Trotz der Zwangsläufigkeit des Scheiterns ist der Nutzen der Französischen Union für die Entkolonisierung selbst und für die Erkenntnis ihrer Entwicklungsgesetze unverkennbar. Die Union konnte keinen absolut zu nehmenden Eigenwert besitzen, sondern war nur ein Instrument der Entkolonisierung — und nur im Hinblick auf die Erfüllung dieser ihrer einzigen Funktion können Fehler und Vorzüge gegeneinander abgewogen werden. So betrachtet, wird die Union zu einem ersten Versuch, dem Erwachen des politischen Bewußtseins in den Kolonien, das ansonsten möglicherweise einen ungezähmten und gefährlich richtungslosen Verlauf genommen hätte, einen konstitutionellen Rahmen zu geben und es damit in geordnete Bahnen zu fassen. Ihre gewöhnlich beschworene Farb- und Bedeutungslosigkeit weicht in dieser Optik dem Bild eines notwendigen funktionellen Bindegliedes zwischen der Kolonie der Dritten Republik und der organischen Fortsetzung und logischen Erfüllung in der Nachfolgeorganisation und schließlich in staatlicher Unabhängigkeit.

Abgesehen von diesen politischen Vorteilen ihrer Existenz, hat die Französische Union, für französische Verhältnisse erstmals, eine nach ihrem Gesamtcharakter annähernd föderale Formel in den Dienst der Entkolonisierung gestellt und dadurch eine besonders problematische Variante der Beziehungen zwischen sozialen Entwicklungsabläufen und der Struktur von Staatenverbindungen sichtbar gemacht. Durch den Wegfall des die Union beherrschenden Dualismus von höherem und minder hohem Stand der politischen Personalisierung bereits auf seiten der abhängigen Gebiete — hier abgesehen vom Status des Mutterlandes, dessen politische Hochentwicklung zum Wesen der Entkolonisierungssituation gehört — wurde diese Beziehungsvariante nun auch inhaltlich an ein starkes homogenes Element gebunden, an einen einheitlichen, klar umrissenen politischen Entwicklungsstand der sich emanzipierenden Gebiete. Das bereits aus dem Wesen des Föderalismus voraussetzbare, für die Herausbildung föderaler Organisationsformen bestehende Erfordernis gesellschaftlicher Homogenität[59] sieht sich hierin durch handgreifliche Folgerungen erhärtet. Erst in der Beschränkung der Entkolonisierung auf die wirtschaftlich, sozial und kulturell vergleichbar strukturierten überseeischen Territorien konnten einerseits die Möglichkeiten des Föderalismus zum Tragen kommen[60] und konnten andererseits die Mutationen, denen er unter solchen Bedingungen unterliegen mußte, klarer in Erscheinung treten.

---

[59] Siehe oben Teil I, Kap. 4.
[60] Vgl. *Burdeau*, II, S. 540: „En émancipant les éléments de l'Union la constitution crée l'atmosphère indispensable pour qu'apparaissent les conditions sociales et politiques préalables à l'établissement du fédéralisme."

Viertes Kapitel

Die Reformen von 1956 und 1957

§ 1. Entwicklung des politischen Denkens bis 1956

Die Erkenntnis der Unzulänglichkeit des Titels VIII der Verfassung in seiner Beziehung zu den politischen Grundströmungen führte zu einer Fülle von Reformvorschlägen. Sie sind hier insofern beachtenswert, als sie sowohl hinsichtlich der Französischen Union wie auch hinsichtlich einer Neuordnung der Republik sich nahezu ausnahmslos an föderalen Modellen orientierten. Dabei ist zunächst die Neigung erkennbar, das Ziel einer stärkeren Beteiligung der überseeischen Gebiete an Willensbildung und Machtausübung vorwiegend in Anlehnung an die bestehende, lediglich durch Um- und Ausbau zu modernisierende Organisation zu verwirklichen[1]. Erst allmählich erzwang der Druck der politischen Entwicklung ein noch zögerndes Voranschreiten zu grundlegend neuen Konzeptionen. Demgemäß umfaßt die Skala der vorgeschlagenen Maßnahmen alle denkbaren Reformvarianten: die Umformung und Aufwertung einzelner Organe der Union, insbesondere der Unionsversammlung[2]; eine Gesamtrevision des Titels VIII der Verfassung mit dem Ziel der Funktionsfähigkeit der Union als einer „umfassenden und festgefügten politischen und wirtschaftlichen Gemeinschaft von föderaler Erscheinungsform"[3]; schließlich auch die vollständige Ersetzung

---

[1] Vgl. Resolutionsentwurf der interfraktionellen Gruppe „Indépendants d'Outre-Mer" vom 23. 2. 1955, eingebracht vom Abgeord. Fourcade, ANDoc. Nr. 10.199, 2. Leg.: „Die Verfassung der Französischen Union muß nicht revidiert, sondern verwirklicht werden."

[2] Vorlage Rosenfeld, resumiert bei *Coret*, aaO., S. 87 ff. — Resolutionsentwurf Coste-Floret vom 1. 12. 1950, ANDoc. Nr. 11.480 1. Leg. — Resolutionsentwurf Fourcade vom 23. 2. 1955, vgl. Anm. 1.

[3] Resolutionsentwurf Dronne vom 10. 7. 1953, ANDoc. Nr. 6.506 2. Leg. In diesem Entwurf haben sich auch damalige gaullistische Vorstellungen über die Lösung des Übersee-Problems niedergeschlagen. Die Haltung des gaullistischen Rassemblement du Peuple français und seiner parlamentarischen Nachfolgeorganisation, der Sozialrepublikaner, war im übrigen in der Frage einer Neuordnung der politischen Verhältnisse in Übersee stets tief gespalten; den Vertretern einer vorsichtigen Liberalisierung (Capitant) stand ein traditionalistischer Flügel gegenüber, der in jedem Föderalisierungsversuch eine Schwächung Frankreichs und einen ersten Schritt zur Auflösung des Staates erblickte.

der Union durch eine Organisation anderer Form[4]. Den meisten Projekten dieser Art — nur einige wenige mit Typus-Charakter waren hier herauszugreifen[5] — ist jedoch die innere Bindung an die eine oder die andere der Kräftegruppen gemeinsam, welche den Entkolonisierungsablauf im Sinne ihrer politischen Ziele zu beeinflussen suchten. Diese Bindung beraubte ihren formalen Föderalismus seiner ihm wesensmäßig eigenen ausgleichenden Funktion und machte ihn untauglich, den konkreten Stand der kolonialen Beziehung in eine angemessene institutionelle Formensprache zu übersetzen. Auf föderaler Grundlage gebaute Institutionen können, wie aus der eingangs dieses Abschnittes erarbeiteten Natur des entkolonisatorischen Föderalismus[6] hervorgeht, sowohl von der ideellen Seite her wie wegen ihres komplizierten Funktionsmechanismus nur dann ein das Zusammenleben verschiedener ethnischer Gruppen wirksam gestaltendes Instrument sein, wenn sie im Gang befindliche politische Entwicklungsprozesse voraussetzen und sich ihnen anpassen.

§ 2. Das Rahmengesetz von 1956 und seine Realisierung

Der entscheidende Schritt in der Entwicklung eines in diesem Sinne pragmatisch ausgerichteten Föderalismus konnte erst durch das Reformwerk der Jahre 1956 und 1957[7] getan werden, welches die doktrinäre Frontenkonstellation der Nationalversammlung weitgehend ausschaltete. Unter Verzicht auf jede formale Revision des Titels VIII der Verfassung[8] und damit unter Ausklammerung des mit einer solchen Re-

---

[4] Rapport Coste-Floret vom 26. 3. 1957, ANDoc. Nr. 4.663.

[5] Einen umfassenden Überblick vermitteln *Borella* S. 310 ff. und *Coret* op. cit.

[6] Vgl. oben Abschnitt 1 Ziffer 1.

[7] Die Kommunalreform vom 18. 11. 1955 soll wegen ihres beschränkten Wirkungsgrades aus dieser Betrachtung ausgeklammert bleiben. Die Reformgesetzgebung mit Bezug auf Togo und Kamerun wird aus bereits dargelegten Gründen (vgl. Vorbemerkung und Abschnitt 1 Anm. 3) nur in ihren Auswirkungen auf die Entwicklung der überseeischen Territorien berücksichtigt werden.

[8] Vgl. Art. 1 des Rahmengesetzes vom 23. 6. 56: „Ohne die zu erwartende Reform des Titels VIII vorwegzunehmen..." Die materiell-rechtliche Vereinbarkeit des Rahmengesetzes und der Ausführungsdekrete mit der Verfassung hat zu verfassungsrechtlichen Kontroversen Anlaß gegeben, vgl. *Borella*, S. 270. Angesichts des in den letzten Jahren der Vierten Republik feststellbaren Immobilismus der parlamentarisch-demokratischen Institutionen sowie andererseits gemessen an der Notwendigkeit und Dringlichkeit der beabsichtigten Reformmaßnahmen, handelte es sich bei deren Vereinbarkeit mit der Verfassung selbst nach Meinung des hierüber sehr kritisch urteilenden *Gonidec* um „eine überaus akademische Frage zu Lust und Freuden von Rechtsgelehrten", L'Evolution des territoires d'outre-mer depuis 1946, RJPUF 1957, S. 720.

vision unvermeidbar verbundenen, schwierig zu lösenden Problems einer Überprüfung der traditionellen Struktur der Republik selbst[9] schuf das Rahmengesetz vom 23. Juni 1956[10] dennoch die wesentlichen Voraussetzungen für eine grundlegende Neuorientierung der verfassungsrechtlichen Situation der überseeischen Territorien. Diese Voraussetzungen bestanden in einer durch das Rahmengesetz selbst verfügten Reform des Wahlrechts sowie in der Ermächtigung der Regierung, Maßnahmen der Verwaltungsorganisation auf dem Verordnungsweg zu treffen.

1. Bedeutung des Wahlrechts für die Entkolonisierung

In seinen Art. 10 und 12 führte das Rahmengesetz das allgemeine Wahlrecht ein und hob die Zweiteilung des Wahlkörpers auf. Diese Maßnahmen waren von unmittelbarer entkolonisatorischer Wirkung, weil sie eine Situation der individuellen rechtlichen Ungleichheit beseitigten. Als späte Verwirklichung einer Verfassungsmaxime (Art. 80, 81) zeigt ihre Geschichte deutlicher als manche Konzession auf dem Gebiet der Verwaltungsdezentralisierung die enge Verflechtung politisch-struktureller mit zivilisatorischen Aspekten der Entkolonisierung. Abgesehen vom Problem des politischen Widerstandes weiter Kreise des Mutterlandes und der mutterländischen Bevölkerungsgruppen in den Territorien selbst, präsentiert sich die Möglichkeit der Einführung eines uneingeschränkten und mit einheitlichem Gewicht ausgestatteten Wahlrechts als Konsequenz vornehmlich des Bildungsfortschritts, der seinerseits in einem Abhängigkeitsverhältnis zur wirtschaftlichen Entwicklung steht. Bahnbrechend in dieser Hinsicht waren die Vorgänge im assoziierten Territorium Togo, dem auf Grund seiner gefestigten Wirtschafts- und Sozialverfassung und seiner hohen Einschulungsrate — Umstände, welche sich zusätzlich zur besonderen, die politische Individualität verstärkenden Situation als Treuhandgebiet[11] als außerordentlich förderlich erwiesen — früher als den anderen Gebieten das einheitliche Wahlkollegium zugebilligt werden konnte[12].

Andererseits wird sofort die Querverbindung zwischen der Möglichkeit einer uneingeschränkten Ausübung der politischen Bürgerrechte und

---

[9] Vgl. *Galbrun*, Les perspectives d'une organisation fédérale de la République française, RJPUF 1956 S. 55 ff.
[10] JO vom 25. 6. 1956.
[11] *Borella*, S. 282 führt die schnelle politische Entwicklung Togos auf äußere Gegebenheiten wie den Einfluß der Vereinten Nationen und das britische Beispiel zurück — Faktoren, die sich allerdings auch im wesentlich zögernder behandelten Fall Kameruns in beschleunigendem Sinn hätten auswirken können.
[12] Gesetz vom 6. Februar 1952.

der verfassungsrechtlichen Position der Territorien sichtbar. Das allgemeine Wahlrecht mußte wegen des sonst anwachsenden Einflusses überseeischer Abgeordneter in den Vertretungskörperschaften des Mutterlandes die Einrichtung eines autonomen Zuständigkeitsbereiches des Territoriums zur Folge haben, auf den allein das allgemeine Wahlrecht der autochthonen Bevölkerung früher oder später zu beschränken war. In diesem Rahmen konnte auch das schwierige Entkolonisierungsproblem der rechtlichen und politischen Stellung der jeweiligen metropolitanen Bevölkerungsgruppe seine Lösung finden; mit allgemeinem Wahlrecht und einheitlichem Wahlkörper mußte es sich allmählich auf ein normales Minoritätenproblem zurückbilden, welches den Prozeß der kollektiven Entkolonisierung nicht mehr ernsthaft behindern sollte und späterhin allenfalls völkerrechtlich abzusichern war. Wiederum ist es das Beispiel Togos, das diese Zusammenhänge am frühesten erkennen läßt[13]; in völliger Konsequenz der besprochenen Entwicklung wurde bereits 1955 die Zuständigkeit seiner Territorialversammlung erweitert und eine Regierung ins Leben gerufen[14], erhielt es auf Grund des Rahmengesetzes von 1956 ein erstes Autonomiestatut[15] und erwarb es in der Folge sehr rasch die vollständige innere Autonomie[16]. An diesem Beispiel wird deutlich, daß mit der scheinbar nur individual-entkolonisatorisch und daher assimilatorisch zu begreifenden Einführung von allgemeinem Wahlrecht und einheitlichem Wahlkörper in Wirklichkeit der Weg zu einer föderalen Ordnung der Beziehungen zwischen Mutterland und überseeischen Gebieten beschritten wurde. Es handelt sich dabei um die gleiche gegenseitige Bedingung der individuellen und der kollektiven Emanzipation, welche bereits im Zusammenhang mit den Auswirkungen des Eboué-Zirkulars und der Vorschläge der Brazzaville-Konferenz festgestellt werden konnte[17] und welche seit den Tagen Eboués als innere Gesetzlichkeit die gesamte Entwicklung der Kolonialverfassung durchzieht. Daß im Falle Togos, das seinerseits das Modell für die Entwicklung in den übrigen Territorien abgeben sollte[18], diese innere Gesetzlichkeit der Entkolonisierung die politischen Entscheidungen sichtbar beherrschte, macht eine Neueinschätzung der vielfach als konzeptionslos und unbeweglich vor-

---

[13] Vgl. *Luchaire*, Le Togo français. De la tutelle à l'autonomie, RJPUF 1957 S. 1 ff., 501 ff.

[14] Gesetz vom 16. April 1955.

[15] Dekret vom 24. August 1956, JO vom 26. 8. 1956.

[16] Dekrete vom 22. März 1957 und vom 22. Februar 1958, JO vom 23. 2. 1958. Zur Gesamtentwicklung vgl. weiterhin *Colliard*, L'évolution du statut des territoires du Togo. AFDI 1956 S. 222 ff. — *Gonidec*, L'évolution de la République autonome du Togo. AFDI 1957 S. 627 ff.

[17] Vgl. oben Kap. 1 Ziff. 2 und Kap. 2 § 3.

[18] „territoire-pilote", *Luchaire*, Droit d'outre-mer, S. 422.

gestellten französischen Kolonialpolitik bis zum Rahmengesetz von 1956 notwendig. Die Grundsatzentscheidung für die föderale Variante der Entkolonisierung wurde, bewußt oder unbewußt, bereits im Jahre 1952 mit der Einführung des einheitlichen Wahlkollegiums in Togo getroffen.

2. Aufspaltung der Kompetenzen

Unter Zugrundelegung der soeben skizzierten Gesetzlichkeit kann in den das Rahmengesetz ausführenden Dekreten über „Maßnahmen einer Dezentralisierung und Dekonzentrierung der Verwaltung" in den überseeischen Gebieten[19] nur ein notwendiges Gegenstück zur unbeschränkten Einräumung der politischen Bürgerrechte erblickt werden. Zwei in diesem Zusammenhang besonders bedeutsame Maßnahmen ragen aus dem Gesamtkomplex der im übrigen auch auf die Afrikanisierung der Behörden sowie auf die wirtschaftliche und soziale Weiterentwicklung abzielenden Dekrete heraus: die Unterscheidung von „staatlichen" und „territorialen" Aufgaben und Exekutivbehörden und der Ausbau der territorialen Institutionen.

Die Aufteilung der Verwaltungen folgte mit einer abschließenden Aufzählung der staatlichen, d. h. der metropolitanen Behörden und einer pauschalen Zuweisung an Territorialbehörden im übrigen[20] bereits dem klassischen föderalen Repartierungsprinzip im Verhältnis vom Glied- zum Zentralstaat. Umgekehrt verblieben die Sachkompetenzen grundsätzlich bei staatlichen Organen mit genau bestimmten Ausnahmen zugunsten der territorialen Legislativgewalt[21]. Zwar waren die dabei sich ergebenden Überschneidungen zumindest dem Grundsatz nach ein normaler und notwendiger Bestandteil jeder nach dem föderalen Bauprinzip gestalteten Verfassung. Jedoch zeigt ein Blick auf die Art der Verteilung die besonderen Bedingungen auf, unter welche die Situation der Entkolonisierung die Entwicklung föderaler Institutionen stellte. Denn nicht nur die klassischen zentralstaatlichen Kompetenzen wie Diplomatie, Verteidigung, Währungspolitik oder Verwaltungsorganisation waren staatlicher Gesetzgebung und Exekutive vorbehalten. Unter den staatlichen Prärogativen fanden sich vielmehr auch Sachbereiche, welche Föderalverfassungen im allgemeinen den Gliedstaaten überlassen, die jedoch von den Territorien wegen ihrer besonderen Situation nicht wahrgenommen werden konnten. So zeugt die grundsätz-

---

[19] Art. 1 Abs. 1 des Rahmengesetzes.
[20] Dekrete vom 3. Dezember 1956, modifiziert durch Dekrete vom 4. 4. 1957.
[21] Dekrete vom 4. 4. und 22. 7. 1957.

liche staatliche Zuständigkeit für das Polizeiwesen gleichermaßen vom unverändert bestehenden machtpolitischen Engagement des Mutterlandes in den Territorien wie von deren profundem Bedürfnis nach wirksamer Gewährleistung der inneren Sicherheit angesichts der gewaltigen Aufgabe der wirtschaftlichen Entwicklung.

Mangel an qualifizierten Fachkräften hat, abgesehen von kulturpolitischen Gründen, die Staatskompetenz für höheres Schulwesen und Justiz diktiert; bei dieser allerdings erzwang die Parallelität zweier Rechtssysteme — französisches gemeines Recht und lokales Traditionsrecht — die Zweiteilung auch der gesetzgebenden Gewalt. Eine der wichtigsten Komponenten der entkolonisatorischen Problematik, die mangelnde wirtschaftliche Entwicklung, hat schließlich auch zur Beibehaltung weitgreifender Staatskompetenzen auf dem Gebiet der Wirtschaft geführt. Andererseits besaßen die Territorien in Fortentwicklung des Prinzips der Spezialität der Haushalte[22] die unbeschränkte Fiskalhoheit und hatten auch hinsichtlich der Staatsaufgaben tatsächliche Positionen inne, welche aus der damaligen Schwäche der metropolitanen Organe, aus der fortschreitenden „Afrikanisierung der Verwaltung"[23] und aus dem überseeischen Einfluß auf Parlament und Republik resultierten. Diese tatsächlichen Gegebenheiten schufen als starke Fermente der Entkolonisierung eine Verfassungswirklichkeit, welche „den politischen Zentralismus des Rahmengesetzes... illusorisch" machte[24] und dessen autonomistische Wesenszüge verstärkte.

3. Ausbau der Institutionen

In ähnlicher Weise wie die Zuständigkeitsverteilung hat der Ausbau der territorialen Institutionen die Beziehungen zwischen Entkolonisierung und Entstehung föderaler Bindungen zwischen Metropole und Kolonie sichtbar gemacht. Die Regierungen der Territorien (conseils de gouvernements) stehen in diesem Bereich im Zentrum des Interesses[25]. Die diesem Teil der Reform ursprünglich zugrunde liegende Konzeption ging dahin, durch einen vernünftigen Kompromiß zwischen den traditionellen politischen Kräften und den vorandrängenden modernen „Eliten" für einen allmählichen und bruchlosen Übergang zur neuen

---

[22] Die Kolonien besaßen durch Gesetz vom 13. April 1900 ein besonderes, vom Haushalt der Metropole getrenntes Budget.

[23] Hier mit ausschließlichem Bezug auf die *staatlichen* Exekutivbehörden.

[24] *Luchaire*, Les institutions politiques et administratives des territoires d'outre-mer après la loi-cadre, RJPUF 1958, S. 231.

[25] Die Territorial-Regierung war keine völlige Neuschöpfung des Rahmengesetzes, sondern hatte ihren Vorläufer in einem ernannten „Conseil privé", der dem Gouverneur beratend zur Seite stand.

Ordnung zu sorgen. Deshalb sollte der zu schaffende Ministerrat grundsätzlich zwar aus der gewählten Territorialversammlung hervorgehen, jedoch einen gewichtigen Anteil an ernannten Mitgliedern aufweisen. Dieses System hätte dem Gouverneur die Möglichkeit gegeben, den Ministerrat sowohl mit traditionellen Elementen aus den Häuptlingen wie mit erfahrenen Verwaltungsfachleuten zu durchsetzen; auch wäre die Stellung des Gouverneurs selbst in ihrer Effektivität den administrativen Bedürfnissen des Landes angepaßt geblieben.

Über derartig konstruktive, auf die administrative und wirtschaftliche Situation des Landes zugeschnittene Lösungen zielten starke radikale Kräfte jedoch bereits hinaus; ihre Taktik wirft dabei ein aufschlußreiches Licht auf einen für die politischen Grundlagen der Entkolonisierung sehr wesentlichen Aspekt. So wie allgemein ein innerer Zusammenhang der westlich-demokratischen Staats- und Gesellschaftsprinzipien mit der Entkolonisierung besteht, so konnte in den damaligen Debatten der Überseekommission in der Nationalversammlung konkret die kämpferische Ausspielung von Grundelementen der französischen Verfassung gegen das Mutterland selbst beobachtet werden. Das weit liberalere Statut der Treuhandgebiete Togo und Kamerun regte an, Gleichheit für die übrigen Territorien zu fordern; die Beteiligung von politisch nicht verantwortlichen Beamten der Staatsverwaltung am Ministerrat wurde mit dem Vorwurf undemokratischer Praxis beantwortet. Der die demokratischen Prinzipien der Repräsentation und der Verantwortlichkeit der Regierung vor dem Parlament zusammenfassende Gedanke der Legitimität ist wiederum als Grundvoraussetzung mit der Organisierung eines wahrhaft föderalen Überbaues engstens verknüpft. Insgesamt wurde dem Mutterland dessen eigene demokratische Grundordnung entgegengehalten, der es sich wohl für sich selbst, nicht aber im Verhältnis zu den Kolonien verpflichtet fühlte. Die grundlegende Unvereinbarkeit des Kolonialismus wie aller anderen Formen der Domination mit dem demokratischen Prinzip wandte sich nunmehr als politisch ausmünzbare Waffe gegen das Mutterland. Wegen der Folgerichtigkeit und logischen Berechtigung solcher Argumente fiel deren vielfach vordergründig-taktische Natur kaum abschwächend ins Gewicht. Im Grunde nämlich handelte es sich bei aller autochthonen Beschwörung demokratischer Prinzipien wie auch bei der stürmischen Forderung nach „Afrikanisierung der Kader" bereits um die machtpolitische Abgrenzung des mutterländischen und des autochthonen Einflusses. Legitimität wurde nicht um demokratischer Prinzipien willen gesucht, sondern als Mittel zur Stärkung einer Institution, deren Kontrollbefugnisse zur Eindämmung der metropolitanen Präsenz und damit zur Beschleunigung der Entkolonisierung beitragen sollten.

Es ist andererseits nicht erstaunlich, daß diese Entwicklung gegenläufige, die Entwicklung bremsende Kräfte auf den Plan rief, welche dann den erforderlichen Kompromiß notwendig gerade in solchen Punkten erzwangen, welche für eine gleichberechtigte afrikanische Mitbestimmung und damit für die Entwicklung föderaler Bindungen zwischen Metropole und Kolonie von besonderem Gewicht sein mußten. Es blieb zwar bei der Schaffung eines Ministerrates unter einem Vizepräsidenten; dessen Stellung als gewählter, der Versammlung verantwortlicher und daher in demokratischem Sinn legitimierter Leiter der Regierung war jedoch erheblich eingeschränkt durch umfassende materielle wie organisatorische Machtbefugnisse des nunmehr „Gebietschef" (chef de territoire) benannten Repräsentanten des Staates[26]. Der Gebietschef seinerseits blieb nicht nur das Haupt der Staatsverwaltung, sondern besaß auch hinsichtlich der territorialen Angelegenheiten eine Position, welche vergleichsweise über die „magistrature d'influence" des Präsidenten der Republik weit hinausreichte.

§ 3. Abbau der „Föderationen"

Kaum minder aufschlußreich für Voraussetzungen und Formen föderaler Strukturen unter den Bedingungen der Entkolonisierung ist die durch das Rahmengesetz verfügte Abwertung der Territoriengruppen. Diese Gebilde[27] konnten zwar die übliche Bezeichnung „Föderationen" nur insoweit beanspruchen, als eine beschränkte administrative Dezentralisierung als Vorstufe und ideelle Annäherung an im eigentlichen Sinne föderale Konzeptionen gelten darf. Sie verkörperten aber immerhin den einzigen bis dahin vorhandenen institutionellen Ansatzpunkt für eine föderale Entwicklung sowohl im Verhältnis des Mutterlandes zu den Kolonien wie auch auf der Ebene der Kolonien untereinander. Insbesondere die Existenz parlamentsähnlicher Versammlungen in Gestalt der „Grands Conseils" garantierte den Besitz eines gemeinsamen Forums, welches von steigender Bedeutung für die Ausbalancierung der politischen Kräfte wurde und mit Selbstverständlichkeit in die Funktion eines föderalen, die „konstruktive" Variante der Entkolonisierung repräsentierenden Organismus hineinzuwachsen schien.

Das Rahmengesetz unterbrach diese positive Entwicklung, indem es durch Verlagerung von bisherigen Föderationskompetenzen teils auf den Staat, teils auf die Territorien die Föderationsregierungen und die Grands Conseils auf ausschließlich technische koordinierende Aufgaben

---

[26] Er ernannte und entließ die Minister, präsidierte dem Ministerrat, erließ dessen Tagesordnung und gab dessen Beschlüssen eine rechtswirksame Form.
[27] Vgl. oben Kap. 3 § 3 Anm. 46.

beschränkte[28]; sie besaßen künftig rein administrative Struktur und verloren dadurch jegliche politische Anziehungskraft[29]. Die Gründe für diese Maßnahme waren vielschichtiger Natur; sie umfaßten ebensosehr persönliche Ambitionen[30] und territorialen Egoismus[31], metropolitane Machtkalküls im Stil des gewohnten „diviser pour régner" und Sonderbestrebungen der französischen Minderheitsgruppen wie besonders auch ein verbreitetes Unvermögen, in die Zukunft reichende politische Konsequenzen abzuschätzen. Mit einiger Sicherheit kann gesagt werden, daß dieses von vorausschauender Staatskunst nur wenig geformte Gemisch aus Unwissenheit, Gleichgültigkeit und zueinander gegenläufigen Egoismen kaum geeignet war, die Bedeutung dieses Teiles der Reformen ins Bewußtsein zu heben. In Wirklichkeit freilich handelte es sich um eine jener großen Weichenstellungen, welche die Richtung nachfolgender Entwicklungen in nicht widerrufbarer Weise bestimmen. Die Zerschlagung der „Föderationen" hat im Ergebnis nicht nur den Gedanken einer föderal gebauten, gemeinsamen staatlichen Organisation des französischsprachigen afrikanischen Raumes für eine lange Zukunft empfindlich getroffen[32]. Sie hat darüber hinaus, da die „horizontalen" und die „vertikalen" Komponenten der Territoriengruppen in enger gegenseitiger Kommunikation standen, auch die Lockerung des Zusammenhalts zwischen Metropole und überseeischen Gebieten beschleunigt und damit die Absichten ihrer französischen Initiatoren in ihr Gegenteil verkehrt.

Insgesamt ist es das hervorstechende Merkmal der Reformen von 1956/57, daß die Entwicklung nun eindeutig nicht mehr unter dem individual-entkolonisatorischen Vorzeichen von Brazzaville stand, sondern endgültig die seit 1952 sich abzeichnende autonomistisch-föderale Wende genommen hatte. Diese Entwicklung, welche die Entkolonisierung erstmals in ihren legitimen Rahmen stellte, beschloß in sich gleichwohl

---

[28] Art. 13 Dekret Nr. 57—458 vom 4. 4. 1957. Auch die Bezeichnung als „Föderationen" entfiel zugunsten derjenigen als „Territorien-Gruppen" (groupes de territoires).
[29] Die Verfassung von 1958 räumte ihnen keine Funktion mehr ein. Nach einer kurzen Übergangsperiode wurden sie durch Dekret des Staatspräsidenten aufgelöst.
[30] Einzig Senghors politischer Weitblick versagte sich der einmütigen afrikanischen Forderung nach Beseitigung des „kolonialistischen Hindernisses auf dem Weg zur Selbstbestimmung"; vgl. JO AN Débats 1957, S. 372 f.
[31] Wirtschaftlich begünstigte Gebiete wie Gabon und Côte d'Ivoire waren nicht länger willens, die aus wirtschaftlicher Integration mit ärmeren Gebieten resultierenden Ausgleichslasten zu tragen. Darin manifestiert sich ein so geringes Maß an Solidarität und an Bewußtsein der Verantwortlichkeit für das Ganze, daß die Chancen für die Verwirklichung föderaler Lösungen sich von vornherein auf ein Minimum reduzieren mußten.
[32] Für diese Konsequenz der Reform hat sich der Begriff der „Balkanisierung Afrikas" eingebürgert.

eine gewisse geschichtliche Tragik. Die endlich gewonnene Einsicht der den Zeitumständen angemessenen Gestaltungsweise der rechtlichen Beziehungen zwischen Metropole und überseeischen Gebieten sollte zugleich den schließlich völligen Verfall einer völker- und staatsrechtlichen Sonderbeziehung einleiten, deren eindrucksvolle Gesamtleistung ihr hohen historischen Rang verleiht. Der Föderalismus nahm durch die Reformen der Jahre 1956 und 1957 verstärkten Anteil an dieser Entwicklung, welcher er jedoch nur kraft eines wesensverändernden Anpassungsprozesses als Rahmen dienen konnte. Dieser sich sowohl in ideeller wie in organisatorischer Hinsicht abspielende Transformierungsprozeß stand fortan im Zentrum des Entkolonisierungsablaufs und bestimmte Gestalt und Schicksal der Französischen Gemeinschaft als des letzten Versuches einer umfassenden und dauerhaften Neuordnung.

Zweiter Abschnitt

Das Stadium der Autonomie: Die Französische Gemeinschaft

Die Idee der Gleichheit, europäischen geistigen Ursprungs gleich dem mit ihr verbundenen demokratischen Prinzip, wandte sich in Gestalt der Entkolonisierungsforderung gegen ihre eigenen Väter. Alles geschichtliche Verdienst der kolonialen Betätigung Europas[1] kann nicht davon entbinden, diese Entwicklung für notwendig und richtig zu halten; denn fremden Völkern kann nicht auf die Dauer mit innerer Aufrichtigkeit ein selbständiges Lebensrecht vorenthalten werden — die Befähigung zu dessen autonomer Ausfüllung freilich vorausgesetzt —, ohne daß das Mutterland gerade diejenigen Überzeugungen und staatsgestaltenden Prinzipien verleugnet, die es für das eigene Volk heilig hält.

Die Entwicklung bis 1958 spiegelt die allmähliche Verlagerung der Herstellung der die Entkolonisierung verwirklichenden Gleichheitsbeziehung von der individuellen auf die kollektive Ebene und damit in den Bereich föderaler Organisationsformen wider. Wenn auch die Idee der Gleichheit in Frankreichs Rechtsdenken und Staatstradition ein eindrucksvolles System gefunden hat, so verband sie sich nunmehr für die schwarzen Eliten mit der Wiederentdeckung der „Personalität" ihrer Völker. Nicht mehr im assimilatorischen Rahmen der einen und unteilbaren Republik, sondern nur noch im autonomen Staat konnte sich daher das Emanzipationsstreben erfüllen.

Diese vorgegebene Situation ließ den Debatten, welche der Bildung der Französischen Gemeinschaft vorausgingen, Spielraum nur noch im Bereich föderaler Strukturen; die politischen Parteiungen sind deshalb ausschließlich von den unterschiedlichen Vorstellungen über die Be-

---

[1] Abgesehen von der kolonialen Besitzergreifung selbst, deren rechtliche und moralische Fragwürdigkeit zu überbrücken stets schwergefallen ist und mit den eigensten geistigen Traditionen Europas in Konflikt geraten muß; vgl. C. *Schmitt*, Der Nomos der Erde im Völkerrecht des Jus Publicum Europaeum, 1950, S. 54 ff. Auch der reinen kolonialen Unterdrückung und merkantilen Ausbeutung kann selbstverständlich nicht das Wort geredet werden. Die europäische Kolonialpolitik beginnt aber von dem Punkt an ihre Rechtfertigung zu besitzen, von dem an das Denken im Interesse der kolonialen Menschen und Völker selbst Raum gewinnt und schließlich im Vordergrund der kolonialen Praxis steht.

schaffenheit der zu wählenden Föderierungsvariante beherrscht[2]. Es sind nun vor allem die Ideen Capitants aus der Zeit der Errichtung der Vierten Republik, die eine späte Rechtfertigung erfahren und zu richtungweisendem Einfluß gelangen. Das Ergebnis, die Französische Gemeinschaft des Titels XII der Verfassung von 1958, mußte im Spannungsfeld zwischen egalitärem Emanzipationswillen und hegemonialem Führungswillen angesiedelt sein. Von beiden Richtungen her sollten starke verformende Kräfte auf den Föderalismus einwirken und den bereits durch das Rahmengesetz eingeleiteten Prozeß seiner Anpassung an die neue Funktion weiterführen und zur Vollendung bringen. Die Analyse dieser Anpassung wird am besten unter denjenigen Gesichtspunkten vorgenommen, welche die hauptsächliche institutionelle Ausmünzung des zentralen subsidiären Ordnungsgedankens des Föderalismus darstellen, nämlich die autonome Regelungsgewalt der Gliedstaaten einerseits und ihre Beteiligung an der Ausübung der Regelungsgewalt des umfassenden Gemeinschaftsträgers andererseits.

---

[2] Zur Vorgeschichte der Französischen Gemeinschaft und zu den Verfassungsarbeiten vgl. *Wahl*, Aux origines de la nouvelle Constitution; *Goguel*, L'élaboration des institutions de la République dans la Constitution du 4 oct. 1958; *Merle*, La Constitution et les problèmes d'outre-mer; sämtlich in RfSP 1959 Nr. 3.

Erstes Kapitel

Das Autonomieprinzip: Kompetenzverteilung

Die Aufteilung der Kompetenzen ist stets ein wichtiger Prüfstein für den föderalen Charakter eines gegliederten Staatsaufbaus. Soweit sie Relikte der kolonialen Beziehung zu enthalten scheint, wird allerdings zu berücksichtigen sein, daß gerade sie sehr neuralgisch gegenüber den Zentralisierungstendenzen ist, welche sich aus der fortschreitenden Technisierung, aus den Erfordernissen einer modernen Wirtschaftsführung sowie aus den mit der wirtschaftlichen Unterentwicklung verbundenen Problemen herleiten.

§ 1. Grundsatzregelung der Verfassung

1. Zuständigkeitsvermutung zugunsten der Mitgliedstaaten

Artikel 78 der Verfassung vom 4. Oktober 1958[3] führt die der Gemeinschaft übertragenen Kompetenzen abschließend auf. Da andererseits Art. 77, Abs. 1 die Autonomie der als Staaten bezeichneten Mitglieder, ihr Recht auf Selbstverwaltung und Besorgung der eigenen Angelegenheiten bekräftigt, ist die grundsätzliche Zuständigkeit der Mitgliedstaaten festgelegt. Ihr entspricht im Zweifel eine Zuständigkeitsvermutung zugunsten der Mitglieder.

2. Kompetenzen der Gemeinschaft

Die Kompetenzen der Gemeinschaft erscheinen[4] in zweifacher Form[5]. Als unerläßliches Minimum an Gemeinsamkeit umfassen sie ohne Ein-

---

[3] JO vom 5. Oktober 1958.

[4] Das für die Darstellung des Verfassungsrechts gewählte Tempus trägt dem Umstand Rechnung, daß Titel XII der Verfassung ungeachtet der inzwischen eingetretenen politischen Entwicklung bisher nicht außer Kraft gesetzt worden ist.

[5] Die vielfach sehr problematische inhaltliche Abgrenzung der einzelnen Sachgebiete wird nicht behandelt werden, weil sie zu der besonderen Zielsetzung der Arbeit nur mittelbar in Beziehung tritt; vgl. dazu XXX, aaO., S. 346 ff.

schränkung Außenpolitik, Verteidigung, Geldwesen, gemeinsame Wirtschafts- und Finanzpolitik sowie die Bewirtschaftung kriegswichtiger Rohstoffe[6]. Unter dem Vorbehalt von Sondervereinbarungen („accords de Communauté") umfassen sie ferner die Kontrolle des Justiz- und Hochschulwesens und die allgemeine Organisation des gemeinsamen Außenverkehrs und des Fernmeldewesens[7]. Durch die Möglichkeit, Sondervereinbarungen abzuschließen — sie können wegen Art. 87 nur bilateraler Natur sein —, ist bereits ein bedeutendes Element der Selbstbestimmung in die Zuständigkeitsverteilung eingebaut, das sich in auflockerndem Sinn auf die Struktur des Staatsverbandes auswirkt. Zugleich aber stärkt dieses Element auch den föderalen Charakter der Verbindung, weil es den Spielraum für den freien Willen der Gliedstaaten vergrößert.

In der dadurch gegebenen Unterteilung in notwendige und nicht notwendige gemeinsame Angelegenheiten wird man vor allem einen Niederschlag des Subsidiaritätsprinzips erkennen. Unter diesem Blickwinkel, dem der strenge Wortsinn vollständig entspricht, kann die Kompetenz der Gemeinschaft für die „Kontrolle" der genannten Angelegenheiten nur die Bedeutung haben, daß die substanzielle Führung dieser Angelegenheiten zum Bereich der Selbstverwaltung der Mitgliedstaaten gehört. Im Gegensatz dazu gebraucht Chatelain den Begriff des „direkten" und damit incidenter des indirekten Handelns der Gemeinschaftsorgane[8]. Der dahinter sich verbergende Gedanke einer Art „Bundesauftragsverwaltung" — im Grunde also der Zuständigkeit der Zentralgewalt — hat jedoch im Verfassungsrecht keine Stütze; die auch im übrigen recht präzise Ausdrucksweise des Titels XII setzt einen Auslegungsmaßstab, welcher eine derartige Interpretation der Kontrollkompetenz nicht zuläßt[9].

3. Gesamtbedeutung: Durchbruch des Subsidiaritätsprinzips

Im Ganzen zeugt die Kompetenzverteilung des Art. 78 von einem bisher unbekannten Mut zu echter Ausbalancierung der Verantwortlichkeiten. Der der Selbstverwaltung der Mitgliedstaaten entzogene Kompetenzbereich hält sich durchaus im Rahmen der in modernen Staaten

---

[6] Art. 78 Abs. 1.
[7] Art. 78 Abs. 2.
[8] La nouvelle Constitution et le nouveau régime politique, 1959, S. 331.
[9] *Borella* sieht auch in der Verfassungsrevision eine zentrale Kompetenz, wenn auch eine solche besonderer Art, weil sie nur teilweise einem Gemeinschaftsorgan anvertraut ist. Le Fédéralisme... S. 670 Anm. 17. Nach Meinung des Verf. empfiehlt es sich jedoch, diesen Umstand weniger als ein Problem der Zuordnung der Kompetenz, denn als ein solches der Teilnahme an ihrer Ausübung zu betrachten.

föderaler Prägung üblichen Regelung. Die gegenüber entsprechenden Bestimmungen in föderalen Staaten erkennbar stärkere Vereinheitlichung der Wirtschaftsführung ist durch die Probleme bedingt, welche sich aus der mangelnden wirtschaftlichen Entwicklung des Großteils der Mitgliedstaaten ergeben. Mit der Zuständigkeitsvermutung für die Mitgliedstaaten ist trotz allen kolonial-konservativen Tendenzen das Subsidiaritätsprinzip zum Durchbruch gelangt. Die der Gemeinschaft zuerkannten Kompetenzen sind zwar wesentlich; innerhalb des ihnen verbleibenden Spielraumes jedoch sind die Mitglieder autonom[10] und unterliegen allein dem Zwang, ihre Angelegenheiten in demokratischer Weise zu verwalten[11]. Zu ihren Angelegenheiten zählt nunmehr auch ein so wichtiger Bereich wie die Polizeigewalt und insbesondere auch die Verfassungsautonomie, welche allgemein als eines der konstituierenden Elemente der Staatsqualität und damit, im Rahmen eines komplexen Staatsaufbaues, als Charakteristikum einer föderalen Organisation im engeren Sinne angesehen wird.

§ 2. Übertragung von Kompetenzen und „Öffnung" der Gemeinschaft

1. Obgleich die Regelung der Kompetenzverteilung den politischen Wunschvorstellungen der meisten afrikanischen Staatsmänner für den Augenblick weitgehend gerecht wurde, erforderte das Gewicht der auf einen noch weiter aufgelockerten Verband (Konföderation) abzielenden Gruppen den Einbau eines die künftige Weiterentwicklung eröffnenden Regulativs. Während der Beratungen im Comité Consultatif Constitutionnel (CCC)[12] und besonders während der Afrika-Reise de Gaulles erwies sich, daß diese „Öffnung" der Gemeinschaft für eine später etwa notwendig werdende Entwicklung gegenüber der genauen Fixierung der zu bauenden Gemeinschaft im Vordergrund des afrikanischen Interesses stand. Die Fähigkeit, sich einer absehbaren Entwicklung anzupassen, erscheint bereits in Art. 78 Abs. 2. Die in dieser Bestimmung aufgeführten Kompetenzen der Gemeinschaft stehen unter dem Vorbehalt der bereits genannten „Sondervereinbarungen", können also ganz oder teilweise dem autonomen Bereich der Mitgliedstaaten eingegliedert werden. Besonders die teilweise Modifizierung im Sinne einer Aufgabenteilung zwischen den Mitgliedstaaten und Frankreich sollte von großer praktischer Bedeutung werden.

---

[10] Vgl. jedoch die später noch zu machenden Einschränkungen.
[11] Art. 77 Abs. 1; über den demokratischen Charakter der Regime in den Mitgliedstaaten vgl. oben Teil I, 4. Kap., § 3.
[12] Vgl. hierzu Travaux préparatoires de la Constitution du 4 oct. 1958 — avis et débats du CCC. La Documentation française, 1960.

2. Verfassungspolitisch wichtiger ist jedoch Art. 78 Abs. 3, weil diese Bestimmung die Übertragung „von Zuständigkeiten" der Gemeinschaft, also auch der notwendigen Zuständigkeiten des Absatzes 1[13], auf die Mitglieder grundsätzlich möglich macht. Der Übergang ist nur auf vertraglichem Wege möglich, ein einseitiges fait accompli würde der Rechtsgrundlage entbehren; Voraussetzung ist daher ein Klima gegenseitigen Einvernehmens. Das Verfahren richtet sich nach Art. 87, wonach Vertragspartner des die Übertragung fordernden Mitgliedstaats die Republik ist — nicht also die Französische Gemeinschaft, wie es der Umstand, daß es sich um die Übertragung ihrer Kompetenzen handelt, erwarten ließe. Ob sich die Republik diese rechtliche Funktion zum Zwecke der Erhaltung ihres politischen Einflusses auf den für das Bestehen der Gemeinschaft entscheidend wichtigen Vorgang der Kompetenzübertragung nur vorbehalten hat — dafür hätten aber die Steuerungsmöglichkeiten innerhalb der Gemeinschaftsorgane sicherlich ausgereicht — oder ob die Verfassung ihr diese Kompetenz originär zumißt, wird noch zu untersuchen sein. Im zuletzt genannten Fall würden sich schwerwiegende Folgerungen hinsichtlich der Rechtspersönlichkeit der Gemeinschaft ergeben.

3. Art. 78 Abs. 3 der Verfassung stellt das keineswegs hypothetische Problem, ob einem Staat sämtliche Kompetenzen übertragen werden können und wie sich in diesem Falle die Beziehungen zur Gemeinschaft gestalten. Es mag daran erinnert sein, daß die Doktrin des Föderalismus zumindest für den Bundesstaat ein gewisses Maß an gemeinsamen Kompetenzen für unerläßlich hält. Diese Regel ist für die Französische Gemeinschaft durch Art. 78 Abs. 3 indes nicht erhärtet; der Wortlaut läßt praktisch das völlige Verschwinden des gemeinsamen Zuständigkeitsbereiches hinsichtlich eines oder mehrerer Mitglieder zu. In der Tat kristallisiert sich hier eine der wesentlichen Abwandlungen heraus, welche traditionelle föderale Strukturen unter den für die Entkolonisierung typischen Verhältnissen erfahren können. Angesichts dieses Problems wird bereits deutlich, daß der Föderalismus als Rahmen der Entkolonisierung eine Metamorphose seiner Idee erlebt: Eine neue, desintegrierende Orientierung tritt neben die alte, nur noch temporär verstandene Gemeinschaftsbildung und überlagert sie in dem Maße, in welchem die Intensität der entkolonisatorischen Strömung ausgebildet ist; diese ist ihrerseits die Resultante vieler Faktoren, zu denen nicht zuletzt das Temperament des betreffenden Volkes zählt.

Ein Staat, der seine sämtlichen Funktionen selbständig, d. h. aus eigenem Recht und durch eigene Organe, ausübt, ist unabhängig[14].

---

[13] *XXX*, aaO., S. 356.
[14] Vgl. *Berber*, I, S. 125 f.; *Rousseau*, aaO., S. 90 ff.

Folgerichtig erlischt gemäß Art. 86 Abs. 2 Satz 2 die Zugehörigkeit zur Französischen Gemeinschaft. Es erscheint überspitzt, wenn in diesem Zusammenhang zwischen der Übertragung sämtlicher Kompetenzen und der Unabhängigkeit nach Art. 86 Abs. 2 unterschieden wurde[15]; denn sachlich besteht nicht der mindeste Unterschied. Im ersteren Fall würden die Gemeinschaftsorgane zwar weiter existieren, wären jedoch sämtlicher Kompetenzen hinsichtlich des betroffenen Staates beraubt und insoweit sinnentleert; der Staat könnte nicht länger in ihnen vertreten sein. Die Rechtssphäre der Gemeinschaft bildet sich in diesem Fall substanziell auf das gemeinsame Bürgerrecht und andere, vorwiegend kulturell geprägte Bindungen zurück — also auf eine weitgehend ideelle Sphäre der Gemeinsamkeit. Mit der konkreten Wirklichkeit der Verfassungsgemeinschaft hat eine solche Bindung aber nichts mehr gemein.

Es darf aber auch die sehr wesentliche politische Veranlassung dieses Problems nicht übersehen werden. Die Fortentwicklung der afrikanischen Politik ließ es in zunehmendem Maße wünschenswert erscheinen, mit der Erlangung der Unabhängigkeit — gleichgültig, in welcher Form — nicht mehr die Konsequenz des Art. 86 Abs. 2 zu verbinden, so daß der Mitgliedstaat sich künftig vom gemeinsamen Quell französischer Kultur und Wirtschaftshilfe abgeschnitten sehen müßte. Der Gedanke einer Unterscheidung der Übertragung sämtlicher Kompetenzen und der Entlassung in die Unabhängigkeit mag deshalb als Versuch gewertet werden, das offenbare Dilemma mit den Mitteln verfassungstechnischer Exegese zu überbrücken. Das Problem hat jedoch rascher als gedacht eine großzügige Lösung in einem weiteren Rahmen gefunden.

---

[15] *XXX*, aaO., S. 356 f.

Zweites Kapitel

Mitwirkung an der Ausübung der Zentralgewalt: Der Präsident

Die zweite grundlegende Bedingung jeder Art eines institutionellen Föderalismus ist das „Gesetz der Mitwirkung"[1]. Der föderalen Ethik einer Zusammenarbeit in der Bewältigung übergeordneter Gemeinschaftsaufgaben entspricht die juristische Technik einer Beteiligung der Gliedstaaten an der Willensbildung der einzelnen Organe der Zentralgewalt: „... die Zusammenarbeit ist das bestimmende Kennzeichen föderalen Rechts..."[2]. Deshalb war die mehr oder minder genaue Skizzierung der gemeinsamen Organe in allen der Verfassung von 1958 vorangegangenen konstitutionellen Projekten mit föderalem Einschlag sehr offenbarend für den Geist, aus dem heraus das jeweilige Projekt gestaltet wurde.

In Wahrheit ist es nicht so sehr die Aufteilung der Kompetenzen, welche für die Beurteilung des föderalen Charakters einer staatlichen Organisation ausschlaggebend ist, sondern die Art und der Umfang des Einflusses der Gliedstaaten auf die zentralen Organe. Die Verteilung der Kompetenzen muß offen in der Verfassung kodifiziert werden; dabei können sich Gliedstaaten durchaus von der Einsicht ihrer besonderen Situation zur Gewährung weitgehender Kompetenzen an die Zentralgewalt bestimmen lassen. Nicht das Sein an sich des Föderalismus würde dadurch beeinträchtigt, sondern nur die Form seiner Erscheinung beeinflußt werden: es wäre ein Merkmal jener Transformierung zutage getreten, welche die Entkolonisierung am föderalen Prinzip bewirkt. Da zentrale Kompetenzen nur unter Zustimmung der Gliedstaaten geschaffen werden können, und die Gliedstaaten normalerweise an deren Ausübung mitwirken, ist auch in solchem Falle dem Erfordernis des übereinstimmenden Willens Genüge getan. Das eigentliche Kernproblem jeder föderalen Ordnung liegt demgegenüber in der Frage nach der Zusammensetzung des Trägers der Gemeinschaftskompetenzen sowie in der Frage nach den inneren Bedingungen der Ausübung seiner Funktion. Erst in dieser Hinsicht werden sich daher

---

[1] Vgl. oben Teil I, Kap. 3 § 4, Ziff. 2.
[2] *Scelle*, Manuel, S. 195.

wesentliche Aufschlüsse über die Auswirkungen der entkolonisatorischen Situation ergeben können.

Titel XII der Verfassung von 1958 hat vier gemeinschaftliche Organe geschaffen: den Präsidenten der Gemeinschaft, den Exekutivrat, den Senat und einen Schiedshof („Cour arbitrale") als Gerichtshof für Verfassungsfragen. Diese Organe sind jedoch — mit Ausnahme des Präsidenten — in der Verfassung selbst nur in sehr groben Zügen umrissen; ihr eigentliches Wesen und vor allem auch das einer Vielzahl von akzessorischen, für das Gesamtbild aber kaum weniger wichtigen Einrichtungen erhellt erst aus den in der Verfassung vorgesehenen Organgesetzen[3] und aus der politischen Praxis. Dabei wird die nachfolgende Untersuchung den Schiedshof wegen seiner geringen Wertigkeit für das Thema nicht berücksichtigen.

§ 1. Die Legitimation

Die Französische Gemeinschaft besitzt in Gestalt ihres Präsidenten ein Organ[4] von überragender Bedeutung, einen wahrhaften „Schlußstein des Gewölbes" der Gemeinschaft[5]. Er ist ein Eigenorgan der Gemeinschaft und nicht etwa gemeinsames Organ der Mitgliedstaaten; die personelle Identität mit dem Präsidenten der Republik[6] hat keinen Einfluß auf die funktionelle Verschiedenheit. Die Mitgliedstaaten sind aufgerufen, an seiner Wahl teilzunehmen. Dieser Umstand unterstreicht in Verbindung mit der ausschließlichen Nennung des „Präsidenten der Gemeinschaft" im Titel XII, daß der organischen Konfusion eine klare funktionale Trennung gegenübersteht.

Die zur Legitimation des Präsidenten erforderliche Teilnahme der Mitgliedstaaten bzw. ihrer Bevölkerungen an seiner Wahl birgt in sich bereits ein grundsätzliches Problem. Da es sich zugleich um den Präsidenten der Republik handelt, kann eine französische Verfassung den Mitgliedstaaten keine in echtem Sinn repräsentative Teilnahme an der

---

[3] Frz. „loi organique", Gesetz mit Verfassungsrang betreffend Einrichtung und Funktion von Staatsorganen; für die Französische Gemeinschaft aufgrund des Ermächtigungsgesetzes vom 3. Juni 1958 erlassen durch Verordnungen des Präsidenten.
[4] Der Organcharakter des Präsidenten wurde aufgrund des Wortlauts von Art. 80 der Verfassung zuweilen bestritten; so *Borella*, L'evolution politique et juridique, S. 774, der etwas mystifizierend aus der Verkörperung der Verbindung von Republik und Mitgliedstaaten in der Person des Präsidenten auf eine von den Organen der Gemeinschaft verschiedene Wesenheit der Präsidentschaft schließt.
[5] M. Debré bei Gelegenh. der Vorlage des Verfassungsentwurfes im Staatsrat am 27. 8. 1958.
[6] Art. 80 Verfassung.

Wahl zugestehen[7]. Im Grunde handelt es sich wieder um die bekannte Frage, wieweit der Einfluß der Überseevölker auf die Zusammensetzung der metropolitanen Organe gehen kann. Die Bedeutung dieses Problems — eines Problems der Gleichheit — für einen echten föderalen Aufbau der Republik war bereits in der kolonialen Reformperiode in Erscheinung getreten und hatte maßgeblich zum endgültigen Zusammenbruch der Assimilationspolitik beigetragen. Auch die Verfassung von 1958 konnte diese konstante politische Hypothek nur auf eine neue Ebene verlagern, nicht aber beseitigen. Das Problem hätte sich nur durch eine Abkehr vom doktrinären Konstitutionalismus lösen lassen; diese letzte Selbstüberwindung französischen Staatsdenkens begann sich jedoch erst in der Phase der „erneuerten" Gemeinschaft zu vollziehen.

§ 2. Repräsentation und politische Führung

Der Präsident der Gemeinschaft übt umfassende materiell-rechtliche und organisatorische Funktionen aus.

Daß der Präsident die Französische Gemeinschaft nach außen vertritt[8], ist nicht nur als Symbol der Einheit des staatsrechtlichen Verbandes zu deuten, vergleichbar etwa der Stellung des britischen Monarchen gegenüber den Republiken des Commonwealth[9]. Neben die üblichen diplomatischen Kompetenzen des Staatsoberhauptes tritt nämlich ein Präsidialerlaß vom 9. Februar 1959, welcher die „Einheit der Außenpolitik von Republik und Gemeinschaft" dekretierte. Angesichts der Gemeinschaftskompetenz für Außenpolitik kann nicht daran gezweifelt werden, daß mit dieser an sich logisch unsicheren Formel eine Art Usurpation einer Gemeinschaftskompetenz durch die Republik vorgenommen wurde — wobei überdies auffallen muß, daß die Republik ihre eigene Außenpolitik offenbar nicht in die zentrale Kompetenz mit eingebracht sehen wollte. Die scheinbar nur koordinierende Bestimmung enthält

---

[7] *Borella* macht in diesem Zusammenhang auf ein starkes Mißverhältnis der den Gliedstaaten zugewiesenen Zahl von Wahlmännern (3642 von insges. 81 761) zur Bevölkerungszahl aufmerksam; die entsprechenden Prozentsätze betragen 4,45 gegenüber 32,3. Vgl. Art. 85 und Art. 6 Abs. 4 sowie die drei zur ersten Wahl ergangenen Dekrete. Die Darstellung *Chatelains*, die Mitgliedstaaten seien „aufgerufen, wirksam an der Wahl... teilzunehmen", aaO., S. 333, stößt sich demnach an den Realitäten; es ist wirklichkeitsnäher, die überseeische Beteiligung an der Wahl des Präsidenten für „... plus symbolique que réelle" zu halten, *Gonidec* II, S. 181.

[8] Art. 80 Verfassung.

[9] Eine Parallele zu den Monarchien des Commonwealth, für welche der britische Monarch auch Staatsoberhaupt ist, besteht in der Französischen Gemeinschaft nicht. Die Verfassungen aller Mitgliedstaaten haben, im Gegensatz zu Frankreich, die Exekutive durch die Einheit von Staats- und Regierungs-Chef zu stärken versucht.

daher unüberhörbar den bestimmten Führungsanspruch der Republik. Es mag nun aber zweifelhaft sein, ob man aus diesem Dekret darauf schließen kann, daß die institutionelle Verwirklichung der der Sache nach gemeinsamen Außenpolitik nach den die Republik betreffenden Verfassungsbestimmungen, insbesondere Art. 53 Abs. 1 und 2, erfolgen muß[10]. Eine Anzahl von Argumenten spricht jedenfalls gegen diese Auslegung[11]. Über die praktische Handhabung der Angelegenheit besteht wegen der kurzen Lebensdauer der Französischen Gemeinschaft kein Überblick. Wenn man nicht mit Gonidec die Führung der äußeren Angelegenheiten kurzerhand dem „domaine français" zuweisen will, ist das ganze Problem im Grunde nur ein Teilaspekt eines ungleich weiter gespannten Fragenkreises, welcher die Grundkonzeption des Organs „Präsident der Gemeinschaft" und besonders sein Verhältnis zu den übrigen Organen berührt. Weitere Teilaspekte betreffen die legislativen, exekutiven und organisatorischen Befugnisse des Präsidenten.

§ 3. Legislative und exekutive Schlüsselstellung

1. Der Präsident als höchstes Exekutivorgan

Wegen des Fehlens einer eigenen Regierung der Gemeinschaft können als Träger ihrer Exekutive nur der Präsident und der Exekutivrat in Betracht kommen. Die Verfassung schweigt jedoch über die konkreten Befugnisse des Präsidenten bei der Leitung der gemeinsamen Angelegenheiten. Das auf Grund des Art. 82 Abs. 3 in Verbindung mit Art. 92 Abs. 1 erlassene Organgesetz über den Exekutivrat[12] bestimmt in Art. 5 Abs. 2:

„Il (der Präsident) formule et notifie les mesures relatives à la direction des affaires communes. Il veille à leur exécution[13]."

Der zweite Satz des Zitats könnte dem Wortlaut nach den Schluß zulassen, der Präsident nehme eine Art Garantenstellung hinsichtlich der

---

[10] *Gonidec* II S. 182.
[11] Sie würde geradezu eine Regel voraussetzen, welche bei Fehlen entsprechender Bestimmungen in Titel XII der Verfassung den auf die Republik bezüglichen Teilen der Verfassung subsidiäre Geltungskraft beimißt. — Weitere Gegenargumente sind die für das Verteidigungswesen herausgebildete Praxis, vgl. Präsidialerlaß vom 9. Februar 1959, sowie die aus der Formulierung „... et de la Communauté" sich ergebenden Gesichtspunkte, vgl. Verfügungen v. 9. 2. u. 14. 4. 1959.
[12] JO v. 20. Dez. 1958.
[13] Im folgenden wird auf Organgesetze nur verwiesen, soweit sie Präzisierungen oder Erweiterungen der Verfassung zum Inhalt haben; bloße Wiederholungen des Verfassungstextes bleiben außer Betracht.

Durchführung der im Zuständigkeitsbereich der Gemeinschaft getroffenen Maßnahmen ein, während diese Durchführung selbst im wesentlichen Aufgabe der Mitgliedstaaten sei. Daß der Bestimmung ein solcher Sinn jedoch nicht zukommen kann, zeigt Art. 82 der Verfassung, der die „mit der Leitung der gemeinsamen Angelegenheiten der Gemeinschaft beauftragten Minister" als Mitglieder des Exekutivrates nennt. Die Gemeinschaft verfügt also über eine ausgeprägte zentrale Exekutivgewalt, die nach Lage der Dinge dem Präsidenten untersteht; er ist es, der die beauftragten Minister ernennt — Art. 3 Abs. 1 OrgG/CE ergänzt auch hierin die Verfassung —, und nur ihm sind sie verantwortlich.

2. Gesetzgebende Gewalt

Die Rechtskompetenz, die Ausführung von Gesetzen „sicherzustellen" oder darüber zu „wachen", schließt nach traditionellem französischem Sprachgebrauch die Zumessung einer Verordnungsgewalt in sich[14]. Dem Präsidenten kommen daher nicht nur exekutive, sondern — schon die Formel „formule et notifie" des Art. 5 Abs. 2 OrgG/CE zeigt es an — auch wichtige legislative Funktionen zu. Diese übt er im Zusammenwirken mit dem Exekutivrat aus („en Conseil Exécutif"), so daß der Rechtssetzungsakt zerfällt in „zwei aufeinanderfolgende Teile, den Beschluß einer Bestimmung und deren Formulierung"[15]. Da die Gemeinschaft ein sonstiges, mit legislativen Befugnissen ausgestattetes Organ nicht besitzt, ist es für den Umfang des Einflusses der Mitgliedstaaten auf die Zentralgewalt um so wesentlicher, wie bei dieser „Arbeitsteilung" zwischen Präsident und Exekutivrat die Akzente gesetzt sind.

Ein Blick auf die Praxis zeigt — unbeschadet der unzulänglichen Informationen in dieser Hinsicht[16] —, daß zeit des Bestehens der Gemeinschaft innerhalb des Exekutivrates eine echte Zusammenarbeit stattgefunden zu haben scheint, daß also die Verfügungen des Präsidenten tatsächlich der Ausdruck eines in gemeinsamer Sitzung geformten mehrheitlichen Willens der Mitglieder des Exekutivrates waren. Würde demnach der Präsident wirklich nur als „Notar" erscheinen[17], der dem Willen des Rates lediglich die juristische Form zu geben hat, so darf dieser Vergleich nicht über die juristische und politische Schwäche der Konstruktion hinwegtäuschen. Das Instrument „formule et notifie" kann in

---

[14] *Chatelain*, aaO., S. 334.
[15] *XXX*, aaO., S. 46.
[16] Die Sitzungsprotokolle des Exekutivrates bleiben geheim, Art. 8 OrgG/CE.
[17] *Gonidec* II S. 153.

sehr verschiedener Weise gehandhabt werden und setzt ein hohes Maß von Verantwortungsgefühl und von Vertrauen zwischen Exekutivrat und Präsident voraus. Die Stellung des Präsidenten ist hierin um so stärker, als er in manchen Angelegenheiten unter abgeschwächter Mitwirkung des Rates oder überhaupt ohne ihn Recht setzen kann. Dabei soll keinesfalls verkannt werden, daß die Verfassung, neben der rechtlichen Ausspielung und Verankerung des politischen Prestiges ihres maßgeblichen Inspirators, in mindestens ebenso hohem Maße die von der Entkolonisierung geschaffenen organisatorischen Notwendigkeiten wiedergibt. Beide Motivierungen stehen nebeneinander und wirken überdies aufeinander ein. Für die Entkolonisierung ergeben sich durch die persönliche Prägung der Verfassung sowohl Vorteile in Gestalt besserer Möglichkeiten für eine flexible Haltung der Exekutive wie auch Nachteile wegen der Abhängigkeit der Exekutive von personalen Stabilitätsmomenten, welche leicht der Gefahr regressiver Entwicklungen erliegen.

§ 4. Organisatorische Leitfunktionen

1. Stellung gegenüber den Verfassungsorganen

Umfassende organisatorische Befugnisse untermauern die überragende Stellung des Präsidenten gegenüber den sonstigen Verfassungsorganen. Er führt nicht nur den Vorsitz im Exekutivrat[18], bestimmt für dessen Sitzungen Zeitpunkt und Ort[19], beruft den Senat ein und eröffnet und schließt dessen Sitzungen[20]; er hat auch das politisch außerordentlich wichtige Recht, die Tagesordnung des Exekutivrates zu bestimmen[21]. Auch der Senat kann, wie aus Art. 17 OrgG/Senat allgemein hervorzugehen scheint, insbesondere aber in den Fällen der Art. 18, 19, 21 dieses Gesetzes nur beraten, wenn er vom Präsidenten der Gemeinschaft mit diesen Fragen befaßt wird. Dadurch sind die beiden Organe in ihren politischen Aktionsmöglichkeiten entscheidend vom Präsidenten abhängig. Die gleiche Erscheinung findet sich beim Schiedshof, der in bestimmten Zuständigkeitsbereichen nur auf Initiative des Präsidenten der Gemeinschaft entscheiden kann[22]. Dieser ernennt auch die Richter, den Präsidenten des Hofes und die Urkundsbeamten[23] — wobei von einem Mitwirkungsrecht eines Repräsentativorgans nicht die Rede ist.

---

[18] Art. 82 Abs. 1 Verfassung.
[19] Art. 1 und 2 OrgG/CE.
[20] Art. 83 Abs. 2 Verfassung, Art. 8 und 9 OrgG/Senat.
[21] Art. 2 OrgG/CE.
[22] Art. 4 und 5 OrgG/Hof, VO vom 19. Dezember 1958, JO vom 20. Dezember 1958.
[23] Art. 6, 8, 19 OrgG/Hof.

Die meisten dieser Funktionen streifen hart das Prinzip der selbständigen Organisationsmacht der Verfassungsorgane[24] und verwischen noch weiter das an sich schon beeinträchtigte horizontale Funktionengefüge zum Vorteil eines einzigen Organs, dessen Willensbildung sich nahezu unabhängig von jeder Einflußnahme durch die Glieder der Gemeinschaft vollziehen kann.

2. Stellung im Vollzugsapparat

Auch die Organisierung des Verwaltungsapparates der Gemeinschaft durch den Präsidenten unterstreicht dessen Stellung als höchstes Exekutivorgan. Er ernennt den Generalsekretär der Gemeinschaft, ruft die Organe und Behörden der Gemeinschaft ins Leben, regelt ihr Verfahren und ernennt ihr Personal[25]. Wenn auch alle diese Entscheidungen „en Conseil Exécutif" getroffen werden, also Raum bleibt für eine Einflußnahme durch den Rat, so sind doch Form und Grenzen dieser Einflußnahme ähnlich unklar abgesteckt wie dies bereits für die Mitwirkung an der Verordnungsgewalt des Präsidenten festgestellt wurde; sie hängt letztlich von der Bereitschaft des Präsidenten ab, dem Rat Einflußmöglichkeiten zuzugestehen. Da Organisationsgewalt allgemein einer der Schlüssel für die Bildung und Ausübung der Macht ist, kann es nicht erstaunen, daß die Verfassung dem Präsidenten als dem alleinigen Träger der Exekutive auch in diesem wichtigen Verwaltungsbereich ausschlaggebendes Gewicht einräumt. Der vom Gesamtbild des Organs „Präsident der Gemeinschaft" vermittelte Eindruck einer außerordentlich unzulänglichen Verwirklichung des Grundsatzes der Mitwirkung der Gemeinschaftsglieder muß sich dadurch allerdings noch weiter verstärken.

---

[24] Immerhin aber kann der Senat sich unabhängig vom Präsidenten, Art. 12 OrgG, und der Hof eine von diesem „gebilligte", Art. 28 OrgG, Geschäftsordnung geben.
[25] Art. 9 OrgG/CE.

Drittes Kapitel

Mitwirkung an der Ausübung der Zentralgewalt: Der Exekutivrat

§ 1. Die Zusammensetzung und ihre Auswirkungen

Der Exekutivrat[1] setzt sich zusammen aus dem Präsidenten, welcher den Vorsitz führt, aus den Regierungschefs aller Mitgliedstaaten der Gemeinschaft sowie aus den mit der Wahrnehmung der gemeinsamen Angelegenheiten der Gemeinschaft betrauten Ministern[2]. Weiterhin ist — an erster Stelle — als notwendiges Mitglied des Rates der Premierminister der Republik genannt. Dieser Umstand läßt ein wichtiges Element der Vorstellungen der Verfassungsredakteure über das komplizierte Verhältnis von Republik und Gemeinschaft zueinander erkennen. Der Premierminister der Republik ist offenbar nicht identisch mit dem Regierungschef[3] eines Mitgliedstaates der Gemeinschaft; anderenfalls hätte es seiner besonderen Nennung nicht bedurft. Die Folgerung, daß die Republik ihrerseits kein Mitgliedstaat der Gemeinschaft sein soll, ist naheliegend. Indes ist diese Folgerung allein aus der genannten Bestimmung heraus noch nicht zwingend; angesichts der in Titel XII der Verfassung mehrfach feststellbaren Bevorzugung einer politisch akzentuierten Textredigierung zu Lasten einer juristisch-logisch meßbaren Ausdrucksweise[4], müßte sie sich an weiteren Verfassungselementen be-

---

[1] Insoweit zur Vollständigkeit des Bildes des Präsidenten als des beherrschenden Organs dessen Möglichkeiten zur politischen und organisatorischen Durchdringung der übrigen Organe darzustellen waren, sind diese bereits erwähnt worden. Für die Beurteilung des Problems der Mitwirkung außerhalb des von der Präsidentschaft repräsentierten inneren Bezirkes der Macht bedarf es noch einer Analyse von Zusammensetzung und Kompetenzen dieser Organe.
[2] Art. 82 Abs. 1 der Verfassung.
[3] Diese Eigenschaft besitzt der Premierminister der Republik nach Art. 21 der Verfassung trotz den weitgehenden Regierungsfunktionen des Präsidenten der Republik und trotz dessen Vorsitz im Ministerrat, Art. 9 der Verfassung.
[4] So ist in Art. 82 Abs. 1 von „gemeinsamen Angelegenheiten der Gemeinschaft" („... ministres chargés, pour la Communauté, des *affaires communes*") die Rede — ein nach seiner Auslegungsfähigkeit erheblich weitergreifender und damit politisch geprägter Ausdruck gegenüber den (ebenfalls uneinheitlichen) Bezeichnungen „Zuständigkeit der Gemeinschaft; Zuständigkeitsbereich der Gemeinschaft; gemeinsame Zuständigkeiten". Ein Vergleich

stätigen. Andererseits wiegt die gelegentliche Gegenüberstellung der Republik und der „anderen Mitglieder" der Gemeinschaft[5] nicht schwer genug, um den Zweifel auszuräumen. Die aus der Zusammensetzung des Exekutivrates sich also zwangsläufig ergebende Frage nach dem juristischen Verhältnis des Begriffspaares „Regierungschefs aller Mitgliedstaaten" und „Premierminister der Republik" zueinander wird daher für den weiteren Gang der Untersuchung im Auge zu behalten sein. Sie ist von grundsätzlicher Bedeutung für die Entkolonisierungsfunktion der Französischen Gemeinschaft als Ganzes und für die Verwirklichung der Mitbestimmung im, wie sich noch ergeben wird, für diese Funktion praktisch wichtigsten Bereich, nämlich dem der Fachverwaltung.

Weiterhin ist die Zusammensetzung des Rates insoweit bedeutungsvoll, als sie eine direkte Beeinflussung der Mehrheitsverhältnisse und damit eine mögliche Präjudizierung der Willensbildung dieses Organs darstellt. Die Mehrheitsverhältnisse im Rat waren bei zwölf afrikanischen und — unter Einschluß der beauftragten Minister — insgesamt acht französischen Stimmen stets durch ein deutliches afrikanisches Übergewicht[6] gekennzeichnet. Dabei blieb es — abgesehen von der bisher offengebliebenen Frage, ob formelle Abstimmungen im Exekutivrat überhaupt stattgefunden haben[7] — selbst dann, wenn zusätzlich auch der Präsident votiert haben sollte[8] oder etwa dem Premierminister der Republik wegen seiner gesonderten Beauftragung mit der Vertei-

---

der zit. Verfassungsbestimmung mit Art. 71 Abs. 2 des CCC-Entwurfs erweist übrigens deutlich die politische Absicht, sich diese weitergreifende Auslegungsmöglichkeit offenzuhalten; dort nämlich hieß es sehr präzise: „... ministres chargés des *affaires énumérées à l'article 69*", wobei Art. 69 den Katalog der Gemeinschaftskompetenzen enthielt.

[5] So Art. 83 Abs. 1 Verfassung. — Vgl. dazu *de Lacharrière*, L'évolution de la Communauté franco-africaine. AFDI 1960 S. 14 Anm. 5.

[6] Von „Afrikanern" und „afrikanisch" wird hier und in der Folge vereinfachend auch dann gesprochen, wenn die Darstellung sich auf die Gemeinschaft insgesamt, deren Bestandteil auch die Republik Madagaskar ist, bezieht. Nur in formellen Bezeichnungen bzw. zur Wahrung des Sinnzusammenhanges werden Zusammensetzungen wie „afrikanisch-madegassisch" usw. gebraucht.

[7] Eine Verfahrensbestimmung dieses Inhalts gibt es nicht. Das Fehlen formeller Abstimmungen würde das politische Mehrheitsverhältnis natürlich seiner Bedeutung für die Frage nach der Mitwirkung weitgehend entkleiden.

[8] Ein derartiges Recht ist, entsprechend dem Fehlen jeglicher Aussage über die Existenz eines Abstimmungsverfahrens, nicht ersichtlich und hätte auch nach der Natur des Verhältnisses zwischen Präsident und Exekutivrat keinen Platz in diesem komplexen Gefüge. Wenn *Gonidec*, II, S. 190 davon spricht, daß der Präsident den „Ausschlag" gebe, so ist nach allem Gesagten darunter wohl eher zu verstehen, daß für die konkret zu treffende Entscheidung die Meinung des Präsidenten größeres politisches Gewicht besitze als die im Rat vorherrschende Auffassung.

digungspolitik der Gemeinschaft[9] doppeltes Stimmrecht zustand[10]. Das wahre Gewicht der getroffenen Regelung wird aber erst auf dem Hintergrund der Kompetenzen des Exekutivrates spürbar.

§ 2. Kompetenzen des Rates

Außer von der in ihrer Bedeutung bereits gewürdigten Mitwirkung an den Normsetzungsakten des Präsidenten, ist die politische Silhouette des Exekutivrats bestimmt von seiner Aufgabe als „Organ der Zusammenarbeit der Mitgliedstaaten der Gemeinschaft auf Regierungs- und Verwaltungsebene"[11]. Damit ist bereits zum Ausdruck gebracht, daß dem Rat keine integrierende, sondern nur eine koordinierende Funktion zukommt. Dementsprechend befaßt er sich („connaît") mit allgemeinen politischen Fragen der Gemeinschaft und berät („délibère") über die durch Schaffung und Unterhaltung von Organen und Behörden der Gemeinschaft verursachten Kosten und deren Aufteilung sowie über die Aufteilung der Kosten der gemeinsamen Politik unter den Mitgliedstaaten. Durch die letztgenannte Befugnis besitzt der Rat eine gewisse Budgetgewalt; es ist aber aufschlußreich, daß diese sich nicht auf die *Entstehung*, sondern nur auf die *Verteilung* der Kosten der gemeinsamen Politik erstrecken soll. Ihrer Entstehung nach werden diese Kosten also weiterhin über die einzelnen Ministerialbudgets der Republik abgerechnet[12].

Gleichzeitig aber ist der Exekutivrat ein Forum, auf welchem sich seine Koordinierungsfunktion und die Leitungsfunktion des Präsidenten aufs engste durchdringen. Der Präsident nimmt einerseits durch seine organisatorischen Lenkungsbefugnisse und sein politisches Gewicht Einfluß auf den Vorgang der Koordinierung des politischen Wollens der afrikanischen Regierungen, andererseits besitzen diese die Möglichkeit, den Präsidenten als das bestimmende Gemeinschaftsorgan in unmittelbarem Kontakt mit den sozialen Entwicklungen und politischen Strömungen in ihren Ländern vertraut zu machen und ihr daraus resultierendes politisches Wollen zur Geltung zu bringen.

Abseits jeder echten Entscheidungsgewalt bzw. jeder konkreten, fest umrissenen Kompetenz[13] präsentiert sich der Exekutivrat somit als Or-

---

[9] Verfügung des Präsidenten vom 14. 4. 1959.
[10] Tatsächlich ist das wenig wahrscheinlich, weil nach der ganzen Anlage des Exekutivrates die Konzeption persönlicher Räte durch den unklaren Verfassungsfirnis hindurchleuchtet; eine Konzeption also, für welche die Häufung von Kompetenzen in einer Person kein Element der Wesensbestimmung ist.
[11] Art. 4 Satz 1 OrgG/CE.
[12] Vgl. Regelung lt. Verfügung vom 13. März 1959.
[13] Abweichende Einschätzung durch *Borella*, L'Evolution S. 776 f. Er schließt aus der Gegenüberstellung von „connaît" und „délibère" ein sach-

gan mit vorwiegend außerrechtlichen, politischen Umrissen. Wohl ein Leitungsorgan der Gemeinschaft mit der Möglichkeit starken politischen Gewichts, erschöpft sich sein Aktionsbereich jedoch auf die Mittel der gegenseitigen Fühlungnahme, Aussprache und Beratung. Insgesamt verkörpert er weniger das Erscheinungsbild eines „Staatsorgans" in klassischem Sinn mit substanziellem, abgegrenztem Kompetenzbereich, sondern wirkt eher als eine dem Präsidenten beigeordnete Körperschaft mit gebündelten und intensivierten Beratungsfunktionen[14]. So sehr die dadurch möglich gewordene Sicherung des Zusammenhalts des Ganzen sowie die Schaffung eines Bewußtseins der Gemeinschaftlichkeit[15] politisch-psychologisch von Bedeutung sein mag, so kann doch eine positive und wirksame Beteiligung der Mitgliedstaaten an der Gestaltung der Zentralgewalt nicht auf die Dauer in einen verfassungsmäßig derart unpräzisen Rahmen gestellt bleiben.

§ 3. Institutionelle Erweiterungen

1. Die Beiziehung von Ministern

Gegenüber diesem für das Problem der Mitwirkung der Gemeinschaftsglieder an der Ausübung der Zentralgewalt ungünstigen Ergebnis kann die Möglichkeit einer ad hoc-Berufung von Ministern der Mitgliedstaaten in den Exekutivrat[16] nicht entscheidend ins Gewicht fallen — schon deshalb nicht, weil zumindest für die ersten Ratssitzungen ausschließlich französische Minister beigezogen wurden[17]. Ungeachtet fachtechnischer Vorteile für die Arbeit des Rates, ist diese Beiziehung für das Mitwirkungsproblem als solches bedeutungslos, weil eigentliche sedes materiae die Kompetenzen des Rates selbst sind und gerade sie durch die Beiziehung nicht erweitert werden. Die Bewegungsrichtung der im Stadium der Französischen Gemeinschaft den

---

liches Entscheidungsrecht im letzteren Fall, erhärtet durch die Budget-Autonomie der Mitgliedstaaten. Außerdem weist B. auf die Praxis hin: Die Sitzungs-Communiqués sprechen von „Entscheidungen", „Annahme" etc. zum Unterschied von vageren Formulierungen; die nachfolgenden Präsidialverfügungen ergingen zum Teil in wörtlicher Wiederholung der Communiqué-Texte. Daraus zieht B. den Schluß, daß „le Conseil Exécutif est donné d'un réel pouvoir de décision, nonobstant les textes. C'est une véritable coutume constitutionnelle qui s'est ainsi instituée en marge des textes". — Borella ist es auch, der den Rat wegen seiner Zusammensetzung „le seul organe commun où triomphe le principe d'égalité" nennt, S. 777.

[14] Vgl. dazu Anm. 10 über die Konzeption „persönlicher Räte".
[15] *Dumon*, La Communauté franco-afro-malgache, 1960, S. 40.
[16] Art. 3 Abs. 2 OrgG/CE.
[17] Verfügungen des Präsidenten v. 31. 1. 1959, JO v. 1. 2. 1959; 3. 2. 1959, JO v. 4. 2. 1959; 24. 2. 1959, JO v. 28. 2. 1959.

Entkolonisierungsprozeß steuernden Kräfte von der individuellen Emanzipierung in der Form der Heranziehung einflußreicher einzelner zu öffentlichen Ämtern zur kollektiven Verselbständigung wird sogar in dieser Detaillösung sichtbar. Eine vom Einzelinteresse losgelöste versachlichte Entkolonisierung sucht sich in Institutionen mit entsprechendem Einfluß zu verwirklichen und muß darum notwendig staatsrechtliches Gepräge tragen. Einrichtungen, welche diesem Entwicklungsgesetz nicht folgen und personelle Entscheidungen nicht mit sachlicher Kompetenzausweitung verbinden, werden sich als einer harmonischen Entwicklung hinderlich erweisen. Umgekehrt tragen solche retartierenden Momente, wie schon gezeigt wurde, in einer Umkehrung ihrer Wirkung zur Beschleunigung der Entkolonisierung bei.

2. Die Sonderausschüsse

Die nämliche Beurteilung muß für die vier Sonderausschüsse des Exekutivrates gelten[18], welche sich aus Vertretern der beauftragten Minister, welche der Präsident ernennt, und den jeweils entsprechenden Ministern der Mitgliedstaaten zusammensetzen. Ihnen obliegt die sachliche Vorbereitung der Ratssitzungen. Die starke Abhängigkeit von Organen der Republik verstärkt sich noch durch die notwendige Teilnahme des Leiters des Sekretariats des Exekutivrats[19], welcher in Personalunion der Generalsekretär der Französischen Gemeinschaft ist.

3. Die Fachkonferenzen

Ebenfalls ausschließlich vorbereitenden Charakter tragen die interministeriellen Konferenzen des Art. 7 OrgG/CE, in deren Rahmen die beauftragten Minister und die jeweils zuständigen Fachminister der Mitgliedstaaten bei Bedarf die mit der Tagesordnung der Ratssitzungen zusammenhängenden Probleme beraten. Solche Konferenzen haben sich im Frühjahr 1959 verschiedentlich konstituiert[20]. Ein Vergleich der Empfehlungen dieser Gremien mit den entsprechenden, aus den Sitzungen des Exekutivrates hervorgegangenen präsidialen Verfügungen muß zwar zu dem Schluß führen, daß bezüglich verschiedener Probleme — unter Einbeziehung der jeweils damit verbundenen politischen Ge-

---

[18] Verfügung des Präsidenten v. 9. 2. 1959, JO v. 17. 2. 1959. Ausschuß für Wirtschaft und Finanzen, für Transport und Fernmeldewesen, für Beziehungen der Gemeinschaft zu internationalen Organisationen, für Justiz und höheres Erziehungswesen.
[19] Vgl. Verfügung des Präsidenten v. 9. 2. 1959, aaO.
[20] Vgl. *Peureux*, Le Conseil Exécutif de la Communauté, RJPOM 1960, S. 73.

sichtspunkte — die wesentlichen Vorarbeiten bis zur Entscheidungsreife in den Fachkonferenzen geleistet wurden[21]. Die enge organisatorische Abhängigkeit vom Präsidenten — er beruft die Konferenzen ein, ernennt die Vorsitzenden und bestimmt die zu erörternden Fragen[22] —, der fakultative Charakter der Tagungen und der sehr geringfügige verfassungsmäßige Spielraum für eine tatsächliche Einflußnahme über die rein technische Vorbereitungsarbeit hinaus[23] sorgen jedoch dafür, daß in dieser Einrichtung kaum mehr als allenfalls ein Ansatzpunkt für eine mögliche Verstärkung der sachlichen und politischen Mitbestimmung gesehen werden kann. Eine eindrucksvolle Bestätigung des unpolitischen Charakters der Fachkonferenzen ist darin zu finden, daß sie allein von allen Institutionen der Gemeinschaft nicht von der hochgehenden Welle der Unabhängigkeit hinweggespült wurden, sondern ihre Arbeit zunächst systematisch fortsetzten[24] und sich zum praktisch wichtigsten Instrument der neuen, nicht-institutionellen Politik der Zusammenarbeit entwickeln konnten. An der weiteren Existenz und verstärkten Aktivität der Fachkonferenzen erwies sich, daß nunmehr, nach Wegfall aller institutionellen politischen Bindungen und Reduzierung der Entkolonisierung auf ihren humanitär-zivilisatorischen Kern, die Metropole einen unverändert starken Einfluß auf die Steuerung der technischen Mittel der Zusammenarbeit neuen Typs behielt[25]. Diese Tatsache sowie die nunmehrige Teilnahme der souveränen Staaten Kamerun und Togo, welche der Französischen Gemeinschaft nicht angehört hatten, an den Arbeiten der Fachkonferenzen dürfen als ein Beweis des Vertrauens und der Anerkennung der entkolonisatorischen Leistung Frankreichs gewertet werden.

§ 4. Die Sitzungspraxis

Die Sitzungspraxis scheint im großen und ganzen dem hier entworfenen Bild des Exekutivrates entsprochen zu haben. Soweit den allein zugänglichen offiziellen Communiqués über die Sitzungen[26] direkt oder

---

[21] *Peureux*, aaO., S. 73; *Kirsch*, aaO., S. 33.
[22] Art. 7 OrgG/CE.
[23] Daher auch „technische Konferenzen" genannt; vgl. *Peureux*, Les conférences techniques de la Communauté en 1960 et 1961, RJPOM 1961 S. 557 ff.
[24] *Peureux*, aaO., zählt bis Februar 1962 insgesamt sechs Konferenzen der Erziehungsminister. Auch in den wichtigsten anderen Fachbereichen fanden Konferenzen nach Erlangung der Unabhängigkeit statt.
[25] *Peureux*, aaO., S. 560 spricht von einem echten „Erziehungsmonopol" Frankreichs in den unabhängigen französischsprachigen Staaten Afrikas und in Madagaskar; eine etwa gleichartige Situation bestand auf währungs- und finanzpolitischem Gebiet sowie auf demjenigen der Justizverwaltung und -kontrolle fort.
[26] Jeweils im JOComm. veröffentlicht. Auf die Geheimhaltung der Sitzungsprotokolle selbst wurde bereits hingewiesen.

indirekt entnommen werden kann, reicht die Skala der Verhaltensweisen des Präsidenten gegenüber dem Rat von der bloßen Mitteilung über die informative Diskussion bis zur echten gleichberechtigten Beratung mit anschließender loyaler Verwertung des Ergebnisses bei der zu „formulierenden" Entscheidung. Es scheint, als ob die beiden letztgenannten Formen der gegenseitigen Beziehungen weit überwogen hätten; auch die Häufigkeit der Einberufung des Rates[27], welche Art. 2 OrgG/CE lediglich an die Sitzungen des Senats und an die Erfordernisse der gemeinsamen Politik bindet, deutet nicht auf einen Willen zu seiner möglichsten Ausschaltung aus jeder Mitverantwortung hin[28]. Im Gegenteil sprechen Anzeichen dafür, daß der Präsident den Rat bewußt an der Verantwortung zu beteiligen trachtete — soweit eben die nationalen Interessen Frankreichs eine Mitbestimmung der überseeischen Mitgliedstaaten zuließen. Schon eine derartige Einschränkung ist allerdings für die grundsätzliche Bedeutung dieser Institution aufschlußreicher als eine im übrigen noch so liberale Handhabung. Außerdem ist unverkennbar, daß in den einzelnen Fragenkomplexen die Lokalisierung dieser Grenze des nationalen Interesses der stets von subjektiven Auffassungen geprägten Initiative des jeweiligen Präsidenten überlassen bleiben sollte. Alle diese Gründe müssen zu dem Ergebnis führen, daß die Mitbestimmung der Gliedstaaten im Exekutivrat nur ansatzweise eine ernstzunehmende Institutionalisierung erfahren hat.

---

[27] Bis zur Verfassungsrevision von 1960 haben insgesamt sieben Sitzungen stattgefunden, davon die letzte am 21. März 1960.
[28] *Kirsch,* aaO., S. 30, hat den „Eindruck einer freimütigen, loyalen und fruchtbaren Zusammenarbeit".

Viertes Kapitel

Mitwirkung an der Ausübung der Zentralgewalt: Verwaltungsorgane

Neben dem Präsidenten und dem Exekutivrat als den politischen Leitorganen nehmen die im eigentlichen Sinne exekutiven Organe für die Untersuchung der gliedstaatlichen Einschaltung in die Zentralverwaltung eine Schlüsselposition ein. Von diesen Organen nämlich sind in Teil XII der Verfassung nur die beauftragten Minister genannt[1]; von den übrigen können als verfassungsrechtlich verankert allenfalls noch diejenigen bezeichnet werden, welche in den Organgesetzen aufgeführt sind[2]. In ihrer Existenz und Funktion, ihrem Aufbau und Zusammenwirken muß sich deshalb die Verfassungswirklichkeit deutlicher spiegeln als in den durch sorgfältig ausgewogene politische Kompromisse zustande gekommenen und eine konstitutionelle Bestandsgarantie genießenden Verfassungsorganen.

§ 1. Die beauftragten Minister

1. Die verfassungsrechtliche Regelung

Wie aus Art. 5 Abs. 2 OrgG/CE mit Deutlichkeit hervorgeht, ist der Präsident das höchste Exekutivorgan der Französischen Gemeinschaft. Art. 6 des Gesetzes erlaubt jedoch die Übertragung eines Teiles seiner Funktionen an Mitglieder des Exekutivrats, als welche in Art. 3 Abs. 1 auch die „mit der Wahrnehmung der gemeinsamen Angelegenheiten beauftragten Minister" erscheinen. Alle drei genannten Bestimmungen — davon Art. 3 und 6 in juristisch unglücklicher innerer Verschränkung — bilden gemeinsam die Grundlage für die Beauftragung einzelner Minister der Mitgliedstaaten mit der Ausführung der vom Präsidenten formulierten Verfügungen. Für diese vom Präsidenten zu verleihende[3] Funktion eines beauftragten Ministers kommen also, schon

---

[1] Art. 82 Abs. 1 der Verfassung.
[2] Außer den beauftragten Ministern nur das Generalsekretariat der Gemeinschaft.
[3] Art. 3 Abs. 1 OrgG/CE, Verfügung Nr. 58—1254, JO v. 20. Dez. 1958.

Art. 82 der Verfassung läßt es erkennen, nur Regierungsmitglieder in Frage. Der Präsident hat es grundsätzlich in der Hand, aus beliebigen Mitgliedstaaten Regierungsmitglieder in diese Funktion zu berufen.

2. „Angepaßte" Verfassungswirklichkeit

Tatsächlich jedoch geht schon aus den Beratungsprotokollen des CCC hervor, daß von vorneherein an die Berufung ausschließlich französischer Minister gedacht war. Diese Regelung kann unter den obwaltenden Umständen nicht schlechthin nur einem fortgesetzten kolonialen Dominationsstreben auf seiten des Mutterlandes zugeschrieben werden. Sie wurde vielmehr — was dem Problem der beauftragten Minister gerade für die hier behandelten Zusammenhänge Bedeutung gibt — ersichtlich von den sachlichen Bedürfnissen erzwungen. Die extreme, mit vielfach verwickelten Aufgabenstellungen verbundene wirtschaftliche und geistige Entwicklungssituation der meisten Mitgliedstaaten einerseits, der empfindliche Mangel an genügend qualifizierten Fachleuten andererseits schufen bereits in den einzelnen Mitgliedstaaten oft nur unzulänglich lösbare Probleme für das Entstehen einer kontinuierlichen, fachlich fundierten Verwaltungstätigkeit. Um so weniger durfte erwartet werden, die das Sonderinteresse der Mitgliedstaaten überwölbenden Kompetenzen der Gemeinschaft könnten in den Händen afrikanischer Minister ohne Ansammlung eines umfangreichen Erfahrungspotentials wirksam wahrgenommen werden[4]. In diesem konkreten Problem bestätigt sich der politisch-soziologisch bedingte Erziehungs- und Kadermangel als bedeutendes hemmendes Moment im Entkolonisierungsablauf; von seinen Auswirkungen ist die Strukturfrage als Ganzes in erheblichem Maße berührt. Es ergab sich die unabweisbare Notwendigkeit, das föderale Prinzip durch stärkere Ausbildung hegemonialer Verfassungselemente an die Erfordernisse der entkolonisatorischen Situation anzupassen. Auch die afrikanischen Mitglieder des Verfassungskomitees konnten sich dieser Notwendigkeit nicht verschließen und mußten die aus der vorgesehenen Berufung französischer Minister sich ergebende Verschiebung zum Ungleichgewicht innerhalb der Exekutive der Gemeinschaft billigend in Kauf nehmen[5]. Diese politische

---

[4] Die politische und verwaltungstechnische Erfahrung der wenigen evoluierten und in der Schule der Assimilationspraxis großgewordenen afrikanischen Politiker dürfte für eine Institutionalisierung von solcher Bedeutung nicht ausgereicht haben — zumal diese Führungskräfte meist sogleich von der in erster Linie gestellten Aufgabe des Neuaufbaues staatlicher Verwaltungen in den Mitgliedstaaten absorbiert wurden.

[5] Ihr vom Verfassungsgeber erfülltes, mit Gründen politischer Psychologie gestütztes Verlangen, diesen wesentlichen Teil der Regelung nicht deutlich in der Verfassung in Erscheinung treten zu lassen, Travaux préparatoires S. 145,

Lösung fand in der schließlichen Beauftragung von sieben französischen Ministern ihren Ausdruck[6].

3. Zentralverwaltung und Mitwirkung

Die Beauftragung französischer Minister mit der Wahrnehmung der gemeinsamen Angelegenheiten und die dadurch eingenommene Position in der Französischen Gemeinschaft verändert oder ergänzt nicht im geringsten die verfassungsmäßige Stellung der Minister im Rahmen der Republik; sie ist ein klassischer Fall eines „dédoublement fonctionnel"[7]. Dieser Umstand beantwortet zum Teil die zu stellende Frage nach der Existenz einer Zentralverwaltung. Die Gemeinschaft besitzt demnach, soweit es die beauftragten Minister anbelangt, keinen in sich geschlossenen Verwaltungskörper. Die Ausführung der vom Präsidenten formulierten Entscheidungen obliegt vielmehr einer Reihe von Einzelverwaltungen, welche jeweils mit dem Apparat des beauftragten Ministeriums identisch sind. Damit aber reduzieren sich die Möglichkeiten direkter Kontrolle und Einflußnahme durch die Mitgliedstaaten der Gemeinschaft im Verwaltungsvollzug auf ein Minimum — und das selbst dann, wenn die Vertretung der Regierung der Republik in den Mitgliedstaaten als effektive Gewährleistung der Verbindung zwischen den beauftragten Ministern und den örtlichen Autoritäten anzusehen sein sollte[8]. Verbindendes Element dieser Verwaltungen ist weniger der Präsident, der gerade die einschlägigen Kompetenzen weitgehend delegiert hat, als vielmehr der Premierminister der Republik, welchem eine Präsidialverfügung die Aufgabe der Koordinierung der verschiedenen Verwaltungsbereiche übertragen hat[9].

4. Koordinierung der Verwaltung und Rechtsvereinheitlichung

Die zuletzt genannte Verfügung ist für den Gegenstand der Untersuchung in doppelter Hinsicht von tieferreichender Bedeutung. Obgleich

---

kommt allerdings einer Täuschung gleich und zieht in dieser Hinsicht das in vollem Umfang erst durch das Verfassungs-Referendum vom Oktober 1958 realisierte Prinzip der freien Zustimmung in Zweifel.

[6] Verfügung des Präsidenten v. 31. 1. 1959, JO v. 1. 2. 1959.

[7] Die Mitgliedschaft im Exekutivrat und die ergänzenden Funktionen stellen keine absolut gegebene Rechtsposition dar, sondern sind lediglich Ausfluß dieses dédoublement fonctionnel.

[8] So *Gonidec* II S. 213 ff.

[9] Verfügung Nr. 59—462 v. 27. 3. 1959, JOComm. 1959, S. 28: Dem Premierminister obliegt „la direction de l'ensemble des rapports de la République avec les autres Etats membres de la Communauté ainsi que l'action d'aide et de coopération de la République avec ces Etats."

sie keine andere Auslegung zuläßt, als daß sie die Koordinierung des Verwaltungshandelns vornehmlich in dem an französische Minister übertragenen Kompetenzbereich der Gemeinschaft zum Ziele hat[10], verwischt die Formulierung „... Leitung der Gesamtheit der Beziehungen der Republik mit den anderen Mitgliedstaaten der Gemeinschaft..." beide in Frage kommenden Kompetenzbereiche in bemerkenswerter Weise. Sie stempelt den übertragenen Gemeinschaftsbereich zum eigenrechtlichen Bestandteil der Beziehungen der Republik zu den anderen Mitgliedstaaten der Gemeinschaft[11] bzw. läßt die bestimmte Absicht erkennen, ihn als solchen zu behandeln.

Noch ein weiteres Moment bekräftigt diesen Eindruck. Der Premierminister vermag seine Leitungsbefugnis mangels einer differenzierteren eigenen Rechtsstruktur der Französischen Gemeinschaft nur nach französischen Normen auszuüben.

Sowohl die allgemeinen Verwaltungsgrundsätze wie auch das besondere Verhältnis des Premierministers zu den beauftragten Ministern richten sich deshalb nach französischem Recht. Die gleiche Erscheinung zeigt sich bezüglich der Amtsführung der beauftragten Minister selbst, sowie im Verhältnis des Präsidenten zu diesen Ministern, welches wegen der Doppelfunktion als Präsident der Republik und Präsident der Gemeinschaft mit dem verfassungsmäßigen Verhältnis des Präsidenten der Republik zu den französischen Ministern identisch sein wird. Die Verfügung Nr. 59-462 wie überhaupt das gesamte System der Delegierung von Verwaltungskompetenzen stellt also nicht nur einen leistungsfähigen Verwaltungskörper in den Dienst der Gemeinschaft und schafft zugleich, wie offenkundig beabsichtigt, einen zusätzlichen, nicht verfassungsgebundenen politischen Steuerungsmechanismus. Vielmehr zeitigen die praktischen Auswirkungen darüber hinaus die Geltung französischen sachlichen Normenrechts für die Führung der gemeinsamen Angelegenheiten. Diese Geltung ist an sich zwar subsidiären Charakters, ist jedoch praktisch um so bedeutsamer, als einschlägige Rechtsschöpfungen der Französischen Gemeinschaft außer den schon genannten

---

[10] Für den eigenen Kompetenzbereich der Republik Frankreich wäre eine Beauftragung des Premierministers angesichts seiner ohnehin gegebenen verfassungsmäßigen Kompetenzen nicht erforderlich gewesen. Außerdem läßt auch die Ausklammerung von „l'action d'aide et de cooperation" nur die genannte Deutung möglich erscheinen; andernfalls müßte dieses Sachgebiet nach gewöhnlichem Sprachgebrauch in „l'ensemble des rapports de la République avec les autres Etats membres..." inbegriffen sein und sich angesichts des gemeinsamen Wirkungskreises mit diesem „ensemble" im wesentlichen decken.

[11] *Gonidec* II S. 213 ff. weicht den Konsequenzen vorsichtig aus, wenn er der Verfügung eine koordinierende Wirkung „zumindest" im Bereich von Hilfe und Zusammenarbeit, also in einem in der Kompetenz der Republik liegenden Bereich, zumißt.

Regelungen nicht stattgefunden haben. Durch diesen bewußt kalkulierten Organisationsmangel in Verbindung mit der stillschweigenden, aber zwangsläufigen Praktizierung französischen Rechts ist die gesamte Exekutive der Gemeinschaft auf subtilere und wirksamere Art in das Staatsrechtssystem der Republik integriert als das durch eine direkte Rezeption französischer Normen je hätte erreicht werden können.

5. *Die Ministerberater*

Die Ernennung von Persönlichkeiten der Mitgliedstaaten zu Beratern der französischen Regierung durch den Präsidenten der Republik[12] ist angesichts der Verhältnisse im Exekutivbereich folgerichtig und zweckentsprechend, gehört jedoch ihrerseits vollständig der internen Rechtssphäre der Republik an. Sie trägt zudem eine ausschließlich politische Note und ist als bloße, im Belieben des Präsidenten liegende Möglichkeit[13] sowie angesichts der nur beratenden Funktion ein überaus schwacher Ansatz zu einer Beteiligung der Mitgliedstaaten an der Gemeinschaftsexekutive.

§ 2. Der Generalsekretär der Gemeinschaft

Ein ebenfalls wichtiger Träger von Verwaltungsfunktionen ist der in Art. 9 OrgG/CE behandelte Generalsekretär der Gemeinschaft.

1. *Entwicklung zum beherrschenden Verbindungsorgan*

Seine Aufgaben stellen sich nach dem Wortlaut des Gesetzes zunächst als relativ untergeordnet dar; sie sind teils organisatorischer Natur (Anwesenheit bei den Sitzungen des Exekutivrates und Erstellung des Protokolls), teils entsprechen sie dem Bild eines technischen Hilfsorgans im Dienst der Vorbereitung der Sitzungen der Gemeinschaftsgremien (z. B. auch der Sitzungen der Fachminister) und zur Verfügung des Präsidenten[14]. Wenngleich bereits diese Funktionen nach ihrer politischen Be-

---

[12] Dekret vom 27. 5. 1959, JO v. 28. 5. 1959, S. 5378.
[13] Durch Dekrete des Präsidenten der Republik vom 23. 7. 1959 JO v. 24. 7. 1959, S. 7347 wurden vier Persönlichkeiten aus den Mitgliedstaaten der Gemeinschaft zu Beratern ernannt.
[14] Die in Art. 9 OrgG/CE weiterhin genannte „Leitung der Behörden der Gemeinschaft" wird im folgenden für die Beurteilung des Generalsekretärs nicht herangezogen werden. Die Praxis hat keine Anhaltspunkte dafür geliefert, was unter den „Behörden der Gemeinschaft" zu verstehen ist. Die Vermutung liegt nahe, daß es sich bei dieser Bestimmung um eine vorsorgliche Grundlegung für einen später zu schaffenden eigenen Exekutivapparat der Gemeinschaft handelt.

deutung und Einflußmöglichkeit nicht als gering eingeschätzt werden dürfen, so hat die Position des Generalsekretärs in der Person ihres ersten Inhabers, Raymond Janot[15], doch von allem Anfang an stark an politischem Profil gewonnen. Er entwickelte sich rasch zum wichtigsten Beratungsorgan des Präsidenten, dem allein er verantwortlich ist[16] und dessen Entscheidungen er mit seinem Stab vorbereitet und ausführt. Für die Exekutive stehen ihm die beauftragten Minister und, auf lokaler Ebene, die Hochkommissare als persönliche Vertreter des Präsidenten in den Mitgliedstaaten[17] zur Verfügung[18]. Aus dieser Aufgabe ergibt sich zugleich die Rolle des Generalsekretärs als eines beherrschenden Verbindungs- und Koordinierungsorgans zwischen dem Präsidenten und der Verwaltung der Gemeinschaft einerseits und den Mitgliedstaaten andererseits.

Der Präsident hat ihm durch Verfügung vom 5. 3. 1959[19] für die Dauer sein Recht zur Unterzeichnung aller Entscheidungen seiner Kompetenz übertragen. Der Generalsekretär stellt auch den Haushalt der Gemeinschaft auf und führt ihn durch. Die Tatsache, daß der Haushalt „in Übereinstimmung mit den das öffentliche Rechnungswesen betreffenden Gesetzen und Verordnungen der Republik Frankreich"[20] ausgeführt wird, ist dabei nur folgerichtig, wenn man sich vor Augen hält, daß auch die zu finanzierende Exekutive selbst ausschließlich nach französischem Recht handelt.

2. Die Bedeutung des Konsensprinzips

Es ist verständlich, daß diese reale Machtfülle eines vom Organgesetz in enger funktionsmäßiger Begrenzung vorgestellten Organs von den meisten Regierungen der Mitgliedstaaten als Etablierung einer

---

[15] Am 8. 1. 1959 „pour la Communauté" bestellt, in der ersten Sitzung des Exekutivrats am 3./4. 2. 1959 gem. dem formellen Verfahren des Art. 9 OrgG/CE nach „Anhörung" des Rates vom Präsidenten ernannt zum „secrétaire général de la Communauté".

[16] Art. 10 OrgG/CE.

[17] Sie „sind im Bereich des Staates, in welchem sie ihr Amt ausüben, für die Angelegenheiten des gemeinsamen Wirkungskreises zuständig", Verfügung v. 9. 2. 1959 JOComm. v. 17. 2. 1959; Anweisung des Präsidenten (instruction présidentielle) v. 24. 3. 1959.

[18] *Borella* scheint einen eigenen Verwaltungsunterbau jedes beauftragten Ministeriums in jedem Mitgliedstaat vorauszusetzen; L'évolution, AFDI 1959, S. 766. Solche Verwaltungskörper würden sich jedoch mit der Existenz und den Kompetenzen der Hochkommissare überschneiden.

[19] JOComm. v. 15. 3. 1959.

[20] Verfügung vom 13. 3. 1959.

eigentlichen, nach Art einer Regierung mit politischen und Verwaltungsfunktionen ausgestatteten Spitze der Exekutive empfunden wurde, an welcher sie keinen Anteil hatten und deren genaue Kompetenzen im Zwielicht blieben. Das in der Konstruktion der Französischen Gemeinschaft verkörperte Stadium der Entkolonisierung ist dadurch gekennzeichnet, daß es im Rahmen eines wohlausgewogenen Kompromisses unter allgemeinem Konsens die Durchführung der Gemeinschaftsaufgaben durch das technisch-zivilisatorisch hochentwickelte Mutterland zuließ, ohne durch diesen Kompromiß das dem Grundsatz nach vom Mutterland bereits anerkannte Gleichheitsprinzip und das in dieses Prinzip investierte junge Selbstgefühl der assoziierten Völker in Frage zu stellen. Das Gleichheitsproblem erfuhr somit eine der Situation entwachsene und ihr angemessene Transformierung in das Prinzip der freien Zustimmung, welches freilich in seiner Beziehung zu politischen und wirtschaftlichen Machtfaktoren bedeutenderen Risiken ausgesetzt ist, andererseits aber auch besser mit einem föderalen Staatsrahmen vereinbar ist als eine lineare Durchführung des Gleichheitsprinzips. Demgegenüber entsprach die Einschaltung des Generalsekretärs als eines „écran paralysant"[21], einer Zwischenstufe mit starkem politischem Eigengewicht, in die Beziehungen der Mitgliedstaaten zum gemeinschaftlichen Überbau nicht dem erreichten politischen und juristischen Entwicklungsstandard, weil diese Einschaltung unter Umgehung des Konsensprinzips erfolgte. Afrikanischen Augen mußte die Institution des Generalsekretariats daher als „reaktionär" erscheinen, als einer geschichtlichen Entwicklung entgegenwirkend. Diese Einschätzung verbreitete sich um so rascher, als der bedenkenlose Ausbau der Befugnisse des Generalsekretariats nicht nur rechtlich eine Mediatisierung der autonomen Staaten in ihren Beziehungen zur Zentralgewalt und damit ihre Abtrennung von der Mitbestimmung zur Folge hatte, sondern zugleich auch politisch eine Handhabung der Gemeinschaftsangelegenheiten befürchten ließ, welche nicht von den in der Verfassung feierlich verkündeten Maximen der Gleichheit und freien Selbstbestimmung inspiriert wäre. Es konnte nicht ausbleiben, daß das Generalsekretariat so zum argwöhnisch belauerten Testfall für die politischen Absichten des Präsidenten und für die französische Konzeption der Gemeinschaft überhaupt werden mußte. Es dürfte deshalb kaum verfehlt sein, einen guten Teil der Gründe für die nachfolgende außerordentlich rasche Evolution und schließlich Inhaltsentleerung des Gemeinschaftsgedankens in der psychologisch ungeschickten Behandlung dieses Amtes zu suchen; man hat nicht beachtet, daß föderale Gemeinschaft ohne strikte Einhaltung des Grundsatzes der Freiwilligkeit nicht zu verwirklichen ist. —

---

[21] *Dumon,* aaO., S. 40.

3. Reform des Generalsekretariats

In richtiger Einschätzung der politischen Natur des Generalsekretariats sah noch die vor der konstituierenden Sitzung des Exekutivrates am 2. 2. 1959 in Paris abgehaltene Konferenz der afrikanischen Premierminister in der Forderung nach dessen turnusmäßiger Besetzung durch sämtliche Mitgliedstaaten der Gemeinschaft die beste Demonstration ihrer Erwartung völliger Gleichheit[22]. Die Angriffe gegen die Institution als solche wie auch gegen die Amtsführung durch R. Janot häuften sich jedoch und gipfelten schließlich im kategorischen Verlangen nach Beseitigung des Generalsekretariats[23]. Daraufhin wurde zu Beginn des Jahres 1960 im Zuge einer begrenzten Umbildung der Verwaltung der Gemeinschaft der Versuch unternommen, unhaltbares Terrain aufzugeben und das Generalsekretariat, abgesehen von der politisch unabweisbaren personellen Neubesetzung[24], auf eine rein verwaltungstechnisch ausgerichtete Position zu verweisen[25]. Schließlich erfolgte auch die lange geforderte Eingrenzung des Amtes durch Erstellung eines präzisen Aufgabenkataloges[26]. Diese Einführung des Enumerationsprinzips hat, in Verbindung mit der dadurch gegebenen Möglichkeit der Kontrolle und der strikteren Abgrenzung der Gewalten im Exekutivsektor, zweifellos die auf eine Ausweitung des Bereiches der Mitbestimmung und damit auf eine Verstärkung der egalitären Entwicklungsmomente hinzielende Strömung in bedeutender Weise unterstützt. Hinzu kommt, daß es fortan in Gestalt vom Präsidenten ernannter Vertreter aller Mitgliedstaaten[27] erstmals eine nicht unwesentliche, weil gesicherte personelle Beteiligung der Mitgliedstaaten am Generalsekretariat gab.

§ 3. Institutionelle Verflechtungserscheinungen zwischen Republik und Gemeinschaft

Bei der Untersuchung der nach der anfänglichen Konzeption der Französischen Gemeinschaft neben dem Präsidenten im Zentrum der Exekutive stehenden Figur des Generalsekretärs gilt es noch eine Be-

---

[22] *Peureux*, aaO., S. 69. Die aus dem Schweigen des Communiqués zu dieser Frage und aus der nachfolgend geübten Praxis zu schließende Ablehnung der Forderung durch den Präsidenten beleuchtet zugleich auch die Verteilung der politischen Gewichte zwischen Rat und Präsident.
[23] So auf dem Kongreß des Rassemblement Démocratique Africain September 1959 in Abidijan.
[24] Vgl. Communiqué der 7. Sitzung des Exekutivrates am 21. 3. 1960.
[25] Verfügungen vom 1. 3. 1960.
[26] Instruction présidentielle vom 16. März 1960, JOComm. v. 15. 4. 1960.
[27] Gegen zehn Vertreter der Republik.

sonderheit hervorzuheben, welche in dem an sich schon nicht umfangreichen einschlägigen Schrifttum kaum in Erscheinung tritt; gleichwohl ist sie für die hier behandelten Aspekte des Gegenstandes aber von aufschlußreicher Bedeutung und schafft ideell einen eigenen Zusammenhang. Damit ist die starke organische Verflechtung verschiedener Verwaltungsbereiche gemeint, welcher zwangsläufig eine unklare Abgrenzung der diesen Verwaltungsbereichen zuzuordnenden Kompetenzen entsprechen mußte. Naturgemäß tritt dieser Zug am stärksten im Verhältnis des gemeinsamen zum französischen Bereich zutage — im Zusammenhang mit den beauftragten Ministern wurde hierüber bereits gesprochen —, ist aber auch bezüglich des Verwaltungsbereiches der autonomen Staaten spürbar.

1. Der Generalsekretär

Vor allem die Position des Generalsekretärs ist in diesem Sinne von ambivalentem Charakter, obgleich sie sich auf den ersten Blick eindeutig als Organ der Gemeinschaft zu zeigen scheint. Sie wurde jedoch, wie die zunächst erfolgte Ernennung „*pour* la Communauté" erkennen läßt (Dekret vom 8. 1. 1959), offenbar aus französischem Recht ins Leben gerufen und erst durch die nachfolgende Berufung zum Generalsekretär „*de* la Communauté" mit der zusätzlichen Funktion eines Gemeinschaftsorgans ausgestattet[28]. Auch hätte es im Zusammenhang mit der Auflösung des alten Überseeministeriums Anfang 1959 kaum interne Schwierigkeiten über die Kompetenzverteilung zwischen dem Generalsekretär der Gemeinschaft und dem Ministerium für die Beziehungen mit den Mitgliedstaaten geben können, wenn sich der Generalsekretär ausschließlich als Organ der Gemeinschaft hätte verstehen müssen. Einem so gearteten Selbstverständnis war mit Sicherheit auch die in der Verfassungswirklichkeit sich herauskristallisierende Aufgabe des Generalsekretärs als Verbindungsstelle des Präsidenten zu den beauftragten Ministern nicht förderlich. In der Praxis dieser Beziehungen hat eine konsequente Trennung der Angelegenheiten des gemeinsamen Wirkungskreises von denen des intern-französischen Bereiches (wie Entwicklungshilfe oder technische Zusammenarbeit) verständlicherweise niemals stattgefunden.

Bei Würdigung der ungemein starken Wirkkraft nicht-konstitutioneller, d. h. von der geschriebenen Verfassung nicht berücksichtigter, wirtschaftlicher und sozialer Zusammenhänge drängt sich immerhin die Einsicht auf, daß die geschilderte Praxis nicht nur psychologisch und

---

[28] Der nämliche, wenngleich unausgesprochene Schluß scheint den Ausführungen *Peureux*', aaO., S. 175 zugrunde zu liegen.

machtpolitisch verständlich war, sondern mindestens zum Teil einer Notwendigkeit entsprochen hat. Die Aufgabe der wirtschaftlich-zivilisatorischen Durchdringung und der kulturellen Entwicklung eines Gebietes bedingt ihrer Natur nach ein Streben nach möglichst ganzheitlicher verwaltungsmäßiger Erfassung aller sozialen Funktionen des Gebietes. Anerkennt man weiterhin, daß föderale Organisationsformen in den Beziehungen zwischen Metropole und abhängigem Gebiet unter heutigen Bedingungen Ausdruck der politischen Fliehkraft des Gebietes sind, so gewinnt der Generalsekretär der Gemeinschaft plastische Konturen als Verkörperung der gesetzmäßigen Antagonismen der die Entkolonisierung beherrschenden politischen Kräfte.

Dem Generalsekretär kam somit automatisch eine gewichtige Stimme auch in internen Fragen der Republik zu. Die Verflechtung seines Amtes mit Aufgaben und Institutionen der Republik hat sich durch die erwähnte Verwaltungsreform vom Frühjahr 1960 noch erheblich verstärkt. Er ist nunmehr auf allen von der Regierung der Republik anberaumten, also rein französischen Konferenzen vertreten, welche die Gemeinschaft berührende Angelegenheiten behandeln sollen[29]. Er ist auch Mitglied des durch Dekret vom 18. 2. 1960[30] geschaffenen „engeren Ausschusses" beim Präsidenten der Republik, einer ebenfalls rein französischen Einrichtung, welche subsidiär zum Ministerrat über die Beziehungen der Republik zu den Staaten der Gemeinschaft zu entscheiden hat.

2. „Engerer Ausschuß" und Spezialverwaltungen

Ähnliche Verflechtungserscheinungen zeigen sich auch an anderen Organen, welche ihrem juristischen Entstehungsgrund und ihrer politischen Erscheinungsform nach zweifelsfrei solche der Republik sind[31]. Der „engere Ausschuß" (Comité restreint) beim Präsidenten der Republik wurde bereits erwähnt; seine pragmatische Gestaltung kommt besonders darin zum Ausdruck, daß je nach Gelegenheit auch die afrikanischen Ministerberater zur Teilnahme an den Sitzungen berufen werden können und daß sein Sekretariat vom Generalsekretär der Gemeinschaft und demjenigen der Regierung der Republik gemeinsam versehen wird.

An den obersten Leitungs-, Planungs- und Aufsichtsorganen verschiedener wirtschaftstechnischer Spezialverwaltungen der Republik sind die

---

[29] Instruction présidentielle vom 16. 3. 1960.
[30] JOComm. v. 15. 3. 1960.
[31] Die beauftragten Minister gehören systematisch nicht in diesen Zusammenhang, da sie mittels eines „dédoublement fonctionnel" verfassungsmäßige Organe der Gemeinschaft sind.

autonomen Staaten in der Form beteiligt, daß sie Vertreter in die Sitzungen dieser Gremien dann entsenden können, wenn Fragen behandelt werden, welche die Gemeinschaft berühren. Bestimmungen dieser Art sind getroffen beispielsweise für den Conseil supérieur der Zivilluftfahrt, den Conseil supérieur der Handelsmarine[32], die Bankenaufsichtskommission und das Währungskomitee der Franc-Zone[33]. Die letztgenannte Einrichtung weist überdies eine ständige Vertretung der autonomen Staaten auf — offensichtlich wegen der grundsätzlichen Rückwirkung der Arbeit des für Fragen der Währungswirtschaft zuständigen Gremiums auf die Wirtschaftspolitik sämtlicher Mitgliedstaaten. Der gleichzeitig ins Leben gerufene Conseil supérieur du Crédit scheint demgegenüber als Einrichtung der Gemeinschaft gedacht zu sein[34]. Alle aufgeführten Behörden sind auf Sachgebieten tätig, welche mit dem Kompetenzbereich der Gemeinschaft identisch sind und damit zum Aufgabenkreis der beauftragten Minister gehören. Den Ministern steht jedoch, wie gezeigt wurde, für den ihrem Auftrag entsprechenden Teil der Gemeinschaftsexekutive grundsätzlich nur der Verwaltungsapparat der Republik zur Verfügung. Die Vertretung der autonomen Staaten in derartigen Spezialorganismen — der Grad der Gleichberechtigung in diesem Rahmen steht allerdings dahin — ist deshalb nicht, wie es zunächst den Anschein haben könnte, ein Rückstand der vormaligen Integrationspolitik, sondern echte, wenngleich rudimentäre Beteiligung an der Exekutive der Gemeinschaft.

3. Zusammensetzung diplomatischer Delegationen

Ähnlich muß, wenn auch auf anderer Ebene, die Teilnahme von Vertretern der autonomen Staaten an diplomatischen Delegationen der Republik bewertet werden[35]. Von Interesse ist dabei die für die Vertretung in internationalen Organisationen eingehaltene Regel. Danach sollten bei den Vereinten Nationen und beim Weltwährungsfonds die afrikanischen und madegassischen Vertreter der französischen Delegation integriert sein, während bei den übrigen Organisationen die autonomen Staaten die Stellung assoziierter Mitglieder einnehmen

---

[32] Verfügung vom 28. 7. 1959.
[33] Verfügung vom 12. 6. 1959, JO v. 27. 6. 1959, S. 6404 f.
[34] So zu schließen aus der Gegenüberstellung der Formulierungen in Art. 5 und 6 des Dekrets vom 12. 6. 1959: „Les Etats membres de la Communauté sont représentés au sein d'un conseil supérieur du crédit..." bzw. „Les Etats d'Afrique et de Madagascar sont représentés au sein du comité monétaire de la zone franc...". Dabei ist die unterschiedliche Bezeichnung der Staaten ebenso zu berücksichtigen wie der unterschiedliche Zeitpunkt der Entstehung der genannten Gremien.
[35] Verfügung v. 12. 6. 1959.

können. Ihre Rechtsstellung bei internationalen Organisationen entspricht damit den auch bisher gehandhabten Regeln für analoge Fälle der Mitgliedschaft abhängiger Gebiete.

4. Das Staatssekretariat für die Beziehungen der Republik mit den Staaten der Gemeinschaft

Insgesamt ist festzustellen, daß die genannten Formen der Beteiligung der Mitgliedstaaten der Französischen Gemeinschaft an Einrichtungen der Republik in so erheblichem Maße zur Verflechtung der Verwaltung von Republik und Gemeinschaft beitragen, daß im Ergebnis scharfe Trennungslinien kaum mehr zu ziehen sind und es vielfach spitzfindiger Auslegungskünste bedarf, um festzustellen, ob eine bestimmte Behörde eine solche der Republik oder der Gemeinschaft ist. Es kann nicht verwundern, daß diese institutionelle Wirrnis zu Gedanken darüber angeregt hat, ob die Verfassungsschöpfer überhaupt den Willen besaßen, eine mehr als fassadenhafte Unterscheidbarkeit von Republik und Gemeinschaft herbeizuführen, und ob eine solche Unterscheidbarkeit objektiv besteht.

Verschiedentlich[36] wurden auch die Kompetenzen des französischen Staatsministers für Hilfeleistung und Zusammenarbeit, dessen Sachgebiet sich in der reinen Entwicklungshilfe erschöpft — und zwar unter generellen Gesichtspunkten, also auch im Hinblick auf Staaten außerhalb der Gemeinschaft —, der funktionellen Sphäre der Gemeinschaft zugeordnet. Es kann auch keinem Zweifel unterliegen, daß die Position des Ministers im Verhältnis zu einem Staat der Gemeinschaft politisch gesehen eine andere ist als im Verhältnis zu einem unabhängigen Staat. In jedem Falle aber handelt es sich um eine Funktion allein der Republik als solcher. Die faktische Gleichsetzung mit einem Organ der Gemeinschaft beleuchtet in eindringlicher Art die Unklarheiten, welche teils durch die zeit- und sachbezogene gegenseitige Überschneidung von Entkolonisierungs- und Entwicklungspolitik, teils durch die staatsrechtliche Heterogenität im organisatorischen Aufbau der Exekutive der Gemeinschaft entstanden waren.

Anders als der Staatsminister für Hilfeleistung und Zusammenarbeit, kann das ihn für den Bereich der Französischen Gemeinschaft ablösende, durch die Verwaltungsreform von 1960 eingerichtete „Staatssekretariat für die Beziehungen der Republik mit den Staaten der Gemeinschaft"[37] in der hier unternommenen Darstellung nicht übergangen werden. Der

---

[36] Für viele: *Dumon,* aaO., S. 41.
[37] Dekret v. 18. 2. 1960, JOComm. 1960, S. 18.

Staatssekretär übernimmt nicht nur, soweit die Gemeinschaft betroffen ist, die Aufgaben des bisherigen Ministeriums für Hilfeleistung und Zusammenarbeit. Vielmehr besitzt er in seiner Zuständigkeit für die Verbindung mit den Hochkommissaren in ihrer Eigenschaft als Vertreter der Republik bedeutenden politischen Einfluß auch auf deren Tätigkeit als persönliche Vertreter des Präsidenten und damit auf den örtlichen Unterbau der Exekutive der Gemeinschaft[38]. Daß dieser Einfluß bewußt eingeräumt werden sollte, um das durch die politisch notwendig gewordene Entmachtung des Generalsekretärs entstandene Vakuum zum Teil wieder aufzufüllen, dafür spricht neben der nun sich abzeichnenden Generallinie der französischen Gemeinschaftspolitik auch die Bestimmung, der Staatssekretär habe gemeinsam mit dem Generalsekretär die Leitung der Behörden der Gemeinschaft auszuüben[39]. Daß diese Bestimmung den Rahmen eines rein nationalen Organes sprengt, bedarf kaum näherer Darlegung.

In der Zusammenschau mit den anderen Reformmaßnahmen wird gerade an der Position des „Staatssekretariats für die Beziehungen der Republik mit den Staaten der Gemeinschaft" sehr deutlich, daß die Verwaltungsreform von 1960 identisch ist mit einem subtilen, aber nachdrücklichen Versuch, die Regierung der Republik verstärkt in die Exekutive der Gemeinschaft einzuschalten. Die damit verbundenen politischen Motive konnten im Hinblick auf die damals sich abzeichnende verfassungsrechtliche Umgestaltung der Französischen Gemeinschaft recht verschiedenartiger Natur sein. Rechtlich bedeutsam ist nur das objektive Ergebnis einer noch weitergehenden Identifizierung der Exekutivgewalten von Gemeinschaft und Republik und dementsprechend eine weitere Reduzierung des nach Mitbestimmung drängenden Einflusses der Mitgliedstaaten.

5. Administrative Verflechtung zwischen dem gemeinsamen und dem autonomen Bereich

Eine administrative Verflechtung im vorgenannten Sinne hat aber auch im Verhältnis des gemeinsamen zum autonomen Bereich stattgefunden. Als Beispiel für diese Erscheinung mag die Situation im Ver-

---

[38] *Peureux* geht sicher zu weit, wenn er den Staatssekretär als rechtlich mit der Ausführung der Präsidialverfügungen beauftragtes Organ sieht, aaO., S. 177; er hat dabei gerade die Doppelnatur der Hochkommissariate außer acht gelassen. Der Text des Dekrets läßt keinen Spielraum für eine von der hier gegebenen Darstellung abweichende Auffassung.

[39] Über diese Behörden vgl. Anm. 14. Es läßt sich nur so viel sagen, daß die Hochkommissare in ihrer Eigenschaft als Vertreter des Präsidenten nicht als solche Behörden angesehen werden können.

teidigungswesen dienen. Obgleich die Regelungskompetenz in diesem Bereich dem Grundsatz nach der Französischen Gemeinschaft oblag, hatte natürlich auch jeder einzelne Mitgliedstaat bei der Schaffung des infrastrukturellen Unterbaues der gemeinsamen Verteidigung, bei Problemen der Logistik, in der Arbeitsgesetzgebung und in sonstigen zivilen Verästelungen des Verteidigungswesens im Rahmen seiner eigenen Kompetenzen eine wichtige Rolle auszufüllen. Die Präsidialverfügungen vom 14. 4. und 25. 5. 1959 griffen nun direkt in die autonome Organisationsgewalt ein, indem sie für jeden Staat die Schaffung eines Verteidigungsrates (Comité de défense) anordneten, der die Erfüllung der genannten Aufgaben gewährleisten sollte. Hat diese Anordnung an sich schon die Grenzen der gemeinsamen Verteidigungskompetenz übersprungen, so läßt sich vollends der Umstand, daß die Rolle, die Zusammensetzung und die Befugnisse dieser Comités durch Präsidialverfügungen zu bestimmen waren, nicht anders denn als Absorption eines besonders wichtigen Teiles der autonomen Staatsverwaltung durch die zentrale Exekutivgewalt qualifizieren. Diese besitzt damit angesichts der Totalität des modernen Verteidigungswesens und wegen der in dieser Totalität gründenden Unmöglichkeit einer juristischen Abgrenzung der betroffenen Verwaltungszweige erheblichen Einfluß auf die wichtigsten Sachgebiete, welche dem Buchstaben der Verfassung nach dem Autonomiebereich zuzurechnen sind.

§ 4. Institutionen mit rechtlicher Doppelnatur

Wenn aus den vorstehenden Abschnitten das Streben nach Erhaltung des metropolitanen Einflusses durch organische Verschränkung als das die Verwaltungstechnik dominierende Prinzip hervorgeht, so sind in logischer Fortführung dieses Gedankens nunmehr noch diejenigen Fälle anzufügen, in denen französische Institutionen Aufgaben im gemeinsamen Bereich in einer ihre Rechtsnatur ändernden Weise übertragen erhielten. Rechtlich ist dieses Phänomen weder der Ausstattung von Handlungsorganen der Republik mit der zusätzlichen Funktion von Organen der Gemeinschaft[40] noch der schlichten Ausübung gemeinschaftlicher Funktionen durch Organe der Republik[41] gleich zu erachten. Vielmehr handelt es sich insoweit um eine echte institutionelle Gemeinsamkeit von Organen, als diese im staatsrechtlichen Rahmen sowohl der

---

[40] Fall der „beauftragten Minister". An ihrer verfassungsrechtlichen Stellung im Rahmen der Republik änderte sich durch die Beauftragung nichts; die Qualität eines Verfassungsorgans der Gemeinschaft trat im Wege des dédoublement fonctionnel selbständig daneben.
[41] Beispiel: Staatssekretär für die Beziehungen der Republik mit den Staaten der Gemeinschaft. Die Exekutiv-Funktionen der Gemeinschaft werden bei dieser Organisations-Variante faktisch als solche der Republik ausgeübt.

Republik wie der Gemeinschaft tätig werden, ohne funktionell ausschließlich einer der beiden Rechtsebenen anzugehören.

Nach der Sachlage ist es leicht verständlich, daß nur staatliche Einrichtungen der Republik in die Lage kamen, sich zu einem gemeinschaftlichen Organ umzuformen. Wirtschafts- und Sozialrat sowie Staatsrat und Kassationshof besitzen diese rechtliche Doppelnatur als Organ der Republik Frankreich und gleichzeitig der Französischen Gemeinschaft; zur Wahrung des hier relevanten übergeordneten Gesichtspunktes werden sie eine zusammenfassende Darstellung erfahren.

1. *Der Wirtschafts- und Sozialrat (Conseil économique et social)*

Er kann gem. Art. 70 der Verfassung von 1958 von der Regierung über „jedes die Republik oder die Gemeinschaft betreffende Problem wirtschaftlicher oder sozialer Art" zu Rate gezogen werden. Diese Konsultativkompetenz auch in Angelegenheiten der Gemeinschaft bedingt, daß unter „Regierung" nicht nur diejenige der Republik, sondern auch das oberste Leitorgan der Gemeinschaft verstanden werden muß. Weitere Konsequenz ist, daß der nachfolgende Satz des gleichen Artikels, wonach die gesamte wirtschaftliche und soziale Grundsatzplanung dem Rat zur Stellungnahme vorgelegt werden muß, in Zusammenhang mit dem vorhergehenden Satz zu lesen ist und sich somit auf die Planung auch der Gemeinschaft bezieht. In diesem Teilbereich seiner Tätigkeit ist der Wirtschafts- und Sozialrat daher als Organ der Gemeinschaft zu betrachten, wenn auch dieser Charakter aus der Verfassung nicht ersichtlich ist und möglicherweise auch nicht dem Willen der Verfassungsschöpfer entsprach. Die rechtliche Qualifikation einer Institution hängt aber weniger von einer Erforschung des politischen Willens der Verfassungsschöpfer, der immer nur Indiz sein kann, als von der objektiven Erscheinungsform der Einrichtung ab[42]. Bezüglich der Teilnahme der autonomen Staaten verweist das Organgesetz des Rates[43] auf den Abschluß von Abkommen, der jedoch offenbar in Erkenntnis der Eigenschaft des Rates als gemeinsames Organ der Gemeinschaft und der Republik sowie angesichts der damaligen verfassungsmäßigen Natur der Gemeinschaft nicht zustande kam. Statt dessen wurde auf dem Verordnungswege bestimmt[44], daß jeder Mitgliedstaat mit zwei Delegierten im Rat vertreten ist, wenn dieser in seiner Eigenschaft als Organ der

---

[42] A. A. *Gonidec* II S. 202; er legt den Verfassungstext einengend dahin aus, daß der Wirtschafts- und Sozialrat nur für *französische*, die Gemeinschaft betreffende Probleme zuständig sei. Dieser Auslegung entspräche konsequent der Schluß auf den ausschließlich französischen Charakter des Rates.

[43] Verordnung Nr. 58—1360 v. 29. 12. 1958.

[44] Verfügung vom 9. 2. 1959.

Gemeinschaft tagt. Das juristische Gleichheitsproblem kann daher auf dieser freilich wenig maßgeblichen Ebene als gelöst gelten.

2. Staatsrat und Kassationshof

Die gleiche rechtliche Einstufung als gemeinsame Organe der Gemeinschaft und der Republik müssen auch Staatsrat (Conseil d'Etat) und Kassationshof (Cour de Cassation) erfahren. Wie aus der Besprechung der Kompetenzverteilung erinnerlich, gehörte die Kontrolle des Justizwesens mangels besonderen Abkommens zum Kompetenzbereich der Gemeinschaft[45]. Als Ergebnis von Beratungen in der Konferenz der Fachminister und im Exekutivrat wurde der Begriff „Kontrolle des Justizwesens" durch Verfügung Nr. 59-68 vom 12. 6. 1959[46] wie folgt definiert:

„Als Kontrolle der Justiz ist die der Gemeinschaft anvertraute hohe Aufgabe zu verstehen, den von den Völkern der Mitgliedstaaten anerkannten Idealen der Gerechtigkeit und Freiheit Achtung zu verschaffen."

Weiterhin umfassen diese „allgemeinen Grundsätze der Justizkontrolle" die Verpflichtung der Mitgliedstaaten, die Ausübung der von der Verfassung von 1958 bekräftigten Menschenrechte und Grundfreiheiten sowie das Recht jedes Bürgers eines Mitgliedstaates auf Anwendung seines Personalstatuts sicherzustellen. Als Garant dieser Prinzipien ist der Schiedshof aufgerufen. Der feierlich deklamatorische Stil und der programmsatzartige Charakter dieses Dekretes darf nicht darüber hinwegtäuschen, daß die Formulierung „... dem Ideal der Gerechtigkeit... Achtung zu verschaffen" neben anderen konkreten Auswirkungen einen so präzisen Kern wie die „Kontrolle der Entscheidungen der Justiz" enthält, welche allerdings wegen der ausschließlich verfassungsrechtlich konzipierten Garantenstellung des Schiedshofes nicht dessen Aufgabenbereich zugehören kann. Dem Dekret Nr. 59-68 mußte deshalb ein gleichdatiertes Dekret über die „allgemeinen Bedingungen der Ausübung der Justizkontrolle" folgen. Dessen Art. 4 bestimmt den Staatsrat bzw. den Kassationshof der Republik zu Revisionsgerichten für die autonomen Staaten der Gemeinschaft, wodurch diese Einrichtungen insoweit zu Organen der Gemeinschaft wurden[47]. Darüber hinaus

---
[45] Art. 78 Abs. 2 der Verfassung.
[46] JO v. 27. 6. 1959, S. 6405.
[47] Sie sind nicht etwa *ausschließliche* Organe der Gemeinschaft geworden, weil das Dekret von Präsident de Gaulle in seiner Eigenschaft als Präsident *der Gemeinschaft* erlassen ist, also die der Republik eigene Organisationsgewalt nicht beeinträchtigen konnte und daher Aufbau und Funktion dieser Gerichte im Rahmen der Republik unberührt ließ.

besitzt der Staatsrat auf Grund der Verordnung Nr. 59-419 vom 10. 3. 1959[48] die Zuständigkeit für Verwaltungsstreitigkeiten im Exekutivbereich der Gemeinschaft, und zwar in erster und letzter Instanz. In dieser Eigenschaft tagt der Staatsrat, obgleich formell Organ der Gemeinschaft, in der für seine Aufgabe als höchstes Verwaltungsgericht der Republik maßgeblichen Zusammensetzung. Laut Art. 3 der Verordnung Nr. 59-419 soll zwar eine Verwaltungsverordnung „bei Bedarf" die „gegebenenfalls" vorzunehmenden Änderungen in der Zusammensetzung des Rates bestimmen. Von dieser an sich schon wenig präzise umrissenen Möglichkeit wurde jedoch kein Gebrauch gemacht, so daß das Problem der Mitwirkung nicht nur für die Gemeinschaftsexekutive selbst, sondern auch für deren gerichtliche Kontrolle eine bemerkenswert negative Lösung gefunden hat.

Günstiger kann die Situation hinsichtlich der Revisionsgerichte gewertet werden. Für Revisionen gegen Gerichtsentscheidungen der Staaten Afrikas oder gegen solche der Republik Madagaskar ist nämlich jeweils eine besondere Kammer („formation spéciale") des Staatsrates oder des Kassationshofes zuständig, die aus Richtern besteht, welche der Präsident der Republik und Präsident der Gemeinschaft[49] auf Vorschlag der Regierungen der afrikanischen Staaten und Madagaskars ernennt[50]. Die im gesamten, die Französische Gemeinschaft betreffenden Normenbestand sehr seltene Formulierung „sur proposition" muß als den Präsidenten bindend verstanden werden in dem Sinne, daß er wohl ein negatives Auswahlrecht besitzt, andererseits aber nur vorgeschlagene Richter ernennen darf. Diese Regelung stellt die einzige de-iure-Einschränkung der im übrigen sehr umfassenden und nur von politischen Faktoren begrenzten Organisationsgewalt des Präsidenten dar und zugleich eine, wenn auch in ihrer politischen Tragweite minder bedeutsame, Realisierung des Gleichheitsprinzips. Diese hebt sich durch den Kontrast zum letzten noch zu behandelnden Organ, dem Senat, einsam aus dem Gefüge der Französischen Gemeinschaft heraus.

---

[48] JO v. 15. 3. 1959.
[49] Die Nennung der Doppelfunktion erklärt sich aus der Eigenschaft der Gerichte als gemeinsames Organ der Republik und der Gemeinschaft.
[50] Art. 4 Abs. 2 Dekret Nr. 59—69 v. 12. 6. 1959.

Fünftes Kapitel

Mitwirkung an der Ausübung der Zentralgewalt: Der Senat

§ 1. Die Bedeutung des Repräsentationsproblems im Gesamtrahmen der Entkolonisierung

1. Entstehung und Funktion des Senats als des einzigen Organs mit dem Charakter einer Repräsentativversammlung sind aufs engste verbunden mit der Entwicklung, welche unter dem Regime der Verfassung von 1946 die Behandlung des Repräsentationsproblems zeitigte. Zunächst ist zu berücksichtigen, daß sich dieses Problem vor 1958 in zwei Wirkungskreise aufspaltete: die Vertretung im Rahmen der Französischen Union und diejenige im Rahmen der Republik[1]. Dem einen, vordergründig föderal ausgestalteten Wirkungskreis entsprach die Konstruktion der Versammlung der Französischen Union. Dem anderen, überwiegend vom Assimilationsprinzip beherrschten Bereich entsprach die Direktvertretung der überseeischen Gebiete der Republik in den französischen Kammern. Nach einem zögernden und nur vorübergehenden Gastspiel der indochinesischen „assoziierten Staaten"[2] deckte sich die Französische Union de facto mit dem Staatsgebiet der Republik[3] und die Versammlung der Union entwickelte sich dadurch zu einem Konsultativorgan allein der Republik[4]. Andererseits sah sich die Versammlung sowohl in ihrer Sachkompetenz wie in ihrer Gleichgewichtsrolle durch die mit dem Rahmengesetz von 1956 in Gang gekommene Aufwertung der Territorialversammlungen einer fortschreitenden Aushöhlung aus-

---

[1] Art. 66 bzw. 79 der Verfassung v. 1946.

[2] Vgl. hierzu Kap. 3 § 1 des II. Teiles.

[3] Die „assoziierten" Gebiete Französisch-Togo und Französisch-Kamerun wurden gem. den Mandats- bzw. Treuhandsverträgen „nach den frz. Gesetzen und Verordnungen" verwaltet, standen also staatsrechtlich auf gleicher Stufe wie die überseeischen Gebiete der Republik. Ihre Erwähnung in Art. 60 der Verfassung von 1946 (Zusammensetzung der Franz. Union) trägt lediglich formell dem besonderen völkerrechtlichen Status dieser Gebiete Rechnung. Dieser Status hatte zwar bestimmte völkerrechtliche Verpflichtungen für die Treuhandsmacht zum Inhalt, kann mangels staatskonstituierender Eigenschaften aber nicht für sich schon im Sinne einer irgendwie gearteten „Personalität" verstanden werden.

[4] Die bis 1958 dauernde Vertretung von Laos und Cambodge trug im wesentlichen nominalen Charakter.

gesetzt. Beide Gründe drängten danach, der Entwicklung auch formell durch Beseitigung der Versammlung Rechnung zu tragen.

Im Gefüge der Republik dagegen erwies sich die Gewährung der inneren Autonomie als das entscheidende Ferment der staatsrechtlichen Fortentwicklung. Ihr substanzieller und organisatorischer Ausbau, verbunden schließlich mit der formellen Sanktionierung durch Anerkennung der Staatlichkeit, machte die direkte Mitwirkung afrikanischer Vertreter in Organen der Republik unmöglich und erzwang somit die Aufgabe des Kernstückes der Integrationspolitik.

2. Dieses Ergebnis sollte jedoch nicht die Beendigung der repräsentativen Entwicklung überhaupt bedeuten. Solange die Entkolonisierung nicht abgeschlossen war und noch staatsrechtliche Bindungen zwischen den ehemaligen Kolonien und dem Mutterland fortdauerten, blieb die Existenz eines Repräsentationsorgans eine Notwendigkeit. Die Gründe hierfür kamen teils aus dem Arsenal der schlichten politischen Opportunität (Möglichkeit der Sammlung, Schulung und Kontrolle der politischen Kräfte, gewisses Gegengewicht zur starken Position des Parlaments der Republik), teils aber drängen in ihnen auch geistige Grundanlagen der Entkolonisierung an die politische Oberfläche (Beziehung der Repräsentation zum Gleichheitsgrundsatz, fortschreitendes Bedürfnis der autochthonen Völker nach Selbstdarstellung und Selbstbestätigung). Als wesentliches Moment trat schließlich noch die tiefreichende Durchdringung des französischen Staatsdenkens mit der Idee der Volkssouveränität hinzu.

3. Die sich abzeichnende Lösung mußte sich jedoch grundsätzlich von der Konzeption der Unionsversammlung unterscheiden. Eine Entwicklung zu innerer Autonomie hat immer die Entstehung zweier voneinander abgegrenzter Kompetenzbereiche mit jeweils eigenem Organisationsraum im Gefolge. Die neue Versammlung war daher von Anfang an in strikter Beschränkung auf die Ebene der Gemeinschaftskompetenzen verwiesen, besaß innerhalb dieses Bereiches allerdings eine der Unionsversammlung fehlende allseitige geographische Zuständigkeit. Eine weitere Entfernung von der Konzeption der Unionsversammlung bewirkte das evidente, als Leitidee über der gesamten Verfassungsgebung der Fünften Republik stehende Mißtrauen gegenüber einer parlamentarischen Legislativgewalt und das Bestreben nach Ausschaltung allzu ausgeprägter Kontrollbefugnisse gegenüber der Exekutive. Gerade unter den speziellen Gegebenheiten der Entkolonisierung mußte sich dieses Bestreben besonders nachhaltig auswirken. Hinzu kam, daß stärker noch als 1946 die Notwendigkeit, eine mehr als nur nominelle Überordnung über die parlamentarischen Versammlungen der Mitglied-

staaten strikt zu vermeiden, die Überlegungen innerhalb der konstituierenden Gremien beherrschte.

Diese Notwendigkeit ergab sich in vorderster Linie für die Republik, für welche mit der Autonomie der ehemaligen Kolonien und der Schaffung eines übergeordneten gemeinsamen Kompetenzbereiches das alte Schreckgespenst der „colonisation par les colonisés" deutlicher als jemals zuvor Gestalt angenommen hatte. Das galt weiterhin — wenn auch in graduell sehr verschiedenem Maße[5] — für die neuen autonomen Staaten, welche in ihrer Einschätzung einer Föderativversammlung sich hin und her gerissen sahen zwischen dem Wunsch, der entkolonisatorischen egalitären Dynamik in Form eines starken Vertretungsorgans zum Durchbruch zu verhelfen, und dem Bewußtsein, einem Anwachsen der Sachzuständigkeit ihrer eigenen autonomen Parlamente den Weg offenhalten zu müssen.

4. Diese Zusammenhänge nötigen dazu, das Repräsentationsproblem insgesamt als eigentlichen juristischen Kristallisationspunkt der Entkolonisation anzusprechen[6]. Solange diese, nach dem traditionellen französischen Kolonialdenken als außerordentlich langfristig angelegt zu verstehen, nicht ihren Abschluß gefunden hatte, mußte die Metropole auf möglichste Wahrung ihres Einflusses bedacht sein; gleichzeitig aber sollte auch das stark emotional gefärbte und deshalb politisch durchschlagskräftige Gleichheitsstreben der autonomen Staaten befriedigt werden. Diese schwer zu vereinbarenden politischen Ziele ließen sich nebeneinander am ehesten — freilich in einem noch zu erörternden einschränkenden Sinn — in einem Föderalparlament verfolgen. Andererseits war die Metropole gezwungen, von ihren eigenen Angelegenheiten und möglichst auch von denen, die rein äußerlich auf die Gemeinschaft zu übertragen sie nicht umhin konnte, jeden wirklichen Einfluß der autonomen Staaten fernzuhalten; diesem Ziel konnte nur die weitgehende Entkleidung der zu schaffenden Versammlung von echten parlamentarischen Prärogativen dienen. Die an sich dogmatisch unbefriedigende Situation, daß die vielfach als föderal berufene Einstellung der provisorischen französischen Regierung von 1958[7] in Gegensatz zum Par-

---

[5] Für diese Unterschiedlichkeit war diejenige der politischen Zielsetzung der verschiedenen parteiartigen Gruppierungen in Franz.-Afrika verantwortlich; im wesentlichen standen sich das Begehren nach möglichst baldiger Unabhängigkeit und dasjenige nach möglichst enger, föderations-ähnlicher und damit in gewissem Maße egalitärer Integration gegenüber.

[6] Wie aus Kap. 2 des 1. Abschnitts erinnerlich, hat es bereits die Beratungen in Brazzaville überschattet und maßgeblich zum Zwiespalt in der von der Konferenz erarbeiteten Position beigetragen, siehe etwa Protokoll der Sitzung v. 6. 2. 1944, La conférence africaine française, aaO., S. 71 ff.

[7] Typisch dafür *Piquemal*, Le Sénat de la Communauté et le problème d'une Assemblée centrale dans une Union d'Etats. RJPOM 1961 S. 394 ff., 564 ff.; die im Regierungsentwurf verwendete Begriffssprache („Fédération,

lamentarismus des Entwurfs der Übersee-Arbeitsgemeinschaft im CCC[8] geriet, findet in diesem Zwiespalt ihre einfache Erklärung. Aus ihm lassen sich nun auch ohne Mühe die Grundvorstellungen ableiten, welche bei der Schaffung des Senats der Gemeinschaft Pate stehen sollten. Es ist dies einmal die Vorstellung einer dem Typus nach echten repräsentativen und in numerisch-technischem Sinn auch egalitären Versammlung; zum anderen der Wille, eine materiell erhebliche parlamentarische Berufung dieser Versammlung weitgehend zu vermeiden.

§ 2. Senat und Repräsentationsprinzip

1. Charakter einer repräsentativen, egalitären Versammlung

Das einem Staatsaufbau westlich-demokratischer Art inhärente Prinzip der Repräsentation ist im Senat überzeugend verkörpert; die indirekte Wahl seiner Mitglieder durch die gesetzgebenden Versammlungen der Mitgliedstaaten der Gemeinschaft[9] tut dem Charakter als Volksvertretung keinen Abbruch[10]. Diese Repräsentation ist zudem durch ihre Bindung an die absoluten Bevölkerungszahlen — ein Senatssitz auf je 300 000 Einwohner bei einem Minimum von 3 Sitzen je Staat[11] — in konsequent egalitärer Weise verwirklicht. Daß diese Regelung im Ergebnis zu einem starken stimmenmäßigen Übergewicht der Republik über die autonomen Staaten führte[12], dürfte der für den Verfassungsgeber maßgebliche Grund dafür gewesen sein, das Problem der Gleichheit im Falle des Senats durch das System strikter Bevölkerungsrepräsentanz zu lösen.

Ein Blick auf die Zusammensetzung der alten Unionsversammlung mag diesen Zusammenhang verdeutlichen: in ihr verteilten sich die Sitze je zur Hälfte auf das europäische Gebiet der Republik einerseits und auf sämtliche Überseegebiete andererseits, gleich ob diese der Republik

---

représentation fédérale" etc.) mochte freilich bei oberflächlicher Betrachtungsweise zu solcher Beurteilung verführen.

[8] Dieser Entwurf wurde mit geringfügigen Modifizierungen offizieller CCC-Entwurf; einschlägige Abschnitte abgedruckt bei *Dumon*, aaO., Annexe 3.

[9] Art. 83 Abs. 1 der Verfassung.

[10] Die Formulierung „Jeder der *Staaten* der Gemeinschaft ist darin vertreten..." in Art. 1 Abs. 2 OrgG/Senat kann demgegenüber nur als falscher redaktioneller Zungenschlag bezeichnet werden; keinesfalls verleiht sie dem Senat die Eigenschaft einer Staatenkammer.

[11] Kommuniqué der Sitzung des Exekutivrats v. 3., 4. Februar 1959; vgl. auch Art. 83 Abs. 1 der Verfassung sowie Art. 1 OrgG/Senat v. 19. 12. 1958, JOComm. v. 15. Februar 1959.

[12] Auf die Republik entfielen infolge der Bevölkerungszahlen 186 Sitze, auf die autonomen Staaten 98 Sitze; Verfügung v. 9. 2. 1959, JOComm. v. 15. 2. 1959.

inkorporiert waren oder als Mitglied der Union den Status eines autonomen assoziierten Staates besaßen[13]. Mag man demgegenüber in der Verteilung der Sitze von 1958 eine in geographischer Hinsicht in etwa vergleichbare Lösung sehen[14], so ist dennoch ein interessanter Wechsel des *Systems* feststellbar. Im Rahmen der Unionsversammlung waren erstmals die Metropole und ihre sämtlichen abhängigen Gebiete gleichberechtigt einander gegenübergestellt. Die Versammlung konnte daher als Ausdruck einer Grundkonzeption erscheinen, der jede Art von Integration fernlag und die eine Entwicklung zu stärkerer „Personalität" der abhängigen Gebiete vorzeichnete. Der Versuch, das Gleichheitsproblem auf solcher Basis zu lösen, war trotz der mangelnden Übereinstimmung mit der juristischen und soziologischen Wirklichkeit im Kern konsequent entkolonisatorisch gedacht: Mutterland und koloniale Kollektivitäten fanden sich in einer partnerschaftlichen Konfrontation zusammengefaßt, deren Grundlage die Idee einer noch zu schaffenden Staatlichkeit des gesamten kolonialen „Besitzes" war. Die Konzeption des Senats verläßt diese Grundlage zugunsten des notwendig integrationistisch wirkenden Bevölkerungsproporzes. Die im Ergebnis damit verbundene Prädominanz des mutterländischen Bevölkerungselements erklärt zum überwiegenden Teil den Einbau der Föderationsformel in den Regierungsentwurf zur Verfassung; sie ist die hauptsächliche Auswirkung dieser Formel geblieben. Es darf vermutet werden, daß die Inspiratoren der Verfassung von 1958 mit dieser Hinwendung zum föderalen Organisationsschema der genannten Bedeutung der zu schaffenden Versammlung als des ideellen, politischen und juristischen Angelpunktes der Entkolonisierungspolitik Rechnung tragen und das Organ nicht anders denn politisch von der Metropole kontrolliert entstehen lassen wollten. Somit drängt sich der Schluß auf, daß die konsequente, in diesem Fall nicht abgewandelte Anwendung des föderalen Prinzips auf den Senat den Gleichheitsbemühungen der Überseevölker zwar der äußeren, rechtlichen Struktur nach entgegenkam, sie im übrigen jedoch in eine Sackgasse führte. Diese Lösung mußte in eine gefährliche Nähe zu den in anderem Zusammenhang erwähnten Versuchen geraten, föderales Gedankengut dem Ziel der kolonialen Behauptung dienstbar zu machen und es damit in seinem rechtsethischen Gehalt zu verfälschen und politisch zu diskreditieren.

Die Abhängigkeit der Zahl der Senatsmitglieder jedes Staates nicht nur von seiner Bevölkerungszahl, sondern auch von den ihm in der Gemeinschaft zukommenden Verantwortlichkeiten[15] entspricht zwar

---
[13] Art. 66 Abs. 1 Verfassung von 1946.
[14] Nachweis im einzelnen bei *Piquemal*, aaO., S. 401 f.
[15] Art. 83 Abs. 1 Satz 2 der Verfassung: „Die Zahl der Delegierten jedes Staates trägt seiner Bevölkerungszahl Rechnung, sowie den Verantwortlichkeiten, welche ihm im Rahmen der Gemeinschaft obliegen."

der Vorstellung von einem dem föderalen Prinzip immanenten konstruktiven Gleichheitsbegriff. Es läßt andererseits aber den Gegensatz zwischen dem föderalen Prinzip und der entkolonisatorischen Gleichheitsforderung in aller Schärfe erscheinen und muß überdies als zusätzliche, auf die vorhersehbare Bevölkerungsentwicklung in den afrikanischen Mitgliedstaaten abgestellte Sicherung des französischen Übergewichts im Senat verstanden werden.

2. *Ausübung verfassunggebender Gewalt*

Eine so geartete Wahrung der Interessen der Republik machte es möglich, den Charakter des Senates als Volksvertretung durch die Beilegung verfassunggebender Qualitäten für die Zukunft zu unterstreichen[16]. Jedoch wirft diese obligatorische Funktion, abgesehen von der mit ihrer Ausübung verbundenen geschichtlichen Ironie[17], ein bezeichnendes Licht auf die Stellung des Senates selbst. Da die Verfassung diejenige der Republik ist, gewährt Art. 85 dem Senat das Recht einer begrenzten Mitwirkung an der Ausübung der verfassunggebenden Gewalt der Republik; er muß daher insoweit als deren Organ betrachtet werden. Der nämliche Zwiespalt also, dessen Verhinderung ein erklärtes Ziel der französischen Entkolonisierungspolitik darstellte, ist in der verfassunggebenden Kompetenz des Senats zur kaum vermeidbaren Wirklichkeit geworden. Andererseits ist leicht einzusehen, welche Bedeutung diese Kompetenz dem stimmenmäßigen Übergewicht der Republik beilegen mußte.

3. *Die Delegationskompetenz*

Dieses Übergewicht war zu richtungweisender Beeinflussung auch der erweiterten Sachzuständigkeit bestimmt, welche dem Senat kraft Delegation durch die Staatenparlamente[18] zufließen konnte. Dieses Verfahren sollte eine gewisse Einheitlichkeit der Gesetzgebung für wichtige

---

[16] Art. 85 der Verfassung: „Anstelle des Verfahrens des Art. 89 werden die die Tätigkeit der gemeinsamen Einrichtungen betreffenden Bestimmungen dieses Abschnitts durch Gesetze abgeändert, welche mit übereinstimmendem Wortlaut vom Parlament der Republik und vom Senat der Gemeinschaft verabschiedet werden." Dieses Verfahren wurde durch Art. 21 Abs. 2 OrgG/Senat auf alle die Gemeinschaft betreffenden Organgesetze ausgedehnt.

[17] „Indes ist die Feststellung bedrückend, daß die verfassunggebende... Rolle erst im Zusammenhang mit dem Verfahren entdeckt zu werden pflegt, das zum Verschwinden gerade der Versammlung führt, welcher die Entdeckung zugute kommt", *Piquemal*, aaO., S. 436. Die Bemerkung ist sowohl auf die Unionsversammlung wie auf den Senat gemünzt.

[18] Art. 83 Abs. 5 Verfassung; Art. 20 OrgG/Senat.

Gebiete des Autonomiebereiches garantieren[19] und hätte demnach ein juristischer Ansatzpunkt für die Entwicklung des Senats zu einem echten Föderalparlament sein können.

Die Chance für eine solche Entwicklung — die Zeit der Existenz des Senats war zu kurz bemessen, als daß die Delegierungsmöglichkeit hätte zum Tragen kommen können — war allerdings von Anfang an recht gering. Für eine vereinheitlichte zentrale Gesetzgebung[20] eignen sich nur Gegenstände, deren Natur eine zentrale Regelung notwendig oder wünschenswert macht; der Grundsatz der Subsidiarität gelangt dabei zu seiner vollen, durch die innere Motorik der Entkolonisierung noch verstärkten Entfaltung. Zu dieser Einengung tritt die Ausnahme derjenigen Gegenstände hinzu, welche dem Senat nach Art. 17 und 18 OrgG nur zur Beratung („... délibère...") oder Prüfung („...examine...") überwiesen sind[21]. Andererseits hätte die Übertragung eines der wenigen verbleibenden Delegierungsobjekte nur einheitlich durch sämtliche Mitgliedstaaten der Gemeinschaft vorgenommen werden können[22], was angesichts der eifersüchtigen Wahrung der frisch erworbenen inneren Souveränität durch die Mitgliedstaaten an die Fähigkeit der Führung der Französischen Gemeinschaft, einen politischen consensus zu erreichen, wahrhaft heroische Anforderungen gestellt hätte. Auch wenn der Senat länger fortbestanden hätte, wäre daher die tatsächliche Vornahme einer Delegierung gem. Art. 83 Abs. 5 der Verfassung recht unwahrscheinlich gewesen.

§ 3. Die Konsultativfunktion des Senats

Ein weiteres, Wesen und Stellung des Senats bestimmendes Konstruktionsprinzip ist die Ausgestaltung als bloßes Konsultativorgan, welche dem Senat die üblichen parlamentarischen Gesetzgebungs- und Kontrollbefugnisse vorenthält. Die Auswirkungen dieses Prinzips sind sowohl hinsichtlich der sachlichen Zuständigkeiten, als auch im organisatorischen Bereich spürbar.

---

[19] *Gonidec*'s These, der Senat hätte im Falle der Delegation nicht als Organ der Gemeinschaft, sondern gewissermaßen als Substitut der lokalen gesetzgebenden Versammlungen im Autonomiebereich gehandelt (*Gonidec* II S. 197), ist zu wenig unterbaut, als daß sie haltbar wäre. Es spricht nichts dafür, daß die Konzeption des Senats als eines Zentralorganes in diesem Punkt hätte verlassen werden sollen.

[20] Diese allein befriedigende Interpretation der Wendung „... prend des décisions exécutoires..." in Art. 83 Abs. 5 der Verfassung wird hier zugrunde gelegt.

[21] *Piquemal*, aaO., S. 424.

[22] *Dumon*, aaO., S. 42; *Piquemal*, aaO., S. 423; XXX, aaO., S. 508; folgerichtig abweichend *Gonidec* II S. 197.

1. Sachliche Zuständigkeiten

Mit Ausnahme der vorerwähnten verfassunggebenden und der eventuell an ihn delegierten Zuständigkeiten besitzt der Senat nur beratende Funktionen; auch unter Würdigung der Feststellung Scelles, das Recht, Ratschläge und Gutachten zu erteilen, beinhalte bereits politische Gewalt[23], konnte er nur insoweit als ein Faktor bei der Willensbildung der Gemeinschaft betrachtet werden. Er „berät" über die gemeinsame Wirtschafts- und Finanzpolitik[24], und zwar nur über konkrete Gesetzesvorlagen auf diesen Gebieten[25]. Die allgemeine Zielrichtung der Politik war darin freilich nicht eingeschlossen; sie konnte nur in der Form der „allgemeinen Ziele der wirtschaftlichen, sozialen und kulturellen Entwicklungspolitik der Gemeinschaft"[26] und nur auf ein im politischen Ermessen des Präsidenten liegendes Konsultationsersuchen hin diskutiert werden. Darüber hinaus fehlte auch jegliches Recht der Haushaltskontrolle; selbst für sein eigenes Organisationsbudget besaß der Senat nur ein Vorschlagsrecht an den Exekutivrat[27]. Aber auch materiell war seine Mitwirkung an der Festlegung der gemeinsamen Politik bereits durch den überragenden wirtschafts- und finanzpolitischen Einfluß eingegrenzt, welchen die Republik mittels des von ihr gespeisten Fonds für Wirtschaftshilfe[28] sowie mittels der Steuerung der Franc-Zone ausübte, der alle Mitglieder der Gemeinschaft angehörten.

Weiterhin „prüft" der Senat die internationalen Verträge und Abkommen üblichen Inhalts, soweit sie die Gemeinschaft verpflichten sollten[29]. Wenngleich sich das Prüfungsrecht sowohl auf die technischen wie auf die politischen Aspekte der Verträge und Abkommen erstreckte, konnte es ebenso wie das Beratungsrecht nur in unverbindlichen Stellungnahmen und Empfehlungen[30] seinen Ausdruck finden. Ebenso verhielt es sich mit der Ermächtigung zur Kriegserklärung[31].

2. Organisationsrechtliche Abhängigkeit

Der hervorstechende Grundzug auf organisationsrechtlichem Gebiet war die starke Abhängigkeit des Senates vom Präsidenten der Gemein-

---

[23] Zit. nach *Lampué*, aaO., S. 17.
[24] Art. 83 Abs. 3 Verfassung.
[25] So bei restriktiver Interpretation bereits aus Art. 83 Abs. 3 Verfassung, präzisiert durch Art. 17 OrgG/Senat.
[26] Art. 22 OrgG/Senat.
[27] Art. 16 Abs. 1 OrgG/Senat.
[28] Fonds d'Aide économique, FAC; Nachfolgeorganisation des Fonds d'Investissement et de Développement économique et social, FIDES.
[29] Art. 18 OrgG unter Bezugnahme auf die Aufzählung in Art. 53 Verfassung.
[30] Art. 24 OrgG.
[31] Art. 19 OrgG.

schaft. Nicht nur hatte dieser den Senat zu ordentlichen wie außerordentlichen Sitzungen einzuberufen und konnte die vorrangige Behandlung eines Gegenstandes erzwingen[32]; auch die sämtlichen Sachkompetenzen des Senats mit Ausnahme delegierter Kompetenzen kamen nur dann zum Tragen, wenn der Präsident den Senat mit entsprechenden Gegenständen befaßte. Der Präsident war daher faktisch Herr der Tagesordnung der Senatssitzungen. Das Initiativrecht des Senats selbst war demgegenüber auf Empfehlungen zur Harmonisierung der Staatengesetzgebung beschränkt[33]. Das Recht zur Selbstorganisation war dem Prinzip nach zwar gewährleistet[34]; jedoch hat der Exekutivrat in der Praxis ein weitgehendes Eingriffsrecht in die Geschäftsordnung des Senats für sich in Anspruch genommen. Tagungsstätte und Verwaltungspersonal waren identisch mit demjenigen des Senats der Republik[35] und stellten ebenfalls ein Instrument der Abhängigkeit in der Hand des Präsidiums eines metropolitanen Organs dar.

In zeitlicher Hinsicht unterlag die Aktivität des Senates Einschränkungen, welche ihn zu einer Versammlung „à caractère épisodique"[36] degradierten. Er ermangelte der parlamentarischen Permanenz[37] und eines ständigen Präsidiums[38]. Enge zeitliche Schranken für die Dauer einer Sitzungsperiode[39] vervollständigen das Bild einer Institution, deren Einzwängung in ein System der vielfältigsten Abhängigkeiten es nicht gestattet, in ihr eine geeignete Plattform einer dem föderalen Prinzip entsprechenden Teilnahme der autonomen Staaten an der Zentralgewalt der Gemeinschaft zu erblicken. Die Erhebung des politischen Opportunitätsermessens des Präsidenten der Gemeinschaft zum Organisationsgrundsatz ließ die ohnehin bescheidenen Zuständigkeiten des Senats als einen Faktor im Konzert der Zentralinstanzen vollends ausscheiden und machte den Senat, ungeachtet der in ihm vertretenen regimefeindlichen Strömungen, zu einem bloßen Werkzeug der Präsidialpolitik.

3. Abbau des Parlamentarismus

Die Zurückdrängung der parlamentarischen Komponente des Föderalismus ist demnach eine der auffallendsten Erscheinungen seiner durch

---

[32] Art. 8, 9, 12 OrgG.
[33] Art. 23 OrgG.
[34] Art. 12 Satz 1 OrgG.
[35] Art. 15 OrgG.
[36] *Gonidec* II, S. 196.
[37] Art. 8 OrgG.
[38] Art. 11 OrgG.
[39] Ein Monat bzw. 10 Tage, Art. 8 und 9 OrgG.

die Entkolonisierung angebahnten Transformierung. Das föderale Prinzip selbst ist dadurch, wie sich gezeigt hat, im Kern seines Wesens nicht berührt; für das entkolonisatorische Zentralproblem jedoch, die Gleichheitsforderung, hat sich Entscheidendes vollzogen, weil gerade das Vertretungsorgan das politisch am meisten hervorgehobene Forum seiner Verwirklichung sein mußte. Klarer als in jedem anderen Zusammenhang wird deshalb am Problem der Repräsentation erkennbar, daß selbst bei Vorhandensein eines ernsthaften Willens der Metropole zur Herstellung einer echten Gleichheitsbeziehung dieses Ziel jedenfalls im Rahmen eines Föderalverbandes des bundesstaatlichen Typus für die Dauer unerreichbar bleiben mußte. Wenn aber eine vollständige Gleichheitsbeziehung in föderalem Rahmen *grundsätzlich* nicht herzustellen war, so liegt darin zugleich der tiefere Grund dafür, daß auch die staatlichen Strukturen der Übergangszeit das Gleichheitsproblem nur unvollkommen bewältigen konnten und deshalb eine notwendig ephemere Gestaltung annehmen mußten. Diesen Charakter verkörperte der Senat der Gemeinschaft in besonderer Weise. Immerhin sollen aber die kurze Zeit seines Bestehens[40] und die bescheidenen Ergebnisse seiner Aktivität nicht den Blick dafür verstellen, daß der geistigen Konzeption und der rechtlichen Ausgestaltung gerade dieses äußerlich so wenig in Erscheinung getretenen Gebildes eine grundlegende und symptomatische Bedeutung für die Stellung des föderalen Prinzips in der Endphase der Entkolonisierung zukam.

---

[40] Nach nur zwei Sitzungen im Juli 1959 und im Juni 1960 entfiel durch die Unabhängigkeit aller bis dahin autonomen Staaten in Verbindung mit der vertraglichen Vereinbarung, einen interparlamentarischen beratenden Senat neuen Typs zu schaffen, die rechtliche und politische Grundlage für die Einberufung des Senats. Allerdings wurde die Verfassung im Hinblick auf ihn nicht geändert. Es entsprach deshalb wohl der politischen, nicht aber der juristischen Sachlage, wenn der Premierminister der Republik in seiner Antwort vom 8. 4. 1961 auf zwei parlamentarische Anfragen vom „Verschwinden" des Senats sprach, das am 28. 11. 1960 durch Inkrafttreten des letzten Abkommens über die Übertragung der Kompetenzen der Gemeinschaft bewirkt worden sei. Ebenso problematisch in verfassungsrechtlicher Hinsicht sind Schreiben des Präsidenten des Senats an den Präsidenten der Gemeinschaft vom 28. 11. und 31. 12. 1960, in denen die Beendigung der Existenz des Senats festgestellt wird, sowie das diesen Sachverhalt bestätigende Antwortschreiben des Präsidenten vom 10. 1. 1961 (sämtlich zit. nach *Piquemal*, aaO., S. 565).

Sechstes Kapitel

Das föderale Prinzip zwischen Entkolonisierung und internationaler Integration: Die Französische Gemeinschaft als Modell

§ 1. Standort der Französischen Gemeinschaft im Entkolonisierungsablauf

1. In weitgreifender Perspektive betrachtet, hat die Französische Gemeinschaft ihre unmittelbare Aufgabe erfüllt, dem letzten und entscheidenden Stadium der Entkolonisierung ein staatsrechtlicher Rahmen zu sein und den reibungslosen Übergang zur Unabhängigkeit zu gewährleisten. Darüber hinaus aber ist sie von Interesse als Strukturphänomen, welches im Schnittpunkt sich kreuzender politischer Kraftfelder — des Dranges nach Selbstbestimmung, des machtpolitischen Behauptungswillens sowie der vielfältigen äußeren Bedingungen der Entkolonisierung — bedeutenden verformenden Einflüssen unterliegt. Daß es sich bei der Analyse dieser Situation nicht um den Versuch handeln darf, die gegebene Struktur in das Prokrustesbett überlieferter Kategorien der klassischen Staatenverbindungslehre einzuzwängen, wurde bereits dargetan. Es bedarf dabei keiner übergroßen Bemühung, um den Charakter der Französischen Gemeinschaft als einer Konstruktion sui generis zu erfassen, welche einerseits in manchen Zügen der einen oder der anderen der hauptsächlichen Typisierungen des föderalen Prinzips angenähert ist, andererseits aber wesentliche Elemente sowohl des Bundesstaates wie des Staatenbundes vermissen läßt[1].

2. Insbesondere aber wird die von ernst zu nehmenden Autoren vertretene Auffassung, die Französische Gemeinschaft sei im Grunde nur eine andere Erscheinungsform der Republik Frankreich[2], dem Wesen dieser Konstruktion keinesfalls gerecht. Zwar wurden im Zweiten Teil der vor-

---

[1] Zur Rechtsnatur der Franz. Gemeinschaft äußern sich: *Borella*, Le Fédéralisme dans la Constitution française du 5 oct. 1958 (Titres XII et XIII), AFDI 1958, S. 668; *Dumon*, aaO., S. 47 ff.; *Freudenberg*, Franz. Gemeinschaft, in *Strupp-Schlochauer*, Wörterbuch S. 559; *Gonidec* II S. 216 ff.; *Luchaire*, aaO., S. 165 ff.; *Nera*, La Communauté, 1960, S. 80 ff.; *Prélot*, Pour comprendre la nouvelle Constitution, 1958, S. 57; *Rolland-Lampué*, aaO., S. 424 ff.; *XXX*, Communauté S. 522 ff.

[2] *Gonidec* II S. 222; *Borella*, Fédéralisme S. 681.

liegenden Untersuchung manche Elemente der Verfassung, insbesondere aber der Verfassungswirklichkeit herausgestellt, welche diese Theorie der Identität zu stützen scheinen. Die Verfassung der Gemeinschaft ist wie diejenige der Französischen Union Bestandteil der Verfassung der Republik; der gesamte Rechtsraum der Gemeinschaft beruht daher auf französischem Verfassungsrecht. Weitgehende Identitäten im Bereich der Kompetenzen (Außenpolitik, Nationalität, Verteidigung, Währung, Finanzen) und Organe (Präsident, Fachminister, Verwaltungsapparat, höchste Gerichtshöfe) beherrschen die verfassungsrechtliche Szenerie der Gemeinschaft; auch der Umfang des — vom Mutterland kontrollierten — „domaine commun" ist infolge seiner Definierung[3] durch die ebenfalls metropolitan gesteuerte Regierungsgewalt der Gemeinschaft völlig in die Hand der Republik gegeben. Die Exekutive der Gemeinschaft beruht materiell- und formalrechtlich auf dem Rechtssystem der Republik. Auch nimmt diese trotz ihrer engen Verflechtung mit den Angelegenheiten der Gemeinschaft nach deren ganzer Anlage eine Stellung ein, die begründete Zweifel erweckt, ob den Schöpfern der Verfassung eine als „Mitgliedschaft" zu bezeichnende Konzeption der Beziehungen der Republik zur Gemeinschaft vor Augen stand. Die vorstehenden Kapitel haben ergeben, daß bereits der Verfassungstext selbst in dieser Hinsicht manche Fragen aufgibt; auch war nicht die Gemeinschaft, sondern nur die Republik im Besitz äußerer Souveränität und völkerrechtlicher Vertretungsmacht. Darüber hinaus aber schufen die Verfügungen des Präsidenten der Gemeinschaft zwangsläufig überwiegend Sonderrecht für die autonomen Staaten, was teils durch deren mangelnden sozialen und wirtschaftlichen Entwicklungsstand, teils aber auch dadurch veranlaßt war, daß die Republik ihr besonderes, dem Verfassungsrang nach gleichstehendes Gesetzgebungsverfahren beibehielt. So ist es ein auffallendes Merkmal der kurzen Geschichte der Französischen Gemeinschaft, daß die gesamte rechtsetzende Tätigkeit des Präsidenten sich über den gemeinschaftlichen Kompetenzbereich grundsätzlich nur auf die rechtliche Position der autonomen Staaten auswirkte, nicht aber Verbindlichkeit auch für die Republik beanspruchte[4]. Die übergreifende gemeinschaft-

---

[3] Vgl. Empfehlungen der Kompetenz-Kommission des Exekutivrates und die jeweils entsprechenden Verfügungen des Präsidenten der Gemeinschaft über die Abgrenzung der gemeinschaftlichen Kompetenzbereiche. Nachweise bei *Peureux*, aaO., S. 74 ff.

[4] Besonders deutlich wird dieser Grundzug in der erwähnten Regelung der Revisionszuständigkeit von Staatsrat und Kassationshof; soweit sie für die Republik in Funktion treten sollten, blieben Gestalt und Aufgabe dieser Rechtsprechungsorgane unverändert bestehen. Einem mitgliedschaftlichen Verhältnis der Republik zur Gemeinschaft hätte die vollständige Herausnahme der Höfe aus dem verfassungsrechtlichen Rahmen der Republik und die Konstituierung als gemeinschaftliche Organe entsprochen. Auch die merkwürdige Erscheinung der doppelfunktionalen Richterernennung („Durch

liche Rechtsordnung bestand dadurch teils in Sonderrecht für die autonomen Mitgliedstaaten, teils war sie identisch mit derjenigen der Republik.

Dennoch erfaßt die Identitätstheorie nicht die ganze Wirklichkeit der Französischen Gemeinschaft. Deren Verfassung hat, unabhängig von ihrem Ursprung, aus den überseeischen Territorien Staaten mit Verfassungsautonomie und durchgebildeter Organisation der Gewalten entstehen lassen, Staaten mit selbständiger politischer Handlungsfähigkeit in einem abgegrenzten Bereich sachlicher Zuständigkeiten. Zentrale Organe verbürgten den autonomen Mitgliedstaaten ein gewisses, wenn auch geringes Maß an Mitbestimmung in einem gemeinschaftlichen Kompetenzbereich. Diese Merkmale gehen über die Formen der Dezentralisierung weit hinaus; der politische Aktionsraum der autonomen Staaten ist eindeutig föderal ausgestaltet.

3. Nun läßt sich aber — das hat die Identitätstheorie an sich richtig vor Augen — das Bild der Gemeinschaft rein von der Struktur her nicht umfassend erschließen; vielmehr kommt es vor allem auf die Beschaffenheit der die Strukturen innerlich ausfüllenden Machtverhältnisse an. Sie finden ihren Ausdruck im Grad der Mitwirkung der Gliedstaaten an der Zentralgewalt; diese Mitwirkung aber ist sowohl Wesenselement des Föderalismus wie Konkretisierung der Triebkräfte der Entkolonisierung. Die Suche nach ihrer angemessenen Form und ihrem Ausmaß beherrscht die Französische Gemeinschaft als die letzte Phase einer kontinuierlichen Entwicklung, welche sich in verschiedenen Wachstumsstadien der inneren Verselbständigung ausdrückt. Diese letzte Phase kennzeichnet sich daher nicht mehr durch das Streben nach Identifikation, sondern durch verfeinerte, mittelbare Formen der Herrschaftsausübung; die Republik beherrscht die Gemeinschaft, ohne sich mit ihr zu identifizieren[5]. Das Erscheinungsbild ihres Verhältnisses zueinander ist daher das der staatsrechtlichen, d. h. föderalen Hegemonie — mit der Besonderheit, daß der Hegemonialstaat seine eigene Rechtsordnung außerhalb des gemeinschaftlichen föderalen Gesamtrahmens hält. In der hegemonialen Ausrichtung muß somit, neben den bereits erwähnten Erscheinungen einer ideellen und organischen Transformierung, ein weiterer Grundzug des entkolonisatorischen Föderalismus erkannt werden.

Dekret des Präsidenten der Republik, Präsidenten der Gemeinschaft") ist allein dadurch hervorgerufen, daß eine auch die Republik erfassende, gemeinschaftliche richterliche Kompetenz nicht geschaffen werden sollte.
[5] Im Ergebnis ähnl. *de Lacharrière*, L'évolution de la Communauté franco-africaine, AFDI 1960, S. 20.

§ 2. Die „erneuerte" Gemeinschaft: Erlangung der internationalen Souveränität

1. Der hegemoniale, das entkolonisatorische Grunderfordernis der Gleichheit nur unzulänglich erfüllende Charakter der Französischen Gemeinschaft läßt es angesichts des Ungestüms der auf die Entkolonisierung hinarbeitenden Kräfte begreiflich erscheinen, daß diese Konstruktion in der ihr durch die Verfassung vom 4. Oktober 1958 verliehenen Gestalt das Emanzipationsverlangen nur für eine Übergangszeit befriedigen konnte. Die sich formierenden nationalen Personalitäten standen dem Gedanken einer um jeden Preis zu erringenden Eigenverwirklichung näher als einer von Vernunftgründen getragenen Interdependenz; man war notfalls auch bereit, die Armut in Unabhängigkeit einer wirtschaftlichen Prosperität in „kolonialer Knechtschaft" vorzuziehen. So wurde auch der „transformierte", seiner eigentlichen, integrierenden Funktion beraubte Föderalismus zum stets ungeduldiger ertragenen staatlichen Rahmen einer in zunehmendem Maße als Übergangslösung empfundenen Situation. Diese Lösung konnte, wie sehr rasch deutlich wurde, nur noch den einen Sinn haben, die unerläßlichen organisatorischen Voraussetzungen für die Entlassung in die Unabhängigkeit zu schaffen.

Im Grunde war bereits zur Zeit der Ausarbeitung der Verfassung von 1958 erkannt, daß die Gleichheitsforderung den Rahmen jeder föderalen Konstruktion sprengen mußte und das föderale Prinzip daher zu einer Lösung des Problems der Entkolonisierung auf dauerhafter Grundlage nicht fähig sein würde. In diesem Zusammenhang muß das zähe Ringen um die Verwirklichung einer föderalen oder einer konföderalen Konzeption der Französischen Gemeinschaft gesehen werden[6]. Deshalb auch bestand teilweise von Anfang an die erklärte Absicht, die Entwicklung über die Französische Gemeinschaft hinauszuführen[7]; sogar der freiwillige Eintritt der überwiegenden Zahl der Territorien in die zu gründende Gemeinschaft konnte erst dann als gesichert gelten, als de Gaulle sich deren „Öffnung", d. h. die Möglichkeit des Austritts[8] hatte abringen lassen[9]. Dementsprechend findet sich beispielsweise in der Ver-

---

[6] *Duverger* nennt diese Vorgänge „ein wahrhaftes Ränkespiel" („Une lutte assez byzantine..."), Droit constitutionnel et institutions politiques, 1959, S. 504. Zu den Debatten im CCC vgl. Travaux S. 38 ff. und 118 ff.

[7] Vgl. *L. S. Senghor* bereits im November 1958: „Nous resterons dans la Communauté, *si nous lui donnons une interprétation dynamique qui découle de la Constitution*". Zit. nach *Dumon*, aaO., S. 88.

[8] Art. 86 der Verfassung.

[9] Über die Bedeutung der Reise des Ministerpräsidenten durch die afrikanischen Territorien und nach Madagaskar für die endgültige Verfassungsredaktion vgl. *Merle*, La Constitution et les problèmes d'outre-mer, RfSP 1959 S. 135 ff.

fassung der Republik Senegal der Hinweis, die Zustimmung zur Bildung der Gemeinschaft sei zwar aus freien Stücken gegeben worden, jedoch „unter den durch die Artikel 86 und 88 der Verfassung der Gemeinschaft eröffneten Aussichten"; ferner wird Anspruch auf „Unabhängigkeit in freundschaftlicher Verbundenheit mit dem französischen Volk" erhoben[10].

2. Früher als erwartet ergab sich daher die Notwendigkeit, Verhandlungen über die Einräumung eines unabhängigen Status für die autonomen Mitgliedstaaten zu führen[11]. Durch bilaterale Übertragung sämtlicher Kompetenzen der Gemeinschaft an die einzelnen Mitgliedstaaten[12] erlangten diese die „internationale Souveränität" bzw. „Unabhängigkeit"[13].

Die Situation wirtschaftlicher Unterentwicklung drängte jedoch alle betroffenen Staaten, eine besondere Bindung an das ehemalige Mutterland beizubehalten; damit stellte sich das Problem einer künftigen Gestaltung der bisherigen Verfassungsgemeinschaft. Jede neue Rechtsbindung dieser Art war aber nur dann mit der frischerworbenen Unabhängigkeit vereinbar, wenn sie in voller Freiwilligkeit eingegangen war. Die neu zu bildende Gemeinschaft mußte deshalb notwendig auf vertraglicher Basis errichtet werden; denn „eine Organisation von unabhängigen Staaten kann nur die Konvention als Gesetz haben"[14].

3. Für diesen Rückzug aus dem institutionellen in den vertraglichen Bereich war eine Revision der Verfassung erforderlich, die vor allem auch die Möglichkeit des Verbleibens in der Gemeinschaft nach Zugang zur Unabhängigkeit zu sichern hatte; unter Titel XII in seiner ursprünglichen Gestalt war diese Möglichkeit nicht gegeben[15]. Beide Ziele wurden erreicht durch verfassungsänderndes Gesetz vom 4. Juni 1960[16].

---

[10] Präambel der Verfassung der Republik Senegal vom 24. Januar 1959; Text bei *Gonidec*, Constitutions des Etats de la Communauté, S. 106.
[11] Vgl. Communiqué der 6. Sitzung des Exekutivrates in St. Louis; Text in E. A. 1960, Teil 1, S. 166.
[12] Zunächst Mali und Madagaskar, Verträge vom 2. bzw. 4. April 1960, bestätigt durch frz. Gesetz vom 17. 6. 1960 (JO vom 18. 6. 1960), in Kraft seit 19. bzw. 26. 6. 1960. Sodann in rascher Folge alle übrigen bis dahin autonomen Staaten, zuletzt Islamische Republik Mauretanien 28. November 1960.
[13] Die Verwendung der tautologischen Formulierung „accède... à la souveraineté internationale et à l'indépendence" im Abkommen mit Madagaskar wird richtigerweise auf psychologische Überlegungen zurückzuführen sein, vgl. *Conac-Feuer*, Les accords franco-malgaches, AFDI 1960 S. 862.
[14] Staatssekretär Foyer vor der Nationalversammlung; zit. nach *XXX*, La révision constitutionnelle relative à la Communauté. RJPOM 1960 S. 475.
[15] Vgl. *XXX*, Révision S. 459 ff. mit eingehender Analyse der einschlägigen Artikel 78 Abs. 3, 86 Abs. 2 und 88.
[16] Dt. Text Archiv der Gegenwart 1960 Sp. 8382 E. Zum verfassungsmäßigen Zustandekommen des Gesetzes vgl. wiederum *XXX*, Révision S. 466 ff.

In den bilateralen Verträgen über die Zugehörigkeit zur Gemeinschaft sowie über die Zusammenarbeit der Vertragspartner[17] wurden die organisatorischen Umrisse der neu zu schaffenden „Communauté contractuelle" zwar abgesteckt: Neben den Präsidenten sollte eine periodische Konferenz der Staats- und Regierungschefs sowie ein interparlamentarischer beratender Senat treten; außerdem waren Minister- und Expertenkomitees vorgesehen.

Die politische Entwicklung ging jedoch über diese Pläne hinweg, ohne daß noch ein Versuch zu ihrer Ausführung gemacht worden wäre. Damit blieb es, unter Verzicht auf eine gemeinsame Organisation, bei den zweiseitigen vertraglichen Beziehungen zwischen Frankreich und den ehemaligen Mitgliedstaaten der Gemeinschaft; es entstand eine durch vorwiegend wirtschaftliche, finanzielle und kulturelle Wechselbeziehungen gekennzeichnete „Zone der Zusammenarbeit"[18].

Die Rolle der Sonderbeziehung Entkolonisierung—Föderalismus war damit beendigt. Einerseits war eine Beziehung der Gleichheit auf kollektiver Ebene hergestellt; andrerseits erscheint die vertragliche Interdependenz zu wenig organisatorisch-verbindlich ausgestaltet, als daß von Föderalismus gesprochen werden könnte. In der Entwicklung föderaler Strukturen mit wesentlicher *Übergangs*-Funktion hat Frankreich jedoch eine bemerkenswerte Anpassungsfähigkeit und Geschicklichkeit auf einem ihm durchaus ungewohnten verfassungspolitischen Gelände bewiesen; sie hat eine glatte Abwicklung der Entkolonisierung als eines schwierigen und gefährlichen Problems von welthistorischem Rang ermöglicht.

§ 3. Das föderale Prinzip als gestaltendes Element der internationalen Integration

1. Obgleich der Übergang zur vertraglichen Gemeinschaft zugleich mit dem Entkolonisierungsprozeß selbst auch die ihm dienende Rolle eines funktionalisierten und transformierten föderalen Prinzips zum Abschluß brachte, lenkt die gleiche Entwicklung den Blick auf eine weiterführende, in einen größeren Zusammenhang zu stellende Bedeut-

---

[17] Inhalts-Aufschlüsselung der frz.-malianischen und frz.-madegassischen Verträge bei *Dumon*, aaO., S. 98 ff.; *XXX*, Révision S. 463 ff. Zwecks peinlicher Wahrung des Souveränitätsprinzips wurden diese Verträge gleichzeitig mit der Unterzeichnung der Verträge über die Kompetenzübertragung nur paraphiert und erst nach formeller Erlangung der Unabhängigkeit unterzeichnet und in Kraft gesetzt.
[18] *Servoise*, Die Weiterentwicklung der Französisch-Afrikanischen Gemeinschaft. EA 1961 S. 158. Zur Ungewißheit über die Frage eines organisationsrechtlich faßbaren Fortbestandes der Gemeinschaft vgl. *Kordt*, Staatensukzession, Anm. 59.

samkeit des Prinzips. Unter den verschiedensten Gesichtspunkten war bereits darauf hinzuweisen, daß der Vorgang der Entkolonisierung nicht als isoliertes Phänomen gesehen werden darf, sondern in seiner Einbettung in die allgemeine internationale Entwicklung und namentlich im Hinblick auf die Beziehung gewürdigt werden muß, welche ihn mit dem Stand der internationalen Integration verbindet. Andrerseits hat der Ablauf der französischen Entkolonisierung die Fähigkeit des föderalen Prinzips erwiesen, unter den Bedingungen einer unmittelbaren Konfrontation sehr verschieden gearteter geistiger Kulturgestalten, also wohl erstmals in seiner Geschichte in einem wesensmäßig inhomogenen Bereich, zur Überwindung der bestehenden Gegensätze und zur Herausbildung konstruktiver Beziehungsformen geistig unterschiedlich strukturierter Gruppen beizutragen oder sie überhaupt erst zu ermöglichen. Angesichts des Standortes der Entkolonisierung im Zwischenbereich von staatsrechtlichen und internationalen Beziehungen liegt daher die Überlegung nahe, ob und in welcher Form das föderale Prinzip solche Wirkungen auch im gleichermaßen inhomogenen Einzugsbereich der eigentlichen internationalen Integration entfalten kann. Es ist von hohem Interesse für die Entwicklung der internationalen Beziehungen, inwieweit der Föderalismus Anteil nehmen kann an der „Gesamtheit aller jener Prozesse, die der institutionellen Intensivierung der internationalen Beziehungen dienen und deren Endziel die Herstellung einer universellen gerechten Gesamtordnung ist..."[19].

2. Dabei wird die zunächst augenfällige Verschiedenheit der äußeren Bewegungsrichtung bei der internationalen Integration und der desintegrationistisch verlaufenden Entkolonisierung nicht hindern, dennoch einen inneren Zusammenhang zu sehen. Gerade die dissoziierende Seinskomponente des im Dienste der Entkolonisierung stehenden föderalen Prinzips mag dazu beitragen, es von seiner nur aus den gesellschaftlichen Bedingungen des Abendlandes verständlichen personal-autonomistischen Verankerung zu lösen und durch diese Entideologisierung es tauglich zu machen, Anregung und Hilfsmittel für den Bau jener „universellen gerechten Gesamtordnung" zu sein. Es ist durchaus vorstellbar, daß diese wiederum funktionalisierte, versachlichte Version des Föderalismus als ein weiteres wertvolles und möglicherweise „entscheidendes Element des politischen Fortschritts der Menschheit"[20] sich in die Reihe derjenigen Integrationsimpulse einfügen könnte, welche seit vielen Jahrhunderten vom abendländischen Denken ausgehen.

3. Man wird sich indes davor zu hüten haben, Gedankengänge dieser Art durch zu starke Verallgemeinerung unrealistisch zu machen. Nicht

---

[19] Berber III S. 170.
[20] *Scelle*, Manuel S. 193.

alle organisatorischen Konkretisierungen internationaler technischer oder politischer Zusammenarbeit können begrifflich als föderal angesprochen werden. Auf der Gegenseite sind die überlieferten Formen eines institutionellen Föderalismus stets auf Bezirke von starker Homogenität beschränkt[21]; der föderale Weltstaat wird daher für immer Utopie bleiben. Das Beispiel der Entkolonisierung erweist jedoch deutlich, daß diese Eingrenzungen dem föderalen Prinzip ein weites Feld gestaltender Möglichkeiten auch im Bereich der internationalen Integration belassen. Mit der solchen Möglichkeiten notwendig vorauszusetzenden Entideologisierung und Versachlichung geht eine Umformung des wesenseigenen Gesetzes der Mitwirkung einher, und zwar in Richtung auf eine stärkere Modifizierung des Gleichheitsprinzips. Es sind daher die verschiedenen Stufenformen der Hegemonie, in denen das föderale Prinzip seinen Beitrag zur internationalen Integration der Zukunft wird leisten können — wie überhaupt in der Hegemonie für eine weitreichende Zukunft eines der wesentlichen Strukturprinzipien der internationalen Ordnung zu erblicken sein dürfte.

Weniger aber diese organisatorischen und strukturellen Ausblicke machen die Summe an Erfahrungen und Erwartungen aus, welche sich mit der positiven Rolle des föderalen Prinzips im geschichtlichen Vorgang der Entkolonisierung verbinden. Ein weit eindeutigeres und innerlich beteiligteres Interesse muß vielmehr der Beitrag finden, welchen das föderale Gedankengut zu einer Ethisierung der internationalen Beziehungen im weiteren Sinne zu leisten hätte. Das Völkerrecht im besonderen müßte durch seine Fundierung auf eine allmählich heranzubildende internationale Gesellschaftsethik aus der noch heute vorherrschenden pragmatischen Grundhaltung der Anfangszeit seiner Systematisierung erlöst und damit besser befähigt werden, eine wirksame, friedliche und die an ihr teilhabenden Gemeinschaften fördernde internationale Ordnung gewährleisten zu können. Angesichts des immer engeren Zusammenrückens der Völker einerseits und der nicht ausgleichbaren anlagebedingten und geistesgeschichtlich erklärbaren Verschiedenheiten andererseits, muß diese Ethisierung der internationalen Ordnung das große und entscheidende Werk der Zukunft sein. Eine so geartete, Toleranz und Solidarität umfassende Ethik der internationalen Gemeinschaft würde auch die ideologischen Antagonismen unserer Epoche überlagern und allmählich entschärfen sowie überhaupt dem missionarisch-propagandistischen Charakter des ideologischen Dogmatismus jeglicher Färbung, dem Gegenprinzip zu wechselseitiger Achtung und Solidarität, entgegenwirken können.

---

[21] Es wurde bereits darauf hingewiesen, daß etwa die Rasse ein durch steigende Bedeutung sich kennzeichnender Träger gesellschaftsintegrierender Homogenität ist.

Weder die gewaltsame „Weltrevolution" darf in der internationalen integrierten Gesellschaft von morgen einen Platz haben, noch auch die friedliche „Erziehung" in gesellschaftliche und politische Systeme hinein, welche der Eigenart und den äußeren Lebensbedingungen der betreffenden Völker nicht angemessen sind und von diesen nicht gewünscht werden.

Probefeld solcher Funktionen des entideologisierten föderalen Prinzips und damit Vorschule einer ethisch fundierten internationalen Integration gewesen zu sein, wird einmal mit zur geschichtlichen Bedeutung der französischen Entkolonisierung gerechnet werden.

Literaturverzeichnis

Ansprenger, F.: Nationsbildung im Schwarzen Afrika französischer Prägung. VfZ 1963, S. 181 ff.

Apelt, W.: Zum Begriff Föderalismus. In: Um Recht und Gerechtigkeit. Festgabe für E. Kaufmann. Stuttgart—Köln 1950 S. 1 ff.

Armbruster, H.: Föderalismus. In: Staatslexikon Band 4, Spalte 387.

Berber, F. J.: Lehrbuch des Völkerrechts, 3 Bände. München 1960—1964 (zit. Berber I, III).

— Sicherheit und Gerechtigkeit. Berlin 1934.

Betts, R. F.: Assimilation and Association in French Colonial Theory 1890—1914. New York—London 1961.

Bilfinger, C.: Betrachtungen über politisches Recht. In: ZaöRVR I Teil 1, S. 57 ff.

— Zum Problem der Staatengleichheit im Völkerrecht. ZaöRVR IV S. 481 ff.

Borella, F.: L'évolution de la Communauté. AFDI 1959 S. 761 ff. (zit. L'évolution).

— L'évolution politique et juridique de l'Union Française depuis 1946. Paris 1958 (zit. Borella).

— Le fédéralisme dans la Constitution française du 5 oct. 1958 (Titres XII et XIII). AFDI 1958 S. 659 ff.

Brugmans, H. — *Duclos,* P.: Le fédéralisme contemporain. Critères, institutions, perspectives (Sammlung Aspects européens). Leyden 1963.

Bülck, H.: Föderalismus als internationales Ordnungsprinzip. In: VVDStRL Heft 21 S. 1 ff. Berlin 1964.

Burdeau, G.: Traité de Science politique. 6 Bde. Paris 1949—1956 (zit. Burdeau I etc.).

Capitant, R.: Pour une Constitution fédérale. Paris 1945.

Chatelain, J.: La nouvelle Constitution et le Régime politique de la France. Paris 1959.

Colliard, C. A.: Droit international et histoire diplomatique. 2ᵉ éd. Paris 1950.

— Fédéralisme colonial et Union française. In: La technique et les principes du droit public. Etudes en l'honneur de Georges Scelle. 2 Bde. Paris 1950, Bd. II S. 653 ff.

— L'évolution du statut des territoires du Togo. AFDI 1956 S. 222 ff.

Conférence africaine française (La), Brazzaville 1944. Paris 1945 (Amtliche Dokumentation).

Conac, G. — *Feuer,* G.: Les accords franco-malgaches. AFDI 1960 S. 859 ff.

Coret, A.: La déclaration de l'Assemblée Générale de l'ONU sur l'octroi de l'indépendance aux pays et aux peuples coloniaux. RJPOM 1961 S. 586 ff.

— Le problème de la réforme du titre VIII de la Constitution de 1946. RJPUF 1956 S. 87 ff. und 1958 S. 452 ff.

Dahm, G.: Völkerrecht. 3 Bde. Stuttgart 1958/1961 (zit. Dahm I, II).

Decker, G.: Das Selbstbestimmungsrecht der Nationen. Göttingen 1955.

Deschamps, H.: La fin des empires coloniaux (Que sais-je?). Paris 1959.

— Les méthodes et les doctrines coloniales de la France du XVIe siècle à nos jours. Paris 1953.

Dickinson, E. D.: The Equality of States in International Law. Cambridge/Mass. 1920.

Documentation française, La: Travaux préparatoires de la Constitution du 4 oct. 1958. Avis et débats du Comité Consultatif Constitutionnel. Paris 1960.

Duguit, L.: Manuel de droit constitutionnel. 4e éd. Paris 1923.

Duguit, L. — *Monnier*, A. — *Bonnard*, R.: Les Constitutions et les principales lois politiques de la France depuis 1789. 7e éd. (G. Berlien). Paris 1952.

Dumon, F.: La communauté franco-afro-malgache. Ses origines, ses institutions, son évolution. Bruxelles 1960.

Durand, Ch.: Confédération d'Etats et Etat fédéral. Réalisations acquises et perspectives nouvelles. Paris 1955.

Duverger, M.: Droit constitutionnel et institutions politiques. 4e éd. Paris 1959.

Ehrard, J.: Communauté ou sécession. Paris 1959.

— Le destin du colonialisme. Paris 1957.

Fauchille, P.: Traité de Droit International Public. 8e éd. Paris 1921—1926 (zit. I, 1 etc.).

Fischer, G.: L'indépendence de la Guinée et les accords franco-guinéens. AFDI 1958 S. 711 ff.

Frantz, C.: Der Föderalismus als das leitende Princip für die sociale staatliche und internationale Organisation, unter besonderer Bezugnahme auf Deutschland kritisch nachgewiesen und constructiv dargestellt. Mainz 1879. Neudruck Aalen 1962.

Freudenberg, R.: Französische Gemeinschaft. In: *Strupp-Schlochauer*, Wörterbuch I S. 557 ff. Berlin 1960.

Galbrun, R.: Les perspectives d'une organisation fédérale de la République française. RJPUF 1956 S. 55 ff.

Gandolfi, A.: Essai sur le système gouvernemental des nouveaux Etats africains d'expression française. RJPOM 1961 S. 369 ff.

de Gaulle, Ch.: Mémoires de Guerre. T. I: L'Appel 1940—1942. Paris 1954.

von Gierke, O.: Das deutsche Genossenschaftsrecht. 4 Bde. Unveränderter fotomechanischer Nachdruck der ersten Ausgabe 1868—1913. Graz 1954.

Goguel, F.: L'élaboration des institutions de la République dans la Constitution du 4 oct. 1958. RfSP 1959 S. 67 ff.

Gonidec, P. F.: Constitutions des Etats de la Communauté. Textes recueillis. Paris 1959.

— Droit d'outre-mer. 2 Bde. Paris 1959/60. (zit. Gonidec I, II).

— L'évolution de la République autonome du Togo. AFDI 1957 S. 627 ff.

— L'évolution des territoires d'outre-mer depuis 1946. RJPUF 1957 S. 429 ff., 701 ff.; 1958 S. 43 ff.

Grenier, R.: L'Union Française sera fédérale ou ne sera pas. Paris 1956.

Grewe, W.: Antinomien des Föderalismus. Recht und Zeit 1948 Heft 3.

Hallgarten, G. W. F.: Imperialismus vor 1914. 2 Bde. 2. Aufl. München 1963.

Hamon,L.:Introduction à l'étude des partis politiques de l'Afrique française. RJPOM 1959 S. 149 ff.

Harmand, J.: Domination et colonisation. Paris 1910.

Hecker, H.: Verfassungsregister — Teil IV: Afrika—Asien—Australien. Frankfurt/M. 1962.

Herrfahrdt, H.: Stichworte „Rasse und Entwicklungsländer", „Staatsgestaltung". In: Evangelisches Staatslexikon, Stuttgart—Berlin 1966, Sp. 1635 ff. bzw. 430 ff.

Idenburg, P. J.: Demokratie und Autokratie im tropischen Afrika. EA 1965 S. 419 ff.

— Les nouveaux Etats africains et les normes démocratiques occidentales. RJPOM 1961 S. 195 ff.

Jellinek, G.: Die Lehre von den Staatenverbindungen. Wien 1882.

Jerusalem, F. W.: Die Staatsidee des Föderalismus. Recht und Staat in Geschichte und Gegenwart. Heft 142/143. Tübingen 1949.

Kelsen, H.: Hauptprobleme der Staatsrechtslehre. 2. Aufl. 1923. Neudruck Aalen 1960.

— Der soziologische und der juristische Staatsbegriff. 2. Aufl. Tübingen 1928.

Kirsch, L'Evolution politique des Etats d'Afrique noire, membres de la Communauté. RJPOM 1960 S. 3 ff.

Kooijmans, P. H.: The Doctrine of the Legal Equality of States. An Inquiry into the Foundations of International Law. Leyden 1964.

Kordt, E.: Gegenwärtige Fragen der Staatensukzession. Berichte der Deutschen Gesellschaft für Völkerrecht, Heft 5, 1964 (zit. Staatensukzession).

Kunz, J. L.: Die Staatenverbindungen. Handbuch des Völkerrechts Bd. II, 4. Abt. Stuttgart 1929.

Labouret, A.: Colonisation, colonialisme, décolonisation. Paris 1952.

de Lacharrière, R.: L'évolution de la Communauté franco-africaine. AFDI 1960 S. 9 ff.

de La Roche, I. — *Gottman*, I.: La Fédération française. Montréal 1945.

Lampué, P.: L'application des traités dans les territoires et départements d'outre-mer. AFDI 1961 S. 907 ff.

— L'Union Française d'après la Constitution. RJPUF 1947 S. 1 ff., 145 ff. (zit. L'Union).

Lampué, P.: Les Constitutions des Etats africains d'expression française. RJPOM 1961 S. 513 ff.

— Nature juridique de l'Union Française. RJPUF 1953 S. 1 ff. (zit. Nature).

Leibholz, G.: Gleichheit der Staaten. In: *Strupp-Schlochauer*, Wörterbuch I S. 694 ff.

Leibniz, G. W.: Hauptschriften zur Grundlegung der Philosophie. Übersetzt von A. Buchenau, hrsg. v. E. Cassirer. Leipzig 1906.

Lemaignen, R. — *Senghor*, L. S. — *Youtevong*, S.: La Communauté Impériale française. Paris 1945.

Lerche, P.: Föderalismus als nationales Ordnungsprinzip. VVDStRL 21, 1964.

Luchaire, F.: Droit d'outre-mer. Paris 1959.

— Le Togo français. De la tutelle à l'autonomie. RJPUF 1957 S. 1 ff., 501 ff.

— Les institutions politiques et administratives des territoires d'outre-mer après la loi-cadre. RJPUF 1958 S. 221 ff.

Malberg, R. Carré de: Contribution à la Théorie générale de l'Etat. 2 Bde. Paris 1920. Neudruck 1962.

Marmy, E.: Mensch und Gemeinschaft in christlicher Schau. Dokumente. Freiburg/Schweiz 1945.

Merle, M.: La Constitution et les problèmes d'outre-mer. RfSP 1959 Nr. 3.

Messner, J.: Das Naturrecht. Handbuch der Gesellschaftsethik, Staatsethik und Wirtschaftsethik. 3. Aufl. Innsbruck 1958.

Meyer, E. W.: Das Problem der Verfassungssysteme in den Entwicklungsländern. ZPolit. 1961 S. 297 ff.

Mouskhély, M.: La théorie juridique de l'Etat fédéral. Paris 1931.

— La théorie du fédéralisme. In: La technique et les principes du droit public. Etudes en l'honneur de Georges Scelle. 2 Bde. Paris 1950 (zit. Scelle-Festschrift).

Monzel, N.: Nation. In: Staatslexikon Bd. 5 Sp. 885 ff.

Mus, P.: Le destin de l'Union Française. Paris 1955.

Nawiasky, H.: Allgemeine Staatslehre. 4 Teile. Einsiedeln 1945—1958 (zit. I—IV).

— Der Bundesstaat als Rechtsbegriff. Tübingen 1920.

von Nell-Breuning, O.: Subsidiaritätsprinzip. In: Staatslexikon Band 7, Sp. 826 ff.

Nera, G.: La Communauté (Que sais-je?). Paris 1960.

Panikkar, K. M.: Asien und die Herrschaft des Westens. Zürich 1955.

Peureux, G.: Le Conseil Exécutif de la Communauté. RJPOM 1960, S. 61 ff., 161 ff.

— Les conférences techniques de la Communauté en 1960 et 1961. RJPOM 1961 S. 557 ff.

Pinto, R.: Aspects de l'évolution gouvernementale de l'Indochine française. Saigon/Paris 1946.

Piquemal, Le Sénat de la Communauté et le problème d'une Assemblée centrale dans une Union d'Etats. RJPOM 1961 S. 394 ff., 564 ff.

Prélot, M.: Pour comprendre la nouvelle Constitution. Paris 1958.

Proudhon, P. I.: Du principe fédératif et de la nécessité de reconstituer le parti de la révolution. Paris 1863.

Quermonne, M.: Esquisse d'une théorie juridique et politique de la décolonisation. RJPUF 1958 S. 429 ff.

Rendtorff, T.: Kritische Erwägungen zum Subsidiaritätsprinzip. Der Staat 1962 S. 405 ff.

Reuter, P.: Institutions internationales. Paris 1955.

Rolland, L. — *Lampué,* P.: Droit d'outre-mer. Précis Dalloz, 3e éd. Paris 1959.

Ronneberger, F.: Das Verfassungsproblem in den Entwicklungsländern. Der Staat 1962 S. 39 ff.

Rothermund, D.: Nationsbildung in Indien. VfZ 1963 S. 392 ff.

Rousseau, Ch.: Droit International Public. Paris 1953.

Ruyssen, Th.: La société internationale. Paris 1950.

Sarraut, A.: La mise en valeur des colonies françaises. Paris 1923.

de Saussure, L.: Psychologie de la Colonisation française. Paris 1899.

Scelle, G.: Droit international public. Manuel élémentaire. Paris 1944 (zit. Manuel).

— Précis de droit des gens. Principes et systématique. 2 Teile, Paris 1932—1934. (zit. Précis I, II).

Schaumann, W.: Die Gleichheit der Staaten. Ein Beitrag zu den Grundprinzipien des Völkerrechts. Wien 1957.

Schmitt, C.: Der Nomos der Erde im Völkerrecht des Jus Publicum Europaeum. Köln 1950.

— Verfassungslehre. Berlin 1928, unveränderter Neudruck Berlin 1954.

Servoise, R.: Die Weiterentwicklung der Französisch-Afrikanischen Gemeinschaft. EA 1961 S. 149 ff.

Sissoko, F. D.: L'évolution et la colonisation en AOF. In: La Conférence africaine française, Brazzaville 1944. Paris 1945.

Strupp, K. — *Schlochauer,* H. J.: Wörterbuch des Völkerrechts. 2. Aufl. 3 Bde. + RegBd. Berlin 1960—1962.

Süsterhenn, A.: Das Subsidiaritätsprinzip als Grundlage der vertikalen Gewaltenteilung. In: Vom Bonner Grundgesetz zur gesamtdeutschen Verfassung. Festschrift für H. Nawiasky. München 1956 S. 141 ff.

Toynbee, A. J.: A Study of History. 12 Bde. 2. Aufl. Neudruck London 1955.

Triepel, H.: Die Hegemonie. Ein Buch von führenden Staaten. Neudruck Aalen 1961.

Usteri, M.: Theorie des Bundesstaates. Ein Beitrag zur allgemeinen Staatslehre ausgearbeitet am Beispiel der Schweizerischen Eidgenossenschaft. Zürich 1954.

Wahl, N.: Aux origines de la nouvelle Constitution. RfSP 1959 S. 30 ff.

Wengler, W.: Der Begriff des Politischen im internationalen Recht. Recht und Staat Nr. 189/190, 1956.

Wheare, K. C.: Föderative Regierung. München 1959.

Ziebura, G.: Die V. Republik. Frankreichs neues Regierungssystem. Köln—Opladen 1960.

XXX: La révision constitutionnelle relative à la Communauté. RJPOM 1960 S. 457 ff. (zit. XXX Révision).

— Les pays d'outre-mer de la République française, la Communauté et les accords d'association. RJPOM 1959 S. 3 ff., 333 ff., 501 ff. (zit. XXX Communauté).

Personenregister

Althusius 45
Ansprenger 61, 70
Apelt 39
Armbruster 43, 45

Bée 30
Berber 18 ff., 53 f., 87, 89, 94, 116, 165
Berlia 87
Betts 28, 31, 83
Bilfinger 18, 53
Bonnard 86
Borella 31 ff., 78, 86 f., 89 f., 102 f., 114, 119 f., 127 f., 137, 159
Brugmans 45, 67
Burdeau 16, 18, 39 f., 44, 47, 51, 58 f., 67, 86, 89, 93, 97, 100

Capitant 74, 87, 101, 112
Chatelain 114, 120, 122
Colbert 28
Colliard 79, 89, 92, 94, 104
Conac-Feuer 163
Coret 20, 88, 97, 101 f.
Coste-Floret 101 f.

Dahm 54
Debré 119
Decker 44
Descartes 27, 97
Deschamps 28 f., 32 f.
Dickinson 54
Dronne 101
Duclos 45
Duguit 28, 45, 86, 90
Dumon 128, 138, 143, 152, 155, 159, 162, 164
Durand 39
Duverger 162

Eboué 33, 75 f., 81, 104
Ehrard 30

Fauchille 87, 94
Fischer 23

Fourcade 101
Foyer 163
Frantz 41, 44
Freudenberg 159

Galbrun 103
Gallieni 32
Gandolfi 64
de Gaulle 75, 115, 147, 162
Giaccobi 87
von Gierke, Otto 42, 44 f.
Gobineau 59
Goguel 112
Gonidec 29 ff., 64, 83 f., 102, 104, 120 ff., 126, 134 f., 146, 155, 157, 159, 163
Gottman 75
Grenier 28, 36, 44, 59, 90 f., 98
Grewe 41, 47, 67
Grotius 45
Gueye, Lamine 98

Hallgarten 57
Hamon 22
Harmand 30
Hecker 64
Herrfahrdt 60, 66
Herriot 97
Huber, Max 41

Idenburg 65 f., 69

Janot 137, 139
Jellinek 39

Kelsen 18
Kirsch 78, 130 f.
Kooijmaans 54
Kordt 65, 164
Kunz 39

Labouret 17, 24, 28
de Lacharrière 126, 161
Lampué 33, 64, 86, 89 f., 92 ff., 95 f., 156, 159

Personenregister

de La Roche 75
Leibholz 54
Leibniz 53, 68
Lemaignen 87
Lerche 40, 46, 49, 54, 63
Luchaire 19, 33, 35, 104, 106, 159
Lugard 31
Lyautey 32

Malberg 87
Marmy 46
Mayer, Otto 67
Merle 112, 162
Messner 46 f., 53
Meyer 57
Michelet 28
Monnier 28, 86, 90
Monzel 44
Mouskhély 39 f., 43
Müller-Halder 68
Mus 24, 43, 97

Nawiasky 39, 46, 48 f.
von Nell-Breuning 46, 50
Nera 159

Panikkar 62
Pascal 43
Peureux 129 f., 139 f., 144, 160
Pinto 88
Piquemal 151, 153 ff., 158
Pleven 75, 78 f., 82, 84
Prélot 159
Proudhon 41, 45, 48, 55, 67

Quermonne 17, 19, 22, 27, 66

Régismanset 32
Renan 28

Rendtorff 46, 48
Rolland 92 f., 96, 159
Ronneberger 57, 65 f.
Rosenfeld 101
Rothermund 62
Rousseau, Charles 38 f., 53 f., 89, 116
Rousseau, Jean Jaques 45, 67
Ruyssen 60

Sarraut 31
de Saussure 30
Scelle 19, 38 f., 43, 48, 50 f., 72, 87, 118, 156, 165
Schaumann 54
Schmitt, Carl 58, 111
Senghor 87, 109, 162
Servoise 164
Sissoko 84
Soustelle 31
Strupp (-Schlochauer) 54, 159
Suarez 34
Süsterhenn 46, 49

Tardieu 74
Toynbee 20
Triepel 35 f.

Usteri 39, 67

Vedel 45
Vittoria 34

Wahl 74, 112
Wengler 18
Wheare 39, 49, 57, 59
xxx 113, 116 f., 122, 163 f.

Youtevong 87

Ziebura 22

Sachregister

accords de Communauté 114 f.
Algeciras, Akte von (1906) 89
Algerien 17, 31, 33, 73
Annam 88
Assimilationstheorie, -politik 16, 24 f., 26 ff., 59, 75, 83 f., 86, 90, 95, 97, 99, 133, 149
— Absorptionseffekt 24, 36
— Abwandlungen 29 ff.
— Arten 33
— Begriff und Wesen 26 ff., 29 f., 34 f.
— Bewertung 34 ff.
— entkolonisatorischer Sinngehalt 26 f., 29, 32, 33 ff.
— — Definition 27
— Fehlschlag 32, 34 ff., 70, 76, 85, 97, 120
— geschichtliche Wurzeln 27 ff.
— kultureller Aspekt 30, 34
— merkantilistische 28
— personale und humanitäre Zielrichtung 26, 34, 36 f., 84
— philosophische Grundlagen 28, 36
— Realisierung, staatsrechtliche 27, 32, 34, 37, 84
— römische 27 f., 36
— und Assoziierung 31 ff.
— und Integration 29 ff., 97
— Widersprüchlichkeit, innere 35, 37
Assoziierte Staaten 31, 73, 88 f., 91, 94, 99, 149, 153
Assoziierte Territorien 17, 73, 103, 149
Assoziierung als Assimilationsvariante 29, 31 ff., 82 f.
— Begriff 31 f.
Atlantik-Charta (1941) 79
Aufklärung, Humanitätsideal 27, 34, 41, 59
Auftragsverwaltung 114
Außenpolitik, Kompetenz 114, 120, 160
Autonomie, politische 24, 33 f., 37, 79, 85 f., 99
— föderaler Teilgemeinschaften 43, 49 f., 71, 113 ff., 150 f.
  s. auch Personalautonomie; föderales Prinzip

Balkanisierung 109
Bankenaufsichtskommission 142
beauftragte Minister 122, 125 f., 129, 132 ff., 137, 140 ff., 145
  s. auch Ministerberater
Belgisch-Kongo s. Congo (Kinshasa)
Brazzaville, Konferenz von (1944) 31, 33, 75, 78 ff., 86, 95, 104, 109, 151
Bürgerrecht, Zugang für Autochthone 32, 81 f., 97 f., 103 ff.
  s. auch Wahlrecht; Französische Gemeinschaft — Bürgerrecht; Personalstatut
Bundesstaat 38 f., 50, 116, 158 f.

Cambodge 88, 94, 149
Cartesianismus 27 f.
Christentum, Personbegriff 41
Cochinchine, Status 96
Comité Consultatif Constitutionnel 115, 133, 152, 162
Comité Français de la Libération Nationale 75, 87
Comité général d'Etudes 74
Comité monétaire de la Zone franc 142
Comité restreint 141
Communauté française s. Französische Gemeinschaft
Congo (Brazzaville) 64
Congo (Kinshasa) 23, 56
Conseil supérieur de l'aviation civile 142
Conseil supérieur du crédit 142
Conseil supérieur de la marine marchande 142
Cotonou, Kongreß von (1958) 22

Dekolonisation s. Entkolonisierung
demokratisches Prinzip
— autoritäre Tendenz 41, 45
— Eignung für Fremdkulturen 65 ff.

— Ergebnis europäischer politischer Tradition 66, 111
— und Föderalismus 67 f., 107
— und Kolonialismus 107
Departements s. Algerien; überseeische D.
Dezentralisierung 103, 105 f.
— Abgrenzung zum Föderalismus 39, 108, 161
— administrative 31 f., 33, 82, 95
— politische 33 f., 45
Diplomatie, Kompetenz 105, 142

Eboué — Zirkular (1943) 75 f., 81, 104
Egalitäts-Ideal s. Gleichheit
Einflußgebiete, koloniale 37
Einheitsstaat 38, 45, 47
Elfenbeinküste (Cote d'Ivoire) 64, 109
Eliteproblem s. Führungskräfte
Emanzipation
— individuelle 27, 42, 76, 81, 87, 95, 97 f., 129
— der Kolonialvölker s. Entkolonisierung
Entkolonisierung
— Begriff
— — rechtlicher 17, 21 ff.
— — politischer 20 f., 24, 31 f., 97, 100, 102 f., 107 f.
— bevölkerungspolitische Aspekte 30 f., 66, 104
— föderale Variante 15, 37 ff., 56 ff., 70, 87, 99, 105, 158, 164
  s. auch föderales Prinzip
— geopolitischer Aspekt 57 f., 71
— geschichtlicher Rang 15, 76 f., 164, 167
— Gesetzlichkeit, innere 85, 129, 155
— gruppenorientierte Natur 22, 76, 90, 98, 104, 129
— Konsensprinzip 137 ff.
  s. auch Freiheitsidee, Freiheit des Willens
— kulturelle Bedeutung 24, 35, 61 f., 84
— Methoden 19, 23 ff., 26 ff., 37 ff., 70
  s. auch Assimilationspolitik; Autonomiepolitik
— Nationsbildung s. dort
— peaceful change, Fall des 20
— psychologische Faktoren 60, 62, 65, 98
— Ursachen 20, 107

— völkerrechtlicher Charakter 16, 20
— Ziele 20, 33, 70, 129 f.
  s. auch Freiheitsidee; Gleichheit; Unabhängigkeit
Entwicklungsländer, Verfassungsproblem 57, 65
Entwicklungspolitik 36, 62, 106, 140, 143
Entwurzelung, soziale s. Gesellschaft
Erziehungspolitik 129 f., 23, 61 f., 82, 103, 106
Europa 36, 66, 68
— Dominationsstreben 19
— Mangel an kultureller Ausstrahlungskraft 36, 61
Exekutivrat 119, 121 ff., 125 ff., 132, 134, 136 f., 139, 147, 156 f., 160, 163
— ad hoc berufene Minister 128 f.
— Fachkonferenzen 129 f., 136, 147
— Sonderausschüsse 129

Fédération française (Brazzaville) 80
Fernmeldewesen, Kompetenz 114, 129
föderales Prinzip, Föderalismus
— anti-totalitäres Machtverständnis 41
— atypische Ausformungen 15, 57, 94
— Autonomie, politische 24, 43, 49 f., 98
— Begriff und Wesen 16, 37 ff., 67, 70, 100, 102, 119, 158, 161, 165 f.
— Eignung für außereuropäische Gesellschaften 16, 44, 57, 67 ff.
— „einheitsstaatliche" Tendenz 38, 47
— entkolonisatorischer Sinngehalt 37 f., 55, 71 ff., 78 ff., 102, 113, 133, 158, 161 f.
— — Übergangscharakter 38, 70, 72, 164
— freiheitliche Anlage 41 ff., 48, 50, 58, 114, 138, 163
  s. auch Freiheitsidee
— Funktion des föderalen Staates 43 ff., 52
— genossenschaftliches Element 42
— gesellschaftliches Gestaltungsprinzip 38, 40, 43 ff., 68
— gesellschaftspolitische Voraussetzungen 16, 40, 43 f., 47 ff., 57 ff., 99, 165
  s. auch Homogenität
— Gleichheitsproblem 51 ff., 67, 99, 154, 166

— gruppenorientierte Natur 37, 44
— Institutionen 16, 25, 38 f., 44, 72, 92, 101 f., 112 ff., 118 ff., 159, 166
— Kompetenzverteilung 49 f., 105 f., 113 ff., 118, 150 f.
— Mitwirkung, Mitbestimmung (Ausübung der Zentralgewalt) 50 f., 91 ff., 97, 112, 114, 118 ff., 124, 126, 128, 130 f., 132 ff., 136, 144, 148, 157, 161, 166
— nordamerikanische Variante 39
— philosophische Grundlagen 38, 40, 41 ff., 47, 54 f., 58, 68, 165
— Rahmenfunktion, entkolonisatorische 16, 56, 71 ff., 98, 110, 116, 126, 158
— Subsidiaritätsprinzip 45 ff.
— Territorial- und Personenverbandsstruktur 43
— Transformierung 17, 56, 70, 72, 100, 108, 110, 112, 116, 118, 157 f., 161 f.
— und Demokratie 67 f., 107, 157
— und Hegemonie 52 ff., 133, 161
— und internationale Integration 16, 47, 56, 164 ff.
— weltanschauliche Natur 39 ff.
Föderationen s. Territoriengruppen
Fonds d'Aide économique (FAC) 156
Fonds d'Investissement et de Développement économique et social (FIDES) 156
Franc-Zone 142, 156
Frankreich
— assimilationistische Grundhaltung 28, 30, 34, 36
— Dritte Republik, Kolonien 99
— koloniale Tradition 23, 26 ff., 85, 151
s. auch koloniale Aufgabe
— Kolonialgebiete s. überseeische Departements u. Territorien
— Problem einer föderalen Struktur der Republik 74, 102, 120
— Provisorische Regierung (1944) 78
— Provisorische Regierung (1958) 151
— Rahmengesetz von 1956 s. dort
— Sendungsglaube 28, 32, 34, 84, 91
— Staatsminister für Hilfeleistung und Zusammenarbeit 143
— Staatssekretariat für die Beziehungen der Republik mit den Staaten der Gemeinschaft 143 ff.

— unitarische Staatstradition 28, 74, 81
— Verfassung von 1793 28, 95
— Verfassung von 1946 31, 33, 86, 88 ff., 94 f., 101, 149
s. auch Französische Union
— — Präambel 90 f.
— — Revision 102
— Verfassung von 1958 33, 64, 73, 87, 109, 112 f., 120, 147, 150, 153
s. auch Französische Gemeinschaft
— — Revision 114, 131, 163
— — Verhältnis der Republik zur Franz. Gemeinschaft s. dort
Französisch-Äquatorial-Afrika (Territoriengruppe) 75, 95
Französisch-guineanische Abkommen (1958) 23
Französisch-indochinesische Verträge (1949 und 1953/54) 89, 92
Französisch-malianische Verträge (1960) 164
Französisch-madegassische Verträge (1960) 164
Französisch-Polynesien, Status 71
Französisch-West-Afrika (Territoriengruppe) 95
Französische antarktische Gebiete, Status 71
Französische Gemeinschaft 17, 73, 110, 111 ff., 155, 159 f.
s. auch Frankreich — Verfassung von 1958; Präsident; Exekutivrat; Senat
— Budgetrecht 127 f., 137, 156
— Bürgerrecht 117
— Entstehung 65, 111 f.
— „erneuerte" Gemeinschaft 120, 162 ff.
— Gerichtsbarkeit, oberste 147 f.
— Kompetenzbereich 113 ff., 125 f., 133, 135, 142, 147, 160
— — Übertragung 115 ff., 158, 163 f.
— Mitgliedstaaten 73, 133, 137, 152
— — administrative Verflechtung 144 f.
— — Autonomie 113, 115, 128, 155, 157, 161
— — Exekutivgewalt 64, 120, 122, 140
— — Gesetzgebungsorgane 150 ff., 154
— — oberste Rechtsprechungsorgane 147 f.

Sachregister

— — Verfassungen 64 ff., 115, 120
— Organe 114, 116 f., 118 ff., 160 f.
— Rechtsnatur 111 f., 115 f., 153, 159 ff.
— Spezialverwaltungen 141 f.
— Stellung der Republik 120 f., 125 f., 129, 134 ff., 137, 154
— — Identitätstheorie 159 ff.
— — institutionelle Verflechtungserscheinungen 139 ff.
— Verwaltungsreform 1960 139, 141, 143 f.
— vertragliche Basis s. oben „erneuerte" Gemeinschaft
Französische Revolution (1789) 26, 34, 72
— Gleichheitsforderung 27, 45
Französische Senegal-Kompanie 62
Französische Somaliküste, Status 71
Französische Sprache, Integrationswirkung 61
Französische Union 28, 73, 85, 86 ff., 149, 153, 160
— juristische Umschreibung 87 ff.
— Kompetenzen 91 ff.
— Organe 89, 91 ff., 101, 149, 152 ff.
— politische Umschreibung 95 ff.
— Protektoratsverträge 87 ff.
— Rechtsnatur 94
— Reformen von 1956/57 101 ff.
— Statusveränderungen 95 f.
Französisches Bürgerrecht s. Bürgerrecht
Freiheitsidee, Freiheit des Willens 20 ff., 41 f., 48, 50, 67 f., 147
— und Entkolonisierung 22, 33
— und föderales Prinzip (Konsensprinzip) 41 ff., 48, 50, 58, 88, 114, 118, 134, 137 ff., 163
— und Gleichheit 22
Führungskräfte, autochthone (Eliteproblem) 31, 35, 61, 75, 106 f., 133
Fünfte Republik s. Frankreich, Verfassung v. 1958

Gabon 109
Gallien, römische Assimilationspolitik 27
Gaullismus 87, 101
Gebietsstruktur, koloniale 22 f.
— politisch normierende Wirkung 23
— Grenzprobleme 37
Gemeinwohlprinzip 46 f., 52, 58 f.

Generalsekretär (Frz. Gemeinschaft) 124, 129, 132, 136 ff., 140 f., 144
Generalversammlung der Vereinten Nationen
— Ad hoc Committee on Factors (Non-Self-Governing Territories) 23
— Resolution vom 14. 12. 1960 20
Gerechtigkeitsidee 42, 45, 48, 53 ff., 147
Germanische Gesellschaftsstruktur 42
Gesellschaft, autochthone
— Eigenkultur 61 f., 83 f.
— philosophische Basis 69 f.
— politische Tradition 64 f.
— Stellung im kolonialen System 19, 59
— Umschichtung (Problem der Entwurzelung) 69, 84
— und demokratisches Prinzip 65 ff.
— Zivilisatorische Emanzipation 27, 69
Gleichheit 22, 33, 37 f., 99, 111, 120, 128, 139, 147 f., 151 ff., 158, 162
— absolute 24, 53 f.
— Arten 53 f.
— durch Assimilation 26 f.
— Begriff und Wesen 22, 53, 111, 138
— Freiheit, innere Beziehung zur 22, 67
— modifizierte 24, 54, 92, 137 f., 154, 166
— und föderales Prinzip 51 ff., 111, 153
— und Hegemonie 52 ff., 162
— und Souveränität 54
— Verwirklichungsrahmen (Bezugsgrößen) 22, 54, 111
— — Variabilität des — 23
— weltanschauliches Ideal 28, 45
— Wesenselement der Entkolonisierung 22, 27, 90, 111, 138, 149, 164
Guadeloupe, Status 71
Guinea 23
Guyane, Status 71

Haushaltsrecht, koloniales 106
s. auch Französische Gemeinschaft
— Budgetrecht
Hegemonie als Gleichheitsproblem 52 ff., 112, 161, 166
Hochkommissare (Französische Gemeinschaft) 137, 144

Hochschulwesen, Kontrolle 114, 129
Homogenität 166
— ethnologische 71
— politische 63 ff.
— soziale 58 ff., 100

Imperialismus 26, 28, 57 f.
— Machtverständnis 58
Indépendants d'Outre-Mer 101
Indien 62
— frz. Besitzungen 97
indirekte Verwaltung („lugardisme") 31
Indochina 29, 75, 87 f., 90, 93 f., 149
Indochinesische Union 88
Integration
— als Assimilationsvariante 29 ff., 57, 75 f., 85, 95 f., 142, 150 f., 153
— internationale s. dort
Integrationsfaktoren 60 ff.
internationale Integration 15 ff., 47, 164 ff.
internationale Organisationen (Beziehungen der Franz. Gemeinschaft zu —) 129, 142 f.
Internationalisierung der Kolonien 79
Islam 64, 70

Justiz, Kompetenz 106, 114, 129 f., 147

Kamerun, Status 102 f., 107, 130, 149
Kassationshof 147 f., 160
koloniale Aufgabe, frz. Konzeption 23, 27, 32, 60, 79
Kolonialgebiete s. überseeische Departements, Territorien
Kolonialismus 19 ff., 26, 32 ff.
— Bewertung 110 f.
— gesellschaftspolitische Folgeerscheinungen 63, 69
— humanitäre Komponente 60
— rechtlicher Begriff 19
— soziologischer Ursprung 19, 133
— unvereinbar mit demokrat. Prinzip 107
— wirtschaftliche Aspekte 26, 30 f., 57, 62 f.
Kolonialpolitik
— belgische 85
— britische 31, 61, 71 f., 79, 85, 103
— französische 17, 26, 28, 72 f., 79, 85, 105
    s. auch Frankreich — koloniale Tradition; koloniale Aufgabe
— imperialistische 19, 57
— portugiesische 27
— veränderte Zielvorstellungen 36
Kolonie, Begriff 19
Kolonisation, Begriff 19
Kommunalreform (1955) 102
Komoren, Status 71
Konföderation (Franz. Gemeinschaft) 115
    s. auch Staatenbund
Kriegswichtige Rohstoffe, Kompetenz 114
Kultureinfluß, europäischer 61 f., 69
Kulturtradition, autochthone 62, 84

Laos 88, 94, 149
Lateinamerika, „föderale" Verfassungen 40
Legitimitätsprinzip 107 f.
loi Lamine Gueye 98
Lokale Beratungskörperschaften 32, 82, 95, 149
Lokale Rechtstradition 106
lugardisme 31

Madagaskar 126, 130, 142, 148, 162 f.
Mali 163
Mandatsverwaltung (VBS) 58, 149
Marokko, Protektorat 88 f.
Martinique, Status 71
Mauretanien, Islamische Republik 64, 163
Menschenrechte, Garantie 64, 81, 147
Merkantilismus 26
— Assimilationspolitik 28
Ministerberater (Franz. Gemeinschaft) 136, 141
Missionsgedanke, zivilisatorischer 24, 32, 83

Nationalismus als Begleiterscheinung der Entkolonisierung 20 f., 35, 70
Nationsbildung als Problem der Entkolonisierung 20, 35, 61 f.
Naturrechtslehre, Gesellschaftstheorie 45
Neu-Kaledonien, Status 71

Parteien, politische (Französisch-Afrika) 22
peaceful change 20
Personalautonomie (philosophisches Prinzip) 21, 41, 43, 68, 84

Sachregister

Personalität, politische 24, 31, 35, 81 ff., 95 f., 100, 103, 111, 149, 153
Personalstatut, autochthones 27, 30, 34, 75, 98, 147
s. auch Bürgerrecht
Polizeiwesen, Kompetenz 106, 115
Portugal, Kolonialpolitik 27
Präsident (Frz. Gemeinschaft) 118 ff., 125 ff., 129 ff., 132 ff., 135 ff., 138 f., 147 f., 156 ff., 160 f.
Präsident der Republik 91, 108, 119, 125, 135 f., 148, 160
— engerer Ausschuß 141
Protektorat, koloniales 87
Protektorate, französische 17, 31, 73 f., 87 ff., 99

Quadragesimo anno, Enzyklika 46

Rahmengesetz (1956) 64, 102 ff., 149
Rasse als integrationshemmender Faktor 35, 59 f., 90, 166
Rassemblement Démocratique Africain 139
Rassemblement du Peuple français 87, 101
Rechtsidee
— germanische 42
— soziologische 18
Reichskonferenz, britische 92
Repräsentationsproblem 51, 96 ff., 107, 149 ff., 158
Résistance, Verfassungsarbeiten 74
Réunion, Status 71
Römisches Recht, Einfluß auf Assimilationstheorie 27
Römisches Reich, Assimilationspolitik 27 f., 36

Saint Pierre und Miquelon, Status 71
Schiedshof (Frz. Gemeinschaft) 119, 123 f., 147
Schulpolitik s. Erziehungspolitik
Selbstbestimmungsrecht der Völker 23, 44, 79, 138, 159
Selbstregierung 23, 79, 81, 85
Selbstverwirklichung
— Gruppenorientierung 20 f.
— Kern der Freiheitsidee 20, 42
— kulturelle Aspekte 24, 62
Senat (Franz. Gemeinschaft) 119, 123 f., 149 ff.
— beratende Funktion 155 ff.
— delegierte Kompetenzen 154 f.

— verfassunggebende Gewalt 154
Senat (Republik) 157
Senegal 62
— Kommunen mit voller Selbstverwaltung 97
— Verfassung (1959) 163
Souveränität, internationale 160, 162 ff.
Souveränitätsprinzip, soziologische Aspekte 45, 51, 54, 67
Sowjetunion
— „föderale" Struktur 40
— Nationalitätenpolitik 63
Sozialphilosophie, katholische 46
Sozialrepublikaner 101
Sozialvertrag, Idee des 45, 67
Spezialität der Gesetzgebung 33, 97
Spezialität der Haushalte 106
Spezialität der Verträge 33
Staat
— ethische Sinngebung 40, 42
— soziale Idee 16, 46
— und Subsidiarität 46
Staatenbund 50, 53, 115, 159
Staatsangehörigkeit (Franz. Gemeinschaft) 160
Staatsrat 147 f., 160
Ständige Mandatskommission des Völkerbundes 23
Subsidiaritätsprinzip
— Begriff 45 f.
— in der katholischen Soziallehre 46
— Kritik 46 ff.
— und afrikan. Gesellschaft 69
— und neuere Gesellschaftsentwicklung 47 f.
— verfassungspolit. Realisierung 49 ff., 114 f., 155

Territoriengruppen („Föderationen") 80, 95, 108 ff.
Togo, Status 102 ff., 105, 107, 130, 149
Treuhandverwaltung 103, 107, 149
Tunesien, Protektorat 88 f.

überseeische Departements 33, 71, 95 f., 99, 149
überseeische Territorien 33, 71, 93 f., 99 f., 149, 161
— Fiskalhoheit 106
— Integration, staatsrechtliche 95 f.
— Kompetenzen und Organe 95, 105 ff.

— verfassungsrechtliche Evolution 95 f., 102
— Vertretung in frz. Kammern 96 ff.
Unabhängigkeit 23 f., 130, 149, 158 f., 162 ff.
— Modellösung der Entkolonisierung 23 f., 61, 70 f., 79, 99
— richterliche 64
— Risiken 23 f.
— Voraussetzungen 23, 116 f.
Ungleichheit als Wesensmerkmal des Kolonialismus 19, 31, 103
Unitarismus 28, 45
s. auch Einheitsstaat

Vereinigte Staaten von Nordamerika
— föderale Verfassung 39
— Rassenproblem 59
Vereinte Nationen 20, 79, 103, 142
s. auch Generalversammlung
Verfassungen, afrikanische 65
s. auch Franz. Gemeinschaft
Verfassungsmodelle, Übertragbarkeit 57, 64 ff.
Verteidigung, Kompetenz 105, 114, 121, 126 f., 144 f., 160
Verteidigungsrat (Comité de défense) 145
Vertretung, autochthone in mutterländischen Institutionen 27, 80, 96 ff., 104, 149 ff.
s. auch Repräsentationsproblem

Verwaltungsorganisation, koloniale 22 f., 37, 80 ff., 87, 95, 98, 103, 105 ff.
— Haushaltsrecht 106
— Verwendung autochthoner Kräfte 31, 75, 82, 105 f.
— Zentralismus 57, 80
Vietnam, assoziierter Staat 96
Völkerbund 23, 57
s. auch Ständige Mandatskommission
Völkerrecht
— Ethik 54, 166
— Gleichheitsprinzip 54
— individualistische Tendenz 54
— politischer Charakter 18
Volkssouveränität, Prinzip der 67, 74, 150
s. auch Souveränitätsprinzip

Währungs- und Finanzpolitik, Kompetenz 105, 114, 129 f., 156, 160
Wahlrecht 98, 103 ff.
Wallis und Futuna, Status 71
Weltwährungsfonds 142
Wirtschaftsaufbau, kolonialer 62 f., 71, 103, 105
Wirtschaftsintegration, koloniale 30, 57, 109
Wirtschaftspolitik, Kompetenz 106, 114 f., 129, 142
Wirtschafts- und Sozialrat 146 f.

Printed by Libri Plureos GmbH
in Hamburg, Germany